はじめて学ぶ 健康・スポーツ科学シリーズ 4

スポーツバイオメカニクス

宮西 智久 編

岡田 英孝
藤井 範久 著

化学同人

シリーズ刊行にあたって

　「はじめて学ぶ　健康・スポーツ科学シリーズ」は，健康・スポーツ科学，体育系の大学や専門学校で学ぶ1，2年生が，その後に続く専門課程（コース）に進むために身につけておくべき知識をわかりやすくまとめた「教科書シリーズ」である．

　スポーツが好きで大学や専門学校に入学しても，高等学校までの知識が不足していると入学後の講義が難しく感じられ，「夢」を諦めてしまう学生も少なくない．大学や専門学校での専門的な講義は，高校で学んだ保健体育の知識だけでなく，生物や物理といった人間の生命活動に関わる，幅広い基礎的知識が必要とされる．本シリーズでは，健康・スポーツ科学，体育系の大学や専門学校に入学した学生が「夢」を諦めることなく，意欲的に勉学に打ち込めるように，広範な基礎的知識を学びやすく構成し，基礎づくりのための教科書をそろえることをめざした．

　わが国は世界でもまれな「長寿国」として知られている．健康で生き生きした生活をサポートする専門家としては，科学的な事実に基づく知識や経験を有することが必要条件である．健康・スポーツ科学，体育系で学ぶ学生の皆さんは，将来その分野の専門家として，国民の健康の維持・増進に大いに貢献していくことが期待される．

　また，オリンピック・パラリンピック競技大会やワールドカップにおける選手の活躍は，私たちに夢と希望，感動を与えてくれる．世界で活躍する選手を指導するコーチは，競技力向上のために，健康・スポーツ科学の最新の知識に触れておくことが求められる．科学・技術の進歩によって，これまで知られていない驚くべき事実が明らかにされ，指導法やトレーニング法が一変されることも少なくないからである．

　健康・スポーツ科学，体育系の専門課程は，人文社会科学，自然科学におけるさまざまな学問分野を複合的に学ぶ履修体系であるが，このシリーズは自然科学分野に絞って構成した．各巻の編集は，本シリーズの刊行に賛同いただき，それぞれの専門分野で中心的役割を担う先生方にお願いし，実際にその分野で活躍中の先生方に執筆していただくことができた．また学ぶ楽しさが味わえる写真や図表を豊富に取り入れ，各章に学ぶポイントや役立つ知識，復習問題を掲載した．巻末には専門用語の解説や推薦図書を紹介しているので，ぜひ役立ててほしい．

　この「教科書シリーズ」は，中学校や高等学校の保健体育教員，健康運動指導士，トレーニング指導士，アスレティック・トレーナー，障害者スポーツ指導者等の資格取得を目指す学生や一般の方々においても幅広く活用してもらえると信じる．本シリーズで学んだ知識を礎に，質の高い「専門家」として健康・スポーツ，体育系分野のさまざまな立場で活躍してくれることを期待している．

「はじめて学ぶ　健康・スポーツ科学シリーズ」
シリーズ編集委員一同

シリーズ編集委員

中谷　敏昭	天理大学体育学部教授	博士（医学）
鵤木　秀夫	兵庫県立大学国際商経学部教授	博士（学術）
宮西　智久	仙台大学体育学部教授	博士（体育科学）

執筆者

岡田　英孝	電気通信大学大学院情報理工学研究科　教授 博士（体育科学）	3章, 5章, 7章
藤井　範久	筑波大学体育系　教授 博士（学術）	2章, 8章
◎宮西　智久	仙台大学体育学部　教授 博士（体育科学）	1章, 4章, 6章, 9章

（五十音順．◎印は編者）

まえがき

　スポーツバイオメカニクスは，ひと言でいえば，物理学（とくに力学）や数学，生物学などの知識に基づいてスポーツの運動（身体運動，運動技術）の合理性を解き明かす学問分野である．したがって，健康・スポーツ，体育系の大学において，スポーツバイオメカニクスは必修ないしは必修に準ずる科目として位置づけられている．それにもかかわらず，多くの大学の入学試験において，物理学や数学などの理数系の科目は受験生に課されていない．このような事情により，スポーツやからだを動かすことが好きで健康・スポーツ，体育系の大学や専門学校へ入学してみたものの，スポーツバイオメカニクスの学習や理解に苦労する学生は少なくない．本書はそんな学生のために，スポーツバイオメカニクスの学習に必須の物理学（力学）や数学の基礎知識を一からていねいにわかりやすく解説した，スポーツバイオメカニクスの入門書（初級編）である．

　健康・スポーツ，体育系の学生が楽しく学べるように，本書の執筆にあたって心がけたことは下記の点である．

1．身近なスポーツの運動（おもに二次元運動）を題材に解説した．
2．文章表現をできる限り簡潔かつ平易にした．
3．力学の概念を視覚的に理解しやすいように図や表をふんだんに取り入れ，またグラフの読み方や数式の意味について解説した．
4．力学の概念を説明したあと，ただちに理解が進むように例題を設けた．
5．身体の運動を扱うため，本書の構成にあたって剛体（系）の力学を念頭においた．
6．身体運動の原動力は筋活動であるため，筋収縮の力学の章を設けた．

　本教科書シリーズは大学の講義（半期15コマ，1コマ90分）で使用されることを想定しているため，1章を1週分の内容として15週で学習できるように構成されている．しかし，本書では15週分の学習量を確保しつつ，初学者である学生がスポーツバイオメカニクスの基礎知識を系統的に学べるよう配慮した．その結果，本書の構成は全体で9章となった．

　各章に配分されるコマ数の目安は1章0.5コマ，2章1コマ，3章・4章各2コマ，5章・6章各3コマ，7章1.5コマ，8章・9章各1コマである．いずれの章も重要であるが，とくに本書で気合いを入れて学んでほしい3章から7章は学習量を増やし詳しく取りあげた．1章と8章，9章は独立的に学ぶことができる．それ以外は若い章から順番に学習していくと理解が深まるだろう．力学や数学の基本的な学力を持つ学生は2章を読み飛ばしてもよい．

　本書の作成にあたっては，編者の宮西が大学の授業（スポーツバイオメカニクス）で使用している講義ノートをベースにした．脱稿後，各執筆者の原稿を持ち寄って編集会議を開催し，その場で原稿を一字一句読み合わせながら，各章の内容やつながりを吟味し，語

句や記号を統一した．このように本書の作成に万全を期したとはいえ，著者らの理解不足によるミスや改善すべき点があるかもしれない．その場合は，ご容赦いただくとともに，ご指摘いただければ幸いである．

　なお，本書を学んで，さらに高度な内容のスポーツバイオメカニクスやその研究法を学びたい方は，巻末の推薦図書にあげている専門書（中級編，上級編）へ進むとよいだろう．とくに拙著『スポーツバイオメカニクス完全準拠ワークブック』（化学同人）は本書の問題集であり，本書で取り上げることができなかった演習問題を網羅的に多数出題しているのでテストの"練習台"として解いてみることを推奨したい．

　著者一同，本書が読者のスポーツバイオメカニクスの学習や理解に有用であるよう念願している．

　最後になったが，仙台大学スポーツバイオメカニクス研究室，筑波大学スポーツバイオメカニクス研究室および電気通信大学ヒューマンバイオメカニクス研究室の学生諸君には，本書の読みやすさ，理解のしやすさなどに対して，読者の視点からさまざまな意見をもらった．また，化学同人編集部の山本富士子氏をはじめ，編集部の方々には脱稿遅れに対するご寛容と励ましを賜った．ここに記して感謝申し上げる次第である．

2016 年 1 月

編者　宮西　智久

目 次

1章　スポーツバイオメカニクス序説　　*1*

1. スポーツバイオメカニクスの名称，定義 …… *2*
2. 力学と下位領域 …… *4*
3. バイオメカニクスの歴史 …… *5*
4. 健康・スポーツ科学，体育学における学問的意義 …… *10*

復習トレーニング …… *16*

2章　力学と数学の基礎　　*17*

1. 力学の基礎 …… *18*
2. 数学の基礎 …… *23*
3. 国際単位系 …… *38*

復習トレーニング …… *38*

3章　並進運動のキネマティクス　　*41*

1. 並進運動のキネマティクス変量 …… *42*
2. 加速度の正負 …… *52*
3. 加速度と力の関係 …… *54*
4. 等速度運動，等加速度運動 …… *55*
5. 放物運動 …… *57*

復習トレーニング …… *60*

4章　回転運動のキネマティクス　　*63*

1. 回転運動のキネマティクス変量 …… *64*
2. 角加速度の正負 …… *71*
3. 角加速度と力のモーメントの関係 …… *73*
4. 回転運動の力学変量の方向 …… *74*
5. 角速度と速度の関係 …… *77*
6. 等速円運動，等角加速度運動 …… *79*

復習トレーニング …… *84*

5章　並進運動のキネティクス　　*85*

1. 力と力の三要素 …… *86*
2. ニュートンの運動の三法則 …… *87*
3. いろいろな力 …… *92*
4. 運動量と力積 …… *100*
5. フリーボディダイアグラムと運動方程式 …… *106*

復習トレーニング …… *115*

6章 回転運動のキネティクス　117

1. 力のモーメント …………………… 118
2. 力のモーメントの計算：どの点（軸）まわりのモーメントか？ ………… 121
3. つり合い …………………………… 123
4. てこの原理：その種類と力学的有効性 ……… 124
5. 重心とその測定法 ………………… 126
6. 身体重心の性質 …………………… 131
7. 姿勢の安定 ………………………… 133
8. 回転運動における慣性量：回しにくさを表す量 …………… 134
9. ニュートンの運動の三法則：回転運動の場合 ……………… 137

復習トレーニング …………………… *151*

7章 仕事，エネルギー，パワー　153

1. 仕事 ………………………………… 154
2. 力学的エネルギー ………………… 158
3. パワー ……………………………… 168
4. 仕事，力学的エネルギー，パワーの関係 …………………………… 172
5. エネルギーの変換 ………………… 175

復習トレーニング …………………… *178*

8章 流体力：空気や水による力　179

1. 物質の3態 ………………………… 180
2. アルキメデスの原理 ……………… 181
3. 浮力と浮心 ………………………… 182
4. 流体力 ……………………………… 184

復習トレーニング …………………… *188*

9章 筋収縮の力学　189

1. 筋の種類と構造・機能 …………… 190
2. 身体外部の物体へ発揮する力 …… 199

復習トレーニング …………………… *208*

参考文献 ………………………………………………………………………… *211*
推薦図書 ………………………………………………………………………… *213*
用語解説 ………………………………………………………………………… *215*
索　引 …………………………………………………………………………… *223*

【付録】問題解答用紙

ふしぎだと思うこと
　これが科学の芽です
よく観察してたしかめ
　そして考えること
　これが科学の茎です
そうして最後になぞがとける
　これが科学の花です
　　　　朝永振一郎

朝永振一郎博士　色紙

（画像提供：京都市青少年科学センター）

1章 スポーツバイオメカニクス序説

1章のポイント

　この章では，スポーツバイオメカニクスとはどのような学問分野であり，何をめざしているのか，その定義や歴史，意義などについて学ぶ．具体的には，
◆ スポーツバイオメカニクスの名称，定義について学ぶ．
◆ 力学と下位領域について学ぶ．
◆ バイオメカニクスの歴史について学ぶ．
◆ 健康・スポーツ科学，体育学における意義について学ぶ．

バイオメカニクスは，主として力学，解剖学，生理学の基礎的知識に基づいて，身体運動のしくみ（成り立ち）をよりよく理解し，「合理的な運動とは何か」を究明する科学である．また，得られた知見やヒントを活用・応用することによって運動指導や教育力の向上を支援するための学問分野の一つでもある．健康・スポーツ科学，体育の専門家をめざす学生は，自らの運動指導や教育力を向上させるために，「スポーツバイオメカニクスとは何か」を理解し，その基礎を学ぶことが大切である．

この章では，スポーツバイオメカニクスとはどのような学問分野であり，何をめざしているのか，その定義（目的）や歴史，意義などについて述べる．

1　スポーツバイオメカニクスの名称，定義

（1）名　称

バイオメカニクス biomechanics は，その名のとおり，「生物 bio」と「力学 mechanics」の合成語であり，「生物力学」と訳される．したがって，**スポーツバイオメカニクス** sport biomechanics はバイオメカニクスの頭に「スポーツ sport」を付けた名称なので，「スポーツ生物力学」となる．しかし，スポーツバイオメカニクスを「スポーツ生物力学」と直訳したのでは伝わりにくいし誤解を与えるだろう．そこで，スポーツは原則ヒト（人間）だけが行うことを考えれば，生物はヒトまたはヒトの生きた身体（生体）を指していると解される．また，力学はその意味内容に運動を内包していると考えると，スポーツバイオメカニクスは，

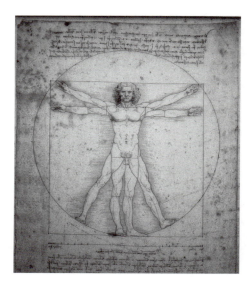

「スポーツ生体力学」と訳され，広義には「**身体運動の力学** mechanics of human movement」，狭義には「**スポーツ力学** sport mechanics」と同義であるといえる．

（2）定　義

バイオメカニクスは，その名称から明らかなように，力学を基盤にして生物におけるあらゆる生命活動を解明するための学際的応用科学分野の一つである．したがって，その研究対象は広く細胞1個の運動から生物の運動までが含まれる．そのため，バイオメカニクスは物理学，生物学，生理学，医学，工学，健康・スポーツ科学，体育学をはじめ，さまざまな専門応用科学領域において相互に関心や関係を持ちながら研究が行われている（図1.1）．

このようにバイオメカニクスは多岐の領域にわたって使用され研究が行われているため，その定義はさまざまである．そこで，一般的に広く受け入れられているバイオメカニクスの定義（広義）をいくつかあげれば，
① 生物学，とくに筋活動の力学的基礎とその原理および関連事項の研究
② 生体構造，とくに身体の移動運動系に対する力学的法則の適用
③ 力学の方法による生物学システムの構造と機能の研究
④ 身体へ作用する内力および外力と，これらの力によって生じる効果を研究する科学
などである．

本書では，健康・スポーツ科学，体育学の観点から，④の定義にならってスポーツバイオメカニクスを定義することにする．すなわち，スポーツバイオメカニクスとは，「スポーツの運動を対象として，スポーツ

「バイオメカニクス」が使われている名称

たとえば，現在使われている名称だけで見ても，以下の名称があげられる．
・動物バイオメカニクス
・植物バイオメカニクス
・工学バイオメカニクス
・ナノバイオメカニクス
・分子バイオメカニクス
・細胞バイオメカニクス
・組織バイオメカニクス
・心臓血管バイオメカニクス
・歯科バイオメカニクス
・神経筋バイオメカニクス
・筋骨格バイオメカニクス
・臨床バイオメカニクス
・整形外科バイオメカニクス
・関節バイオメカニクス
・インパクトバイオメカニクス
・スポーツバイオメカニクス
・ナーシングバイオメカニクス

図1.1 バイオメカニクスと関連科学分野
D. G. E. Robertson, "Introduction to biomechanics for human motion analysis (2nd Ed.)", Waterloo Biomechanics（2004）より一部改変．

1章 スポーツバイオメカニクス序説

パフォーマンス（競技成績，成果，できばえ）の向上と傷害予防に関するバイオメカニクス的知識を蓄積し発展させるために，ヒトの身体（用具含む）へ作用する力学的な力（外力および内力）が身体とその運動に及ぼす影響を研究する科学（学問）である」と定義する．

2 力学と下位領域

バイオメカニクスは，**ニュートン力学**（以下，力学とする）を基盤にしているため，バイオメカニクスを理解するためにはまず「力学」とは何かを学ぶ必要がある．読者は2章以降において力学の基本を学んでいくことになるが，ここでは力学の学問体系について簡単に触れておこう．

力学の目的は物体の静止状態または運動を記述し予測する科学である．ひと言で物体といっても，現実の物体をありのままに観察し記述することはできないので，力学では物体自体を数学的（数量的）に記述できるように簡単に表現する．詳しくは2章において説明するが，この操作を**モデル化（単純化）**と呼び，大きく「質点」「質点系（変形体）」「剛体」の三つの力学モデルがある．

力学の学問体系は，これらのモデルに流体を含めてそれぞれの力学モデルを扱う下位領域から構成される．つまり，「質点の力学」「質点系の力学」「剛体の力学」，そして「流体力学」である（図1.2）．さらに各領域の下に静止状態の物体を扱う**静力学** statics と運動状態を扱う**動力学** dynamics がある．静力学は，ビルや橋など平衡状態にある構造物の力学的挙動を解析して設計に役立てることを目的とする．一方，動力学は自動車の走行や航空機の飛行をはじめ，ヒトの身体運動など非平衡状態

ニュートン力学

アイザック・ニュートン（Isaac Newton, 1642～1727年）が発見した法則（運動の三法則，万有引力の法則：p.10, p.92参照）に基づいて体系化された力学で，彼の名にちなんで名づけられた．ニュートン力学の諸法則は，スポーツの身体運動はもちろんのこと，日常的な世界における物体の運動について成立する．光速度ないしはそれに近い速度をもつ物体の運動や原子などの粒子の運動を解明する場合においては，それぞれ相対性理論や量子力学の理論を適用しなければならない．

アイザック・ニュートン

流体力学

流体の静止や運動状態，また流体がその中にある物体に及ぼす力の影響などについて研究する科学．

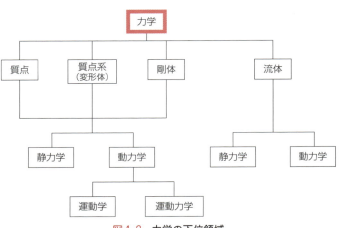

図1.2 力学の下位領域

にある物体の運動を記述し，その原因を明らかにして物体の運動を効率的または効果的に遂行させることを目的とする．

具体的には，動力学はさらに運動の幾何学を扱う**運動学** kinematics と運動が変化する原因を扱う**運動力学** kinetics に分けられる．運動学は位置や速度，角速度などの変量を用いて運動の時間的・空間的な変化を記述し明らかにする領域であり，運動の原因まで考えない．それに対して，運動力学は力や運動量，力のモーメントなどの変量を用いて運動が変化する原因を明らかにする領域である．なお，本書では「運動学」「運動力学」をそれぞれ**キネマティクス**，**キネティクス**とカタカナで表記記載することにする．

3　バイオメカニクスの歴史

（1）バイオメカニクスの成立

専門の研究領域が発展・分化していくと，多くの研究者がその研究領域に集まるようになり，研究の発表や情報交換を行う場として研究会や学会が設立される．

国際バイオメカニクス学会 International Society of Biomechanics（ISB）は，ワーテンワイラー博士（チューリッヒ工科大学教授）の提案により，1973年米国ペンシルバニア州立大学で行われた研究集会（第4回）において設立された．それまではユネスコ（UNESCO）の国際スポーツ・体育協議会 ICSPE のワーキンググループとして国際的なバイオメカニクスの研究集会が1967年（第1回，チューリッヒ），1969年（第

> **知っておくと役に立つ！**
>
> **力学的な力 vs. 感覚的な力**
>
> 力は自然界においていくつか存在する．ニュートン力学において物体の運動に大きな影響を及ぼすおもな力は，接触面に働く力（「地面反力」「抗力」「摩擦力」など），「重力」「流体力」などの外力である．こうした力を**力学的な力**と呼ぶとすれば，運動の際に私たちが直接知覚する力は**感覚的な力**と呼ぶことができる．私たちの脳で感じ取られる，この「感覚的な力」の知覚は「力学的な力」の発生よりも時間的に遅れるため，両者の力は一致しない．これらの力の不一致はさまざまな誤解を生み出し，運動の理解を妨げることも少なくない．スポーツの世界は，まだまだこの「感覚的な力」がものをいう世界である．健康・スポーツ，体育の専門家をめざす学生はこれらの力の違いをよりよく理解し，運動指導を行うことが求められる．
> 注：「力学的な力」を「客観」，「感覚的な力」を「主観」といい表すこともできる．

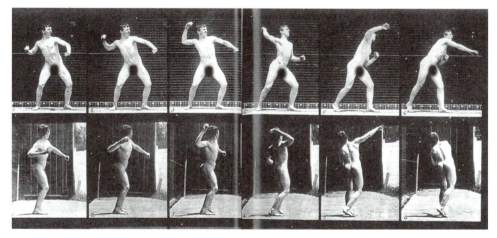

図1.3　複数台のカメラの連写により撮影した男性のボール投げ
E. Muybridge, "The Human Figure in Motion", Dover Publications（1955）．

1章 スポーツバイオメカニクス序説

知っておくと役に立つ！

運動学

わが国では，キネマティクス kinematics，キネシオロジー kinesiology，ベヴェーグングスレーレ bewegungslehre はいずれも**運動学**と訳される．運動の幾何学すなわち時間に伴う物体の空間的な位置の変化を扱う運動学 kinematics という術語は，明治期におけるわが国への物理学の伝来とともに使われはじめ，その後の科学の発展・分化に伴い多くの学問分野において多義的な意味で用いられ，今日に至っている．たとえば，体育・スポーツの領域では，おもにバイオメカニクス，解剖生理学，神経科学，学習理論を総合した運動学（身体運動学 kinesiology），発育発達学的な運動学 developmental kinesiology，形態学・現象学的な運動学（スポーツ運動学 bewegungslehre des Sports），また医学・医療の領域では機能解剖学的な色彩の強い運動学（基礎運動学 fundamental kinesiology，臨床運動学 clinical kinesiology，筋電図運動学 electromyographic kinesiology），などがある．

2回，アイントホーフェン），1971年（第3回，ローマ）と隔年ごとに開催されていた．

またこれとは別に，スポーツに特化した，**国際スポーツバイオメカニクス学会** International Society of Biomechanics in Sports (ISBS) は，テラウズ博士（アルバータ大学教授）らが中心となり，1982年に米国サンディエゴにおいて第1回大会が開催され，翌1983年に会則の整備とともに正式に発足した．この学会は，研究者と実践者（コーチ，教師）間の「ギャップを埋める **Bridge the gap**」（p.10 参照）ことを標語に掲げ学術活動を行っている．

一方，わが国のバイオメカニクス学会は，**日本体育学会**[*1] の設立（1950年，p.9 参照）をきっかけに発足したキネシオロジー分科会（研究会）（1957年）を前身とする．その後，国際バイオメカニクス学会の設立を受けた形で，宮下充正博士（東京大学名誉教授）らの提案により，1978年に**日本バイオメカニクス学会** Japanese Society of Biomechanics (JSB) へ名称変更し，今日に至っている．

このように，現時点において，バイオメカニクスの歴史はその成立史から見れば60年ほどしか経ておらず，今後の発展が期待されているヤングサイエンスの一つに数えられる．

(2) バイオメカニクスの起源

上記したように，バイオメカニクスは若いサイエンスであると述べたが，歴史を紐解けば，ヒト（動物含む）の運動をバイオメカニクス的な観点から思考した人物は少なくない．たとえば，『動物部分論』『動物運動論』『動物進行論』などの著作を残した古代ギリシャの哲学者アリス

図1.4 クロノフォトグラフによる棒高跳び選手の一連の動作の撮影（露出時間：1/100秒）
S. Bouisset, Etienne-Jules Marey, or when Motion Biomechanics Emerged as a Science, In A. Cappozzo, M. Marchetti, V. Tosi, Eds., "Biolocomotion: A Century of Research using Moving Pictures", Promograph (1992).

トテレス（Aristotelēs, B.C.384〜322年）をはじめ，科学と芸術を融合させ人体の詳細なスケッチを描写したイタリアルネサンスの博学者レオナルド・ダ・ヴィンチ（Leonardo da Vinci, 1452〜1519年），そして『動物の運動』を著し筋肉と骨の運動を力学的に説明した解剖学者ボレリ（Giovanni A. Borelli, 1608〜1679年）など，歴史上の錚々たる人物の名前があげられる．しかし，当時は科学・技術が未発達であったため，彼らはいずれもヒトの運動を肉眼で観察して思弁的に論じることしかできなかった．

やがて，17世紀の**科学革命**に続き，18，19世紀に産業革命が起こると，科学と技術が結び付き，私たちの感覚と思考を拡大するさまざまな科学的計測機器が発明された．こうした歴史的な流れのなかで，「写真機（カメラ）」を使ってヒトや動物の運動の連続撮影（映画撮影）に成功し実験的・実証的な研究を最初に行った人物は，アメリカで活躍したイギリス出身の**マイブリッジ**とフランス人の**マレー**であった．

マイブリッジは写真家であったため，ヒトや動物の運動を多数のカメラを1列に並べて連続的に撮影（図1.3）したものの，科学的な分析は行わなかった．それに対して，科学者であったマレー（工学に通じた生理学者）は，一連の動きを1枚のフィルムに撮影できる技術（クロノフォトグラフ，図1.4）や，1台のカメラで連続撮影可能な技術（シネマトグラフ）を発明してヒトや動物の運動を撮影した．さらに，マレーは空気圧を利用した足圧計（図1.5）などさまざまな力量計（ダイナモメーター）を開発して動きと力のデータを結合させた分析を行った．

このように，マレーは映像解析法や力量計を開発してヒトや動物の運動を科学的に分析し，バイオメカニクス研究の基礎を築いた．そして，

知っておくと役に立つ！

科学革命

近代科学の創出を指し，17世紀の西欧において単独に生起した革命（17世紀科学革命）である．すなわち，古代ギリシャ時代以来二千年ものあいだ西洋の思想を支配していたアリストテレス的世界観を根底から破壊し，合理的かつ実証的な科学的態度をつくり出し，ギリシャの数学的遺産を実験的方法と結びつけて，ものに即して自然を支配する「力としての知」を実現し，こうして科学と技術を必然的に結びつけ，やがて産業革命により近代の工業文明をつくりあげ，今日の「宇宙時代」「原子力時代」「電子頭脳時代」に通ずる道を切り開いた革命である．科学革命は，アリストテレスの宇宙論ならびに運動論を徹底的に批判することから始まる．その中心的な役割を果たした人物は，コペルニクス，ガリレイ，デカルト，ニュートンたちであった．現代社会は，いうまでもなく「科学革命」を基盤として成り立っている．健康・スポーツ，体育の専門家をめざす学生においても，科学史や科学哲学を学ぶことによって，「科学とは何か」をよりよく理解し，科学的思考や態度（精神）を涵養することが大切である．

図1.5　空気圧シューズを利用した走運動中の足圧の測定
S. Bouisset, Etienne-Jules Marey, or when Motion Biomechanics Emerged as a Science, In A. Cappozzo, M. Marchetti, V. Tosi, Eds., "Biolocomotion: A Century of Research using Moving Pictures", Promograph (1992).

なお，巻末の参考図書に科学史・科学哲学関係の書籍をあげているので一読をおすすめしたい．

エドワード・マイブリッジ
Eadweard J. Muybridge (1830〜1904年)
イギリス人．写真家．
「疾走中の馬の4本脚すべてが同時に離地している瞬間はあるのか」ということを実証するため，多数のカメラを使って史上はじめて連続撮影に成功した．彼の功績をたたえ，国際バイオメカニクス学会（ISB）の最も権威のある賞は「マイブリッジ賞」と名づけられている※．

エドワード・マイブリッジ

※福永哲夫博士（東京大学名誉教授）：2003年にわが国において初となる受賞の栄誉に輝いた．

マイブリッジとマレーによる映像技術の発明と改良に端を発して，多くの研究者が歩行や走行などのヒトの移動運動についてバイオメカニクスの観点から研究を行った．たとえば，ブラウネとフィッシャー（1889年）は身体を剛体とみなしたモデル（リンクセグメントモデル）を使って，歩行中の身体重心や各部位の軌跡を立体的に明らかにした．また，フェン（1930年）やエルフトマン（1938，1940年）は高速度写真とバネ式の地面反力計を組み合わせ，歩行や走行中の関節モーメントやパワー，力学的仕事を明らかにした．

その後，今日までエレクトロニクス技術の発達やコンピュータの出現によって，運動計測装置の精密・高度化ならびにデータ処理速度や精度が向上されてきたものの，基本的なバイオメカニクス研究手法（映像解析，力量計，筋電図ほか）の基盤が20世紀前半においてほぼ確立されたのである．

（3）研究の動向

第二次世界大戦後の20世紀後半になると，多くの学会が設立された．それらの学会の歩みとともにバイオメカニクス領域の研究も飛躍的に拡大し，スポーツや日常生活におけるヒトの運動がさまざまな視点から研究された．ここでは，前述した日本体育学会のバイオメカニクス分科会における研究動向を中心に見ていこう．

図1.6は，日本体育学会第1回大会（1950年）から日本体育・スポーツ・健康学会第73回大会（2023年）における一般研究発表総数とバイオメカニクス（キネオロジー）専門領域の研究発表数（総数に対する割合）の変遷である．体育学会の発表総数は第37回大会（1986年）をピ

図1.6 日本体育学会大会（現日本体育・スポーツ・健康学会）における一般研究発表総数と同総数に対するバイオメカニクス専門領域の発表数の割合の推移（文献：図1.7参照）
2021年度大会から学会名を「日本体育学会」から「日本体育・スポーツ・健康学会」へ改称し開催されている．改称と同時に，大会企画では従来の専門領域（16領域）の一般研究発表部門に加えて，新たに5つの研究部門（スポーツ文化/学校保健体育/競技スポーツ/生涯スポーツ/健康福祉）を設け，分野横断的なテーマ別の研究発表が行われている．一般研究発表総数はこれらの2つの発表部門を含めた数である．なお，「バイオメカニクス専門領域」の一般発表数の割合（％）は同専門領域の発表総数に対して示したものである．2020年度大会は新型コロナウイルス感染症（COVID-19）の世界的流行（パンデミック）により中止となった．

ーク（845演題）に減少に転じるが，ここ20年ほどは約600題数を維持している．このあいだのバイオメカニクス（キネシオロジー）専門領域の研究発表数の割合は第41回大会（1990年）前後でやや減少しているものの，ほぼ10％水準で推移していることがわかる．

バイオメカニクス研究は，対象とする被験者の特性（年齢別，性別，集団別ほか），運動形態（種目），技能習熟レベルなどさまざまな観点から分類される．図1.7は研究対象とされる各種スポーツとそれ以外の運動で分けて見たものである．スポーツ種目（図1.7左）では陸上競技の走種目が第1位で，以下スキー・スケート，水泳が続く．陸上競技の走・跳種目は比較的単純な運動形態であり，洋の東西を問わず古くから格好の研究対象とされてきた．スキー，スケート，水泳は雪，氷，水を媒介とする特殊な環境から興味の対象とされ，多くの研究が行われた．一方，スポーツ以外の運動（図1.7右）では，静的動作と関節運動が圧倒的に多く，全体の40％を占める．静的動作は姿勢・構えのほかに，各種静的筋力テストに関わる研究が含まれる．関節運動はその制御機構に関わる筋電図学的研究や，パワー測定のための研究も含まれている．走・跳・投の中では跳躍が最も多い．これは室内実験において垂直跳びや反動跳躍などが多用されるからであろう．

また，バイオメカニクスの研究は，その分析の視点からしばしば映像を用いた動作分析（**キネマティクス研究**），力量計を用いた力学的特性（**キネティクス研究**），そしてエネルギー入出力（**エナジェティクス研究**）の研究に分けられる．これらに加えて図1.8には筋電図を使った神経支配，コンピュータ上で運動を再現するシミュレーション，身体の生理・解剖学的特性における研究発表数の推移を示した．

エティエンヌ＝ジュール・マレー
Etienne-Jules Marey（1830〜1904年）
フランス人．科学者・生理学者・クロノグラファー．
連続撮影の成功ではマイブリッジに遅れをとったが，その後，カメラの改良を重ねて1台のカメラで連写できる技術や力量計を発明した．バイオメカニクスの発展に多大な功績を残したことから，「映像解析法（シネマトグラフィー）の祖」，ひいては「バイオメカニクスの祖」と称されている．

エティエンヌ＝ジュール・マレー

＊1　2021年度から日本体育・スポーツ・健康学会へ名称変更された．

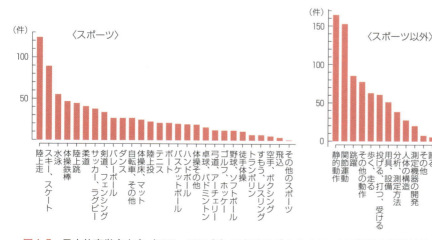

図1.7　日本体育学会大会（1950〜1986年）におけるバイオメカニクス研究の研究対象
金子公宥ら，日本と世界におけるバイオメカニクス研究の動向，*Japanese Journal of Sports Sciences*, 12, 398（1993）より一部改変．

1章 スポーツバイオメカニクス序説

Bridge the gap
（ブリッジ・ザ・ギャップ）
一般にスポーツ科学において，研究と現場の乖離を問題視しその間に"架け橋"をかける，つまり研究者と実践者（教師，生徒，コーチ，プレーヤーほか）のよりよい関係を構築するために，両者の相互交流を促進することによって互いの資源（ヒト，モノ，カネ，情報，時間など）を流動させながら共有化または融合化を実現しようとするキャッチフレーズ（行動指針）．

ニュートンの生家とリンゴの木
イギリスのリンカーンシャー州ウールズソープ・マナー村に現存するアイザック・ニュートンの生家とリンゴの木．ニュートンがその木から落ちるリンゴを観て「万有引力（重力）の法則」を発見したとされる樹齢400年の木である．ニュートン・ハウス（National Trust）入口のウェルカムボードには"The world changed here"と刻まれている．

ここで興味深いことは，キネマティクスや神経支配の研究が減少または停滞する一方で，キネティクスやエナジェティクス，シミュレーション研究が増加傾向にあることである．これは，多かれ少なかれバイオメカニクス研究の発展の歴史がエレクトロニクスとコンピュータの発展の歴史とともにある経緯を考えれば，現在においてもこの傾向は持続しているものと予想される．たとえば，キネティクス研究では，精密で信頼性の高い水晶圧電型フォースプレートの開発によって地面反力の計測精度が飛躍的に向上し，走・跳運動におけるキック力や関節モーメントに関する研究が急増した．また，三次元映像解析法の開発は三次元の関節モーメントや力学的エネルギーの算出を容易にし，複雑な身体のひねりや回転を伴う投・打運動などの分析への道を開いた．さらに，コンピュータの演算処理速度の向上はさまざまな身体運動をコンピュータ上にシミュレートし，その機構（メカニズム）を明らかにしようとしつつある．近年では，利便性の高い自動三次元動作解析装置（モーションキャプチャシステム）の開発によってデータ測定解析作業の省力化・効率化が図られ，研究が飛躍的に拡大している．以上述べてきたことは，国際的なバイオメカニクス学会においても共通して認められる研究動向である．

4 健康・スポーツ科学，体育学における学問的意義

（1）スポーツバイオメカニクスのめざすもの

スポーツバイオメカニクスは，前述したように，力学的な力がヒトの身体とその運動に及ぼす影響を解明することによって，スポーツパフォ

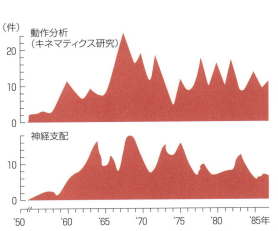
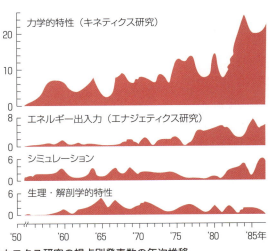

図1.8 日本体育学会大会におけるバイオメカニクス研究の視点別発表数の年次推移
金子公宥ら，日本と世界におけるバイオメカニクス研究の動向，*Japanese Journal of Sports Sciences*, 12, 398（1993）より一部改変．

ーマンスの向上と傷害予防におけるバイオメカニクス的知識を蓄積し発展させることを目的とする学問分野である．次に，スポーツパフォーマンスの向上と傷害の発生リスクとの関係について明らかにし，スポーツバイオメカニクスに固有の学問的意義について考える．

スポーツパフォーマンスを向上させるためには，力学的にいえば，大きな力を身体内部で発生させ，その力を身体外部の物体（地面，用具，対戦相手など）へ発揮すればよい．たとえば，走・跳・投種目について見れば，100 m走の勝者は誰よりも強い力[*2]で地面を後方へ蹴ることができるスプリンターであり，走り高跳びの勝者は誰よりも強い力で地面を下方へ蹴ることができるハイジャンパーである．また，人類最速球を投げ出すことができるピッチャーは，手からボールへ最も大きな力を働きかけることができる者にほかならない．

したがって，お互いの力と技を競い合い勝敗を争うというスポーツのもつ競技特性上，いずれの種目のスポーツ選手（アスリート）においても身体の動きを適切にコントロールしつつ，全力で力を発揮し最大のパフォーマンスを引き出すことが求められる．一方，競技中において全力で力を発揮することが求められることは，身体の諸器官とりわけ関節や骨，筋腱組織などに対して直接過大な力学的ストレスを与えることを意味する．つまり，スポーツパフォーマンスの向上と傷害（外傷，障害）の発生リスクは表裏一体の関係にあり，全力で力を発揮しより高いパフォーマンス（ハイパフォーマンス）を引き出すほど，必然的に傷害発生リスクも高まるという関係にある．そして，この関係は，図1.9に示すように，一般に実線の直線に示すような比例関係にある．残念ながら，スポーツのもつ競技特性のため，この関係を変えることはできないが，

*2　正確には，力積や力学的パワーを用いて評価しなければならないことを本書で学ぼう．

ジェフリー・ダイソン
Geoffrey H.G. Dyson（1914〜1981年）
イギリス人．英国陸上競技元ナショナルコーチおよび同協会元会長．「コーチングの祖」．スポーツバイオメカニスト．

ジェフリー・ダイソン

彼はコーチングを科学にすること（**コーチングの科学化**）に傾倒し，スポーツの技術や運動指導において，"Do it again, but harder"（"より強く繰り返せ"）というアドバイスしかできない**サギ師 charlatan**を洗い出すことに専心した．英国陸上競技界のコーチング教育システムのコーディネータを務めるなど，科学と実践（Bridge the gap）の発展に多大な功績を残したことから，国際ス

ポーツバイオメカニクス学会（ISBS）の最も栄誉ある賞は「ジェフリー・ダイソン賞」と名づけられている*.

※阿江通良博士（筑波大学名誉教授）：2019年にわが国において初となる受賞の栄誉に輝いた.

●知っておくと役に立つ！

エビデンス
科学的根拠または事実. 1992年にゴードン・ガイアット（Gordon Guyatt）が**科学的根拠に基づく医療** evidence-based medicine（**EBM**）を提唱して以来, 医療の分野において科学的根拠に基づいた実践指導や教育が行われている（本シリーズ11巻『健康づくりのための運動の科学』4章参照）. 近年, 日本では, スポーツ基本法の制定（2011年8月24日施行）に伴い, 生涯スポーツの普及や国際競技力向上の推進などをはじめ, さまざまな社会を取り巻く環境の変化により, 今後, 健康・スポーツ, 体育の分野においても**科学的根拠に基づく運動指導・教育** evidence-based coaching（**EBC**）の重要性がますます叫ばれ, そうした指導や教育が行われていくようになるだろう.

図1.9の点線の直線に示すように変える, すなわち傷害の発生リスクをできるだけ低く抑えてパフォーマンスを高める方向へ変えることは可能である. このように考えると, スポーツバイオメカニクスのめざすものは何よりもましてこの難問に挑戦し, その関係を究明して体系化することにあるといえるだろう. また, そのことがバイオメカニクスの応用科学領域の一つとしてのスポーツバイオメカニクスに特化した役割であり, 学問的独自性であると考えられる.

そして, スポーツバイオメカニクスの観点から, 老若男女を問わず, 身体障害者を含むあらゆる人びとについて, スポーツパフォーマンスの向上と傷害予防に関するバイオメカニクス的知識が蓄積し検証され, その**科学的根拠（エビデンス）**が明らかになれば, そうした知見はスポーツの運動能力（運動技術と体力）の発達や向上をめざすために, きわめて有益な情報を与え, また, 各種スポーツ用具の開発のための基礎的情報を提供する.

（2）研究の視点

スポーツバイオメカニクス研究は, 上述の難問を解決するために, 主として以下に示す四つの視点から研究が行われている.
① スポーツ運動動作（技術）のメカニズムに関する研究
② スポーツバイオメカニクス研究法の開発に関する研究
③ スポーツパフォーマンス向上要因に関する研究
④ スポーツ傷害の発生要因に関する研究

ここで, ①と②は基礎的研究であり, それぞれスポーツ運動そのものの動作メカニズムを解明するための研究と研究法の開発に関する研究

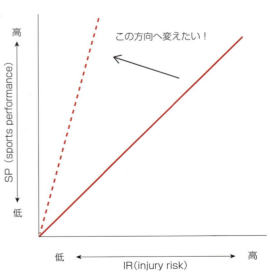

図1.9 スポーツパフォーマンス（SP）向上と傷害発生リスク（IR）の関係

である．また，③と④は応用的研究であり，それぞれスポーツパフォーマンス向上とスポーツ傷害発生に関わる技術的・体力的要因に関する研究である．

　近年においては，前述したように利便性の高い**モーションキャプチャシステム**[*3]の開発やデータ解析法の汎用化に伴って，とくに③の視点からの研究が広く行われるようになった．たとえば，運動能力別の技術の比較研究をはじめ，発育発達段階別の技術の比較，男女別の技術の比較，トレーニング前後での技術の比較，成功・失敗試技の技術の比較，即時的フィードバックによる技術の改善効果など，さまざまな切り口から研究が行われている．

（3）ハイパフォーマンス研究の意義と位置づけ：生涯スポーツと競技スポーツをつなぐ「元気ピラミッド」の理念

　私たちヒトは環境に適応する能力を持ち，その能力を自在に高めて進化してきた．身体活動において，適度な運動およびトレーニングは，身体の諸器官の発達を促進し，その機能を改善・強化する．逆に過度の運動およびトレーニングは，身体の諸器官の発達や機能を低下させ，場合によっては破壊する．前者を**適応**，後者を**不適応**と呼ぶ．

　前述したように，スポーツバイオメカニクスの観点からの研究は，別のいい方をすれば，スポーツの運動やトレーニングによって適応（または不適応）したあらゆるレベル（年齢，性差，発育発達，運動能力ほか）にある，ヒトの身体の運動能力向上の可能性について力学的観点から解き明かし，その知見を主としてスポーツの運動能力（運動技術，体力）の発達や向上をめざすために役立てることにほかならない．なかでも，

*3　一般に身体各部位に複数個の反射マーカーを取り付けてそれらの三次元位置座標値を複数台のLED（発光ダイオード Light Emitting Diode の略）カメラを用いてリアルタイムに計測可能な光学式三次元動作計測・解析装置を指す（写真）．身体動作計測・解析装置はその他慣性センサー（加速度センサー，ジャイロセンサー），磁気センサーなどがあるが，光学式システムはバイオメカニクス分野の研究において主流となっている．近年，画像認識技術とAI（Artificial Intelligence）などを用いて身体動作全体を計測するマーカーレス（markerless）モーションキャプチャシステムの開発も行われており，これらのシステムと区別するために反射マーカーを用いた光学式システムはマーカーベース（marker-based）システムと呼ぶことが多い．

野球の投打動作における光学式モーションキャプチャシステムを使用した計測例

1章 スポーツバイオメカニクス序説

知っておくと役に立つ！

猪飼道夫のパフォーマンス説

猪飼（1973）は，パフォーマンスを以下の関係式を用いて提示し概念的に説明した．

$$P = C \cdot \int E(M)$$

ここで，Pはパフォーマンス，Cはサイバネティクス（制御機構），Eはエネルギー（身体資源），Mはモチベーション（意欲，気力）であり，∫（インテグラル）は総和を意味する記号（積分）である．この式に基づくと，パフォーマンスは意欲の関数としてのエネルギーの総和がその目的に合った形に適切に制御されることによって決定されることになる．サイバネティクスを技術（スキル），エネルギーを体力と考えれば，「意欲」「技術」「体力」の三者の関係によってパフォーマンスが決まるということである．昔からよく「心」「技」「体」といわれることを，式に置き換えたものといってもよい．猪飼の説を援用すれば，スポーツにおける**ハイパフォーマンス**とは，これら三つの要素を目的に応じて最大化することにより，最高のパフォーマンスを実現している状態，もしくはそれを発現させることを意味する用語（標語）と解される．

オリンピック競技大会やワールドカップをはじめとするチャンピオンスポーツにおいて，トップアスリートは自らの限界に挑戦し身体の運動能力を極限まで適応させている．近年では，こうしたトップアスリートの高度な運動能力（**ハイパフォーマンス**）を科学的に研究し解明する試みが各方面で行われ，今後ますます進展していくものと考えられる．そこで，最後にハイパフォーマンス研究の意義についてスポーツバイオメカニクスの観点から考察し位置づけておこう．

前節において，スポーツパフォーマンスの向上と傷害発生リスクは表裏一体の関係にあることを明らかにした．そして，この関係を突き詰めて考えると，厳しいトレーニングによって身体の運動能力を極限まで適応させたトップアスリートは，スポーツの運動を効果的・効率的かつ安全に実施するうえでめざすべき理想的な運動能力（運動技術と体力）の持ち主であるといえる．したがって，トップアスリートないしは熟練アスリートを対象としたハイパフォーマンス研究から得られた知見は，成人をはじめ，子ども，高齢者，身体障害者などの人びと（スポーツ愛好家）に対して，スポーツの運動を適切に指導しその能力を高めるうえで有益なエビデンスを提供すると考えられる．

図1.10は，トップアスリートを対象としたハイパフォーマンス研究から得られた知見の波及効果を示したものである．すなわち，図に示すように，スポーツは健康や楽しみなどを求めて行われる**生涯（地域）スポーツ**と，プロスポーツのようにゲームに勝つことを強く求めて行われる**競技（トップ）スポーツ**に分けられる．いうまでもなく，スポーツ集団の構成によれば，競技スポーツを志向して行うアスリートよりも，生涯スポーツを志向して行う一般の**スポーツ愛好家**のほうが圧倒的に多い．

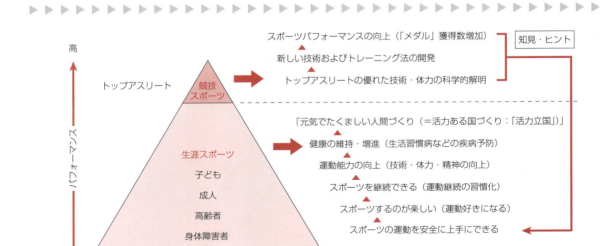

図1.10　生涯スポーツと競技スポーツの関わり―「元気ピラミッド」

このように，スポーツ集団はトップアスリートを頂点としたピラミッド構造を成している．

ここで，運動能力の発達・向上の連続性に着目すると，トップアスリートの優れた技術・体力の科学的解明や，新しい技術およびトレーニング法の開発は，一般のスポーツ愛好家がスポーツの運動を効果的・効率的かつ安全に実施しその能力を高めるうえで，きわめて有益なエビデンスを提供するはずである．そして，これらの科学的知見やヒントに基づき，一般のスポーツ愛好家に対して「スポーツを安全に上手にできる」ように運動指導や教育がなされれば，「スポーツするのが楽しい」→「スポーツを継続できる」→「スポーツの運動能力（技術，体力，精神）が向上する」→「健康を維持・増進し疾病予防（生活習慣病など）につながる」という好循環を創出し，結果として「元気でたくましい人づくり（＝活力ある国づくり：**活力立国**）」の実現を図ることが期待される．こうした好循環の流れを具現化する理念を**元気ピラミッド**と呼ぶことにすれば，その理念は，『活力立国』をめざす成熟社会において生涯スポーツと競技スポーツをつなぐビジョンの一つになると考えられる．

このように考察してくると，スポーツバイオメカニクス研究の知見やその成果は，別の見方をすれば，単にトップアスリートのパフォーマンスの向上に役立つだけでなく，広く国民の健康の維持・増進のために役立ち，ひいては日々の**生活の質** quality of life（**QOL**）を向上させ，「人類の福祉」と「幸福の増大」に寄与しているものと考えられる．

> **スポーツ愛好家**
> スポーツの勝ち負けに拘泥せず，楽しみや気晴らし，健康の維持・増進などのためにスポーツ（歩行などの身体運動含む）を日常的に好んで実践・実施している人びとを指す．

復習トレーニング

■次の文章のカッコの部分に適切な言葉を入れなさい．

❶ スポーツバイオメカニクスは（　　　）と訳され，広義には（　　　），狭義には（　　　）と同義である．

❷ スポーツバイオメカニクスは，「（　　　）の運動を対象として，（　　　）の向上と（　　　）予防に関するバイオメカニクス的知識を蓄積し発展させるために，身体（用具含む）へ作用する（　　　）と内力が身体とその運動に及ぼす影響を研究する科学」であると定義される．

❸ 動力学は運動の幾何学を扱う（　　　）と運動が変化する原因を扱う（　　　）に分けられる．

❹ 多数のカメラを使い疾走馬の連続撮影にはじめて成功したのは写真家の（　　　）であった．科学者の（　　　）はカメラを改良し1台のカメラで連続撮影する技術（　　　）を開発したほか，足圧計などさまざまな（　　　）を開発し，バイオメカニクス研究の基礎を築いた．

❺ スポーツバイオメカニクスの研究領域に特化した役割（学問的意義）は（　　　）をできるだけ低く抑えて，（　　　）を高める関係を究明して体系化することである．

2章 力学と数学の基礎

2章のポイント

　スポーツバイオメカニクスは，物理学や数学を基礎学問としているため，物理学や数学の基礎知識を学ぶ必要がある．そこで，2章では，

◆ 運動の記述方法について学ぶ．
◆ 運動の種類について学ぶ．
◆ 運動で扱う変量の分類について学ぶ．
◆ スカラー量とベクトル量について学ぶ．
◆ ベクトルと行列の計算について学ぶ．
◆ 三角関数，三平方の定理について学ぶ．
◆ 微分，積分計算の考え方について学ぶ．

1 　力学の基礎

（1）力学で扱う対象領域と身体モデル

表2.1は，力学で扱う対象を簡易的に示したものである．分析対象の大きさを考えず，質量のみを持つ点として分析する場合が**質点**である．ヒトに当てはめると，後述する重心の運動のみを対象にしたものである．

次に複数の質点が影響を及ぼし合って相対位置を変える場合が，**質点系**（変形体）である．質点が相対位置を変えない場合には，**剛体**として扱うことができる．

さらに，複数の剛体が影響を及ぼし合って相対位置を変える場合には，**剛体系**（剛体システム）として扱う必要がある．剛体システムの運動は，剛体の重心位置の並進運動と剛体の回転運動（後述）に分けて扱うことができるため，ヒトの運動を分析する際にはよく用いられる．

身体運動を考える場合，ヒトの足先から手先までを詳細に分析することは現実的ではない．そこで，ヒトを簡便なかたちにモデル化して分析することになる．

図2.1はスポーツバイオメカニクスで用いる代表的なモデルを表したものである．身体重心のみに着目して分析する場合には，表2.1の質点に対応する**質点モデル**（または身体重心モデル）を用いる．また前腕や上腕，下腿や大腿などの身体部分を剛体とみなし，全身運動を詳細に分析しようとする場合には，剛体系（剛体システム）である**剛体リンクモデル**（リンクセグメントモデル，骨格モデル）を用いる．さらに筋の働きまでを考慮する場合には，**筋骨格モデル**を用いる．

> **流体の力学**
> 空中を飛ぶボールに作用する揚力や抗力，また泳者が発揮する推進力などを分析する際には，空気や水を流体として扱う必要があるが，流体の力学については8章で説明する．

表2.1　力学で扱う対象

	質点	質点系	剛体	剛体系
イメージ	○（本当は大きさがないため描けない）	（個々の質点は大きさがないため本当は描けない）		
特徴	質量のみの仮想的な点	複数の質点が相互に作用し合う系（システム）	大きさを持つ物体	複数の剛体が相互に作用し合う系（システム）
対象個数	単体	複数	単体	複数
形状変化	大きさを考慮しないため，変形もしない	質点間の距離が変わることで変形する	剛体そのものは変形しない	剛体そのものは変形しないが，相互位置が変わることで系全体は変形する
運動パラメータ	質点の位置のみ	各質点の位置，系全体の重心位置，など	剛体の重心位置，姿勢（角度），速度，角速度	各剛体の重心位置，各剛体の姿勢（角度），系全体の重心位置，速度，など
慣性パラメータ	質量	質量，質量中心（重心）	質量，慣性モーメント，質量中心比，など	質量，慣性モーメント，質量中心比，など

(2) 運動の形態（並進運動，回転運動，一般運動）

身体を剛体系（剛体リンクモデル）であるとみなした場合，身体運動は，関節を中心にして身体部分が回転することで複雑な運動を行っていることになる．そこで，図2.2に示すように，物体の運動をいくつかに分類する．

並進運動とは，図2.2（a）（b）に示すように，物体（剛体）を構成するすべての点が同じ時間内に同じ方向に平行移動するような運動のことである．並進運動には二つの種類があり，直線上の並進運動すなわち「直線運動」と曲線上の並進運動すなわち「曲線運動」である．**直線運動**は物体を構成するすべての点が同じ時間内に平行かつ直線的に移動するような運動をいい，**曲線運動**は物体を構成するすべての点が同じ時間内に平行かつ曲線的に移動するような運動をいう．XY平面で考えた場合，X方向の速度とY方向の速度の比が一定であれば直線運動となり，時々刻々変化すれば曲線運動となる．

一方，物体を構成するすべての点が，同じ時間内に同じ方向に平行移動しない場合，つまり剛体の姿勢（方向）が一定でない運動は**回転運動**である〔図2.2（c）（d）〕．そして，剛体が回転しながら移動する場合が，**一般運動**である．身体を剛体リンクモデルでモデル化すると，個々の剛体の運動は一般運動になるが，剛体の運動を並進運動と回転運動に分けて考えることで，分析や考察が容易になる．

(3) 運動の種類

並進運動をその速度（または速さ）によって分類すると，「**等速度運**

（a）質点モデル
重心の動きのみを扱う．

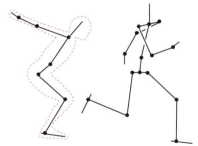

（b）剛体リンクモデル
全身二次元モデルと三次元モデルの例．
身体部分の動きも考慮する．

（c）筋骨格モデル
下肢二次元モデルの例．
筋力も考慮する．

図2.1　代表的な身体の力学モデル

動」「加速度運動」「等加速度運動」などに分けることができる．たとえば1 m/sで移動している物体が，1 m/sで同じ方向に移動し続けている場合を**等速度運動**または**等速直線運動**と呼ぶ．時間とともに速度が変化する運動（速度の変化率を**加速度**と呼ぶ）を**加速度運動**と呼ぶ．さらに1 m/sで移動している物体が1秒後に2 m/s，2秒後に3 m/s，3秒後に4 m/sで移動している場合には，加速度が一定であり，加速度運動の特別な場合として**等加速度運動**と呼ぶ．空気抵抗が無視できる場合の物体の落下運動は，重力によって一定の加速度（**重力加速度** $g = 9.8$ [m/s^2]）を得るため，等加速度運動である．

回転運動においても同様のことがいえる．回転の速度（**角速度**と呼ぶ）が一定の場合を**等角速度運動**と呼び，時間とともに角速度が変化する運動を**角加速度運動**，角速度の変化率（**角加速度**と呼ぶ）が一定の場合を**等角加速度運動**と呼ぶ．

（4）バイオメカニクスで扱う運動や変量の分類

スポーツバイオメカニクスで扱う変量はさまざまであるが，それをいくつかの基準に従って分類することで変量の性質を理解しやすくなることが多い．

① キネマティクス変量とキネティクス変量

身体運動の状態そのものと，運動の発生要因に分けることで，動きを分析する際の視点を明確にできる．具体的には，身体運動の状態を表すパラメータである**キネマティクス変量**と，身体運動の発生要因（原因）を表すパラメータである**キネティクス変量**に分けることができる．

キネマティクス変量：「重心位置」「速度」「関節角度」「関節角速度」

位置と速度，速度と加速度の詳細な関係については3章で，角度と角速度，角速度と角加速度の詳細な関係については4章で説明する．

● **知っておくと役に立つ！**

キネマティクスとキネティクスをつなぐ身体部分慣性係数

6章で説明するように，身体運動を力学的に分析するためには，身体各部の「質量」「質量中心位置（重心位置）」「慣性モーメント」などが必要になる．しかし，運動中の身体重心は直接測定できないため，身体部分の質量や質量中心位置を推定する必要がある．また関節トルクを算出するためには，慣性モーメント（物体の回しにくさを表す指標）が必要になる．この身体部分の質量，質量中心位置，慣性モーメントを総称して，**身体部分慣性係数** body segment inertial parameters（略してBSP）と呼ぶ．身体部分慣性係数は，キネマティクス的な分析からキネティクス的分析への橋渡し的な役割を持っており（表2.2参照），さまざまな推定値が提案されている．

表2.2 並進運動と回転運動における力学的パラメータの対応

変量		意味	並進運動に関する変数［単位］	回転運動に関する変数［単位］	物理量
キネマティクス変量		距離	距離：d, h, l, x, y, z, r, s [m]	角度：θ [rad]，[deg, °]	スカラー
		位置（変位）	位置（変位）：$\boldsymbol{x}, \boldsymbol{y}, \boldsymbol{z}, \boldsymbol{r}, \boldsymbol{s}$ [m]	角変位：$\boldsymbol{\theta}$ [rad]，[deg, °]	ベクトル
		位置の変化率	速度：$\boldsymbol{v}$ [m/s]	角速度：$\boldsymbol{\omega}$ [rad/s]，[deg/s, °/s]	ベクトル
		速度の変化率	加速度：$\boldsymbol{a}$ [m/s^2]	角加速度：$\boldsymbol{\alpha}$ [rad/s^2]，[deg/s^2, °/s^2]	ベクトル
慣性量		動かしにくさ／回しにくさ	質量：m [kg]	慣性モーメント：I [kg·m^2]	スカラー
キネティクス変量		運動の勢い	運動量：$\boldsymbol{p} = m\boldsymbol{v}$ [kg·m/s]	角運動量：$\boldsymbol{H} = I\boldsymbol{\omega}$ [kg·m^2/s]	ベクトル
		運動を変化させる量	力：$\boldsymbol{F} = m\boldsymbol{a}$ [N]	力のモーメント：$\boldsymbol{N} = I\boldsymbol{\alpha}\ (=\boldsymbol{r} \times \boldsymbol{F})$ [N·m]，トルク：$\boldsymbol{T} = I\boldsymbol{\alpha}$ [N·m]	ベクトル
		運動量の変化量	力積：$\boldsymbol{L} = \boldsymbol{F}t$ [N·s]	角力積：$\boldsymbol{J} = \boldsymbol{T}t$ [N·m·s]	ベクトル
	エナジェティクス変量	仕事をする能力	並進運動エネルギー：$E_t = \dfrac{1}{2}m\boldsymbol{v}^2$ [J]	回転運動エネルギー：$E_r = \dfrac{1}{2}I\boldsymbol{\omega}^2$ [J]	スカラー
			位置エネルギー：$E_p = mgh$ [J]		スカラー
		仕事（エネルギーの変化量）	仕事：$W_t = \boldsymbol{F}\cdot\boldsymbol{s}$ [J]	仕事：$W_r = \boldsymbol{T}\cdot\boldsymbol{\theta}$ [J]	スカラー
		単位時間あたりの仕事（仕事率）	並進パワー：$P_t = \boldsymbol{F}\cdot\boldsymbol{v}$ [W]	回転パワー：$P_r = \boldsymbol{T}\cdot\boldsymbol{\omega}$ [W]	スカラー
時刻，時間		ある瞬間の時点，時刻と時刻の間	時刻，時間：t [s]		スカラー

※慣性モーメント（I）は3次元運動の場合では慣性行列（テンソル）と呼ばれる．　　・：内積（スカラー積），×：外積（ベクトル積）

「ピッチ」「ストライド」など．

キネティクス変量：「地面反力」「関節トルク」「筋力」「筋モーメント」「運動量」「力積」「角運動量」「角力積」「力学的エネルギー」「力学的パワー」「力学的仕事」など．

なお，近年では，「力学的仕事」「力学的エネルギー」「力学的パワー」などを**エナジェティクス変量**として，キネティクス変量と区別して分析することも多い．

② 二次元運動と三次元運動

身体運動は三次元空間内で行われている（時間を考慮すると四次元空間になる）．しかし，すべての身体運動を三次元的に分析するのは，分析装置や手法の問題があり，また分析作業量も多くなるので能率的でない．そこで，身体運動を二次元平面内での運動とみなすことで，分析を容易にし，分析時間も大幅に短縮することができる．このとき，二次元平面としては，動作の種類に合わせて，図2.3に示す動作平面のうちの一つを用いるのが一般的である．具体的には，**矢状面**，**前額面**（または前頭面），**水平面**である．

垂直跳び動作や歩行の場合には，矢状面を主要動作面として分析することで，作業量が減少して分析時間の短縮につながる．一方，円盤投げ，野球のバッティングなどのような非対称運動の場合には，矢状面，前額面，水平面における二次元な分析では正確な分析ができないため，三次元動作分析が必須となる．

③ 並進運動と回転運動

すでに運動には「並進運動」と「回転運動」があることを述べたが，並進運動と回転運動の力学的パラメータの対応関係をまとめたものが表

知っておくと役に立つ！

関節運動の呼称と測定法：「解剖学的肢位」

立位姿勢（気をつけ）で手のひらを太ももの方向に向けた状態を「基本肢位」と呼ぶのに対して，手のひらを前に向けた状態を解剖学上の基本姿勢という意味で「解剖学的肢位」（図2.3）と呼ぶ．関節運動は後者の「解剖学的肢位」に基づいて呼称され，原則，この肢位を基準（0°）として関節角度（可動域 range of motion: ROM）が測定される．たとえば，前額面内で肩を中心に上肢を外側へ回しながら上げる運動を肩外転，反対に内側へ回しながら下げる運動を肩内転と呼ぶ．同様に手首（手関節）も外転，内転と呼んで間違いではないが，混乱を避けるため，外転は撓屈（撓骨側に曲げる），内転は尺屈（尺骨側に曲げる）と固有名で呼ばれる（掌屈，背屈なども同様）．ちなみに，解剖学的肢位の名前の由来は，解剖台の上にあお向けに乗っている死体は一般に手のひらが〝天井に向く〟（立位姿勢では〝前に向く〟）ことからきている．

(a) 直線上の並進運動（直線運動）
物体上のすべての点が，同じ時間内に同じ方向に平行かつ直線的に移動する

(b) 曲線上の並進運動（曲線運動）
物体上のすべての点が，同じ時間内に同じ方向に平行かつ曲線的に移動する

(c) 純粋な回転運動
質量中心が動かない

(d) 一般的な平面運動（並進と回転の合成）
質量中心が動く

図2.2 運動の形態
D. G. E. Robertoson, "Introduction to biomechanics for human motion analysis (2nd Ed.)", Waterloo Biomechanics (2004) より一部改変.

知っておくと役に立つ！

時刻と時間
時刻はある瞬間を表すために用いる単語であり，**時間**は時刻と時刻の間を表す単語である．時刻と時間を混同して使用しても大きな問題にならないこともあるが，できる限り使い分ける方がよいだろう．

*1　数値は，本来，大小関係（つまり大きいか，小さいか）しか意味を持たない．ただし，スポーツバイオメカニクスでは，距離や時間，体肢長などの数値は長短関係（長い，短い）を，また，地面からの高さや比率（例，テコ比，効率，密度）などの数値は高低関係（高い，低い）を表すために用いる場合もある．

*2　ベクトル量，スカラー量と行列の表記法
ベクトル量であることを明記するためにはさまざまな方法がある．たとえば変数の記号の上に矢印をつけた $\vec{a}$，$\vec{v}$ や太字を用いた **a**，**v** などがある．本書では，理解を促すために，原則，太字体による **a**，**v** などを用いてベクトル量を表す．また行列についても，太字体を用いる．なお，スカラー量（ベクトル量の大きさのみを扱う場合を含む）は細字体による記号で表記することにする．

2.2 である．表中で用いた変数を表す記号は慣用的な例であり，異なる記号を用いる場合もある．また括弧 [ ] 内は単位を表す．角度を度 [deg]，速度を時速 [km/h] で表すこともできるが，原則としては，表 2.2 に示した単位で表す方がよい．

なお，本書では，並進および回転運動に関するキネマティクス変量は第 3 章と第 4 章，同様にキネティクス変量は第 5 章と第 6 章，エネジェティクス変量は第 7 章で詳説する．

④ 直交座標系（二次元，三次元）と極座標系

身体の運動を記述し，分析するためには運動や力学的パラメータを数値データ[*1]で表すのが適している．その際，数値データの基準になるものが座標系である．一般的に用いられる座標系としては，**直交座標系**と**極座標系**がある．二次元の場合，図 2.4 に示すように，ある点の位置を示すために，直交座標系では，直交する X 軸方向と Y 軸方向の座標値 x，y を示せばよい．一方，極座標系では，原点 O と点を結ぶ線と X 軸との角度 θ と，原点からの距離 r を座標値として示すことになる．直交座標系と極座標系の間には，式（2.1）および式（2.2）の関係がある．

$$x = r \cos \theta \quad (2.1)$$
$$y = r \sin \theta \quad (2.2)$$

三次元空間の場合には，図 2.5 に示すように X 軸と Y 軸の両方に直交する Z 軸を加えた座標系を用いる．このとき，X 軸，Y 軸，Z 軸の方向によって，二種類の座標系（**右手系**または**左手系**）をつくることができるが，「右手系」の座標系を採用するのが一般的である．右手系の座標系は，後述するベクトルの外積計算の際に数学的に適した座標系であり，

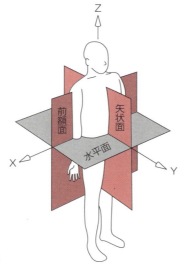

図 2.3　身体運動の動作平面

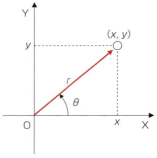

図 2.4　二次元直交座標系と極座標系の関係

スポーツバイオメカニクスにおいても慣用的に用いられることが多い．

2　数学の基礎

（1）スカラー量とベクトル量

スポーツバイオメカニクスでは，さまざまな力学的パラメータを扱う必要がある．スポーツバイオメカニクスで扱う力学的パラメータには，「スカラー量」と「ベクトル量」の二つの種類がある[*2]．**スカラー量**は「大きさ」のみを持つパラメータであり，温度，質量，エネルギーなどがある．一方，**ベクトル量**は「大きさ」と「方向」の両方を持つパラメータであり，位置，速度，力，力のモーメントなどがある．たとえば，毎秒1mで移動している場合でも，移動方向によってまったく異なる特性を持っていることは容易に理解できるだろう．

（2）ベクトルの大きさと単位行列

ベクトル量は，その成分をスカラー量で表すことで，さまざまな計算を行いやすくできる．たとえば，図2.7に示すベクトル **u** をスカラー量で表すためには，ベクトルをX軸，Y軸に（三次元の場合にはZ軸にも）投影し，その座標値を並べることでベクトルを表すことができる．すなわち，

$$\text{二次元の場合}: \mathbf{u} = \begin{pmatrix} u_x \\ u_y \end{pmatrix} \tag{2.3}$$

> **知っておくと役に立つ！**
>
> **度数法（度）と弧度法（rad）**
> 小学校の算数で勉強した円1周が360°（度，degree，deg）という角度の表し方を**度数法**と呼ぶ．度数法は，1年が365日（閏年の場合には366日）であることから，端数を除いた360を角度の単位として使用したものといわれている．しかし，度数法は経験的に決められた単位であるため数学的な厳密性を欠く．そこで，数学において扱いやすい単位として**弧度法**がある．弧度法は，角度 θ の扇形を考えたときの半径と円弧の長さの比率で角度を表すものであり，円1周の角度は 2π（$2 \times 3.1415 \cdots \fallingdotseq 6.28$）となる．すなわち図2.6に示すように，1 rad（ラジアン radianと読む）は約57.3°である．なお，弧度法で表す角度は，長さと長さの比率であるため厳密には無次元であるが，角度であることを明示するために rad を一般的には用いる．

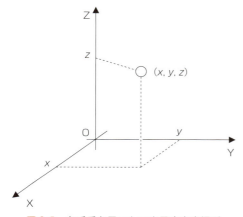

図2.5　右手系を用いた三次元直交座標系
注：X軸は紙面の手前に向かって飛び出している．なお，X軸を反転させると左手系になる．

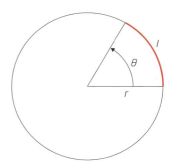

θ [rad] = l/r
1 [rad] ≒ 57.3 [deg]
2π [rad] = 360 [deg]

図2.6　度数法と弧度法

$$\text{三次元の場合：} \mathbf{u} = \begin{pmatrix} u_x \\ u_y \\ u_z \end{pmatrix} \tag{2.4}$$

と表すことになる．

また，ベクトルの大きさ（長さ，絶対値）は，

$$\text{二次元の場合：} |\mathbf{u}| = \sqrt{u_x^2 + u_y^2} \tag{2.5}$$

$$\text{三次元の場合：} |\mathbf{u}| = \sqrt{u_x^2 + u_y^2 + u_z^2} \tag{2.6}$$

で算出できる．

大きさが1のベクトルを**単位ベクトル**と呼ぶ．座標軸と平行な単位ベクトル[*3]は，角速度の算出や座標変換に頻繁に用いられる．たとえば三次元座標系において，

$$\mathbf{i} = \begin{pmatrix} 1 \\ 0 \\ 0 \end{pmatrix} \tag{2.7}$$

はX軸方向の単位ベクトルである．

（3）ベクトルの加算と減算

力はベクトル量であるが，二つの力を加算して一つの力で表すことができる．また，電車に乗っているヒトがボールを真上に投げ上げる場合，電車の速度ベクトルと電車に対するボールの相対的な速度ベクトルを足

*3 二次元座標系では **i**, **j**, 三次元座標系では **i**, **j**, **k** の記号を用いることが多い．

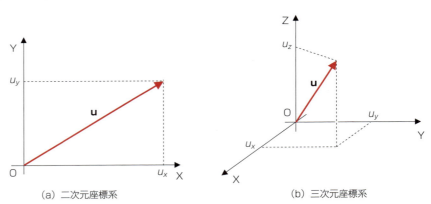

(a) 二次元座標系　　　(b) 三次元座標系

図2.7　ベクトル量の表記方法

す（加算する）ことで，電車の外からボールを見たときの速度ベクトルを求めることができる．

ベクトルを加算する場合，図2.8（a）に示すように，一つ目のベクトル $\mathbf{u}$ の終点に二つ目のベクトル $\mathbf{v}$ の始点を合わせ，一つ目のベクトルの始点から二つ目のベクトルの終点に向かうベクトルが，二つのベクトルを足し合わせたものになる．そして，ベクトルの加算は足し合わせる順番を入れ替えても同じ結果が得られ，交換則が成り立つ．すなわち，式（2.8）が成り立つ．

$$\text{交換則}: \mathbf{u} + \mathbf{v} = \mathbf{v} + \mathbf{u} \tag{2.8}$$

また図2.8（b）に示すように，二つのベクトルの始点を合わせ，二つのベクトルが二辺となる平行四辺形を考えた場合に，二つのベクトルの始点から延びる対角線が二つのベクトルの加算結果になる（**平行四辺形の規則**）．

ベクトルの加算は，図2.8で示したような作図法以外にも，ベクトルの成分を用いても行うことができる．たとえば，

$$\text{二次元の場合}: \mathbf{u} = \begin{pmatrix} u_x \\ u_y \end{pmatrix},\ \mathbf{v} = \begin{pmatrix} v_x \\ v_y \end{pmatrix} \tag{2.9}$$

$$\text{三次元の場合}: \mathbf{u} = \begin{pmatrix} u_x \\ u_y \\ u_z \end{pmatrix},\ \mathbf{v} = \begin{pmatrix} v_x \\ v_y \\ v_z \end{pmatrix} \tag{2.10}$$

である場合には，

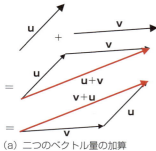

(a) 二つのベクトル量の加算　　(b) 平行四辺形を用いたベクトル量の加算

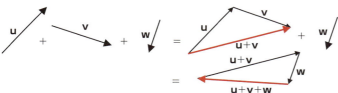

(c) 三つのベクトル量の加算

図2.8　ベクトル量の加算

$$\text{二次元の場合：} \mathbf{u} + \mathbf{v} = \begin{pmatrix} u_x + v_x \\ u_y + v_y \end{pmatrix} \tag{2.11}$$

$$\text{三次元の場合：} \mathbf{u} + \mathbf{v} = \begin{pmatrix} u_x + v_x \\ u_y + v_y \\ u_z + v_z \end{pmatrix} \tag{2.12}$$

とベクトルの和（加算）を算出できる．三つ以上のベクトルを加算する場合には，図 2.8（c）に示すように二つのベクトルの加算を繰り返すことで，ベクトルの和を求めることができる．

一方，ベクトルの減算（引き算）については，図 2.9 に示すように，引くベクトルにマイナスを掛ける，言い換えるとベクトルの大きさを変えずに，方向を反転させたものを加えることで算出できる．

$$\text{二次元の場合：} \mathbf{u} - \mathbf{v} = \begin{pmatrix} u_x - v_x \\ u_y - v_y \end{pmatrix} \tag{2.13}$$

$$\text{三次元の場合：} \mathbf{u} - \mathbf{v} = \begin{pmatrix} u_x - v_x \\ u_y - v_y \\ u_z - v_z \end{pmatrix} \tag{2.14}$$

(4) ベクトルの積

① ベクトルの内積（スカラー積）

7 章で説明するように，力ベクトルと速度ベクトルから並進パワーを

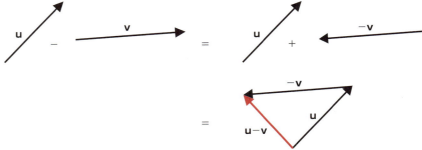

図 2.9　ベクトル量の減算

算出することができるが，この計算は**内積**というベクトルの掛け算である．ただし，計算結果はスカラー量であることに注意しておく必要があろう．図 2.10 に示すように二つのベクトルがある場合，ベクトルの内積は，以下の式で表される．

二次元の場合：$\mathbf{u} \cdot \mathbf{v} = u_x v_x + u_y v_y = |\mathbf{u}||\mathbf{v}| \cos \theta$ (2.15)

三次元の場合：$\mathbf{u} \cdot \mathbf{v} = u_x v_x + u_y v_y + u_z v_z = |\mathbf{u}||\mathbf{v}| \cos \theta$ (2.16)

内積計算は，その特徴として以下のような交換則と分配則が成り立つ．

交換則：$\mathbf{u} \cdot \mathbf{v} = \mathbf{v} \cdot \mathbf{u}$ (2.17)

分配則：$\mathbf{u} \cdot (\mathbf{v} + \mathbf{w}) = \mathbf{u} \cdot \mathbf{v} + \mathbf{u} \cdot \mathbf{w}$ (2.18)

② **ベクトルの外積（ベクトル積）**

6 章で説明するように，力は並進加速度を生み出すが，同時に角加速度を生み出すこともできる．この際，回転を生じさせるものとして，**力のモーメント**がある．力のモーメントは，回転の中心から力の作用点までの位置ベクトルと力ベクトルの**外積**と呼ばれる掛け算で算出できるベクトル量である．

図 2.11 に示すような二つのベクトル $\mathbf{u}$ と $\mathbf{v}$ を考えると，ベクトルの外積計算の結果は，$|\mathbf{u}||\mathbf{v}||\sin \theta|$ の大きさを持ち，ベクトル $\mathbf{u}$ と $\mathbf{v}$ の両方に直交し，その方向が $\mathbf{u}$ から $\mathbf{v}$ へ向けて右ねじを回したときに進む方向のベクトルである[*4]．ここで $|\mathbf{u}||\mathbf{v}||\sin \theta|$ は，二つのベクトルがつくる平行四辺形の面積に等しい．二つのベクトルを式 (2.10) で表せば，

* 4 **右手または右ねじの規則**
普段の生活では，回転の方向を表すために，「右まわり」や「時計まわり」などの表現を使うことが一般的である．しかし，右まわりや時計まわりといっても，三次元運動の場合には見る方向が変われば，回転の方向が逆になる．そこで，ベクトルを利用して回転の方向を表すことができる．詳しくは 4 章で説明する．

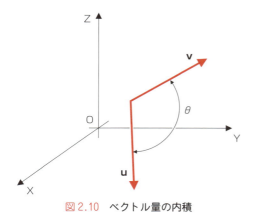

図 2.10　ベクトル量の内積

外積計算の結果は，

$$\mathbf{u} \times \mathbf{v} = \begin{pmatrix} u_y v_z - u_z v_y \\ u_z v_x - u_x v_z \\ u_x v_y - u_y v_x \end{pmatrix} \tag{2.19}$$

となる．

ベクトルの外積計算は，内積計算とは異なり掛け算の順番によってベクトルの方向が反転するため，

$$\mathbf{u} \times \mathbf{v} = -\mathbf{v} \times \mathbf{u} \tag{2.20}$$

という関係が成り立つ．

（5）三角関数と三平方の定理

図 2.12 に示すような一つの底角がπ rad（90°，直角）である直角三角形を考える．このとき，もう一方の底角θに対して斜辺cと高さaの比を**正弦関数**（**sin 関数**），斜辺cと底辺bの比を**余弦関数**（**cos 関数**），底辺bと高さaの比を**正接関数**（**tan 関数**）と呼ぶ．これらを総称して**三角関数**と呼ぶ．

$$\sin\theta = \frac{a}{c} \tag{2.21}$$

$$\cos\theta = \frac{b}{c} \tag{2.22}$$

$$\tan\theta = \frac{a}{b} = \frac{\sin\theta}{\cos\theta} \tag{2.23}$$

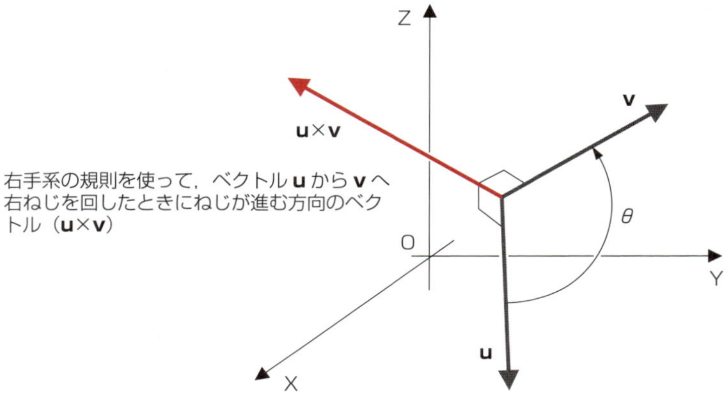
Z
v
u×v
右手系の規則を使って，ベクトル u から v へ右ねじを回したときにねじが進む方向のベクトル（u×v）
θ
O
Y
u
X

図 2.11　ベクトル量の外積

直角三角形の辺の長さには，式（2.24）の関係がある．この関係を**三平方の定理**または**ピタゴラスの定理**と呼ぶ．「直角三角形において，斜辺の長さの2乗は，底辺の長さの2乗と高さの2乗を足したものに等しい」と言い表される．

$$c^2 = a^2 + b^2 \tag{2.24}$$

また，式（2.24）を変形すると，式（2.25）が得られる．

$$c = \sqrt{a^2 + b^2} \tag{2.25}$$

（6）行列

行列とは，2行2列以上に数値を並べたものである．式（2.26）は2行2列の行列，式（2.27）は4行2列の行列である．スポーツバイオメカニクスでは，行の数と列の数が等しい正方行列をよく用いる．

$$\mathbf{A} = \begin{pmatrix} a & c \\ b & d \end{pmatrix} \tag{2.26}$$

$$\mathbf{A} = \begin{pmatrix} a_{11} & a_{12} \\ a_{21} & a_{22} \\ a_{31} & a_{32} \\ a_{41} & a_{42} \end{pmatrix} \tag{2.27}$$

① 行列の加算と減算

行列同士の加算と減算では，同じ行と同じ列の要素を加算または減算する．すなわち，式（2.28）および式（2.29）のような計算になる．

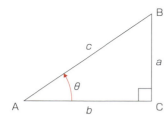

図2.12 三角関数と三平方の定理（ピタゴラスの定理）

$$\begin{pmatrix} a_{11} & a_{12} & a_{13} \\ a_{21} & a_{22} & a_{23} \\ a_{31} & a_{32} & a_{33} \end{pmatrix} + \begin{pmatrix} b_{11} & b_{12} & b_{13} \\ b_{21} & b_{22} & b_{23} \\ b_{31} & b_{32} & b_{33} \end{pmatrix} = \begin{pmatrix} a_{11}+b_{11} & a_{12}+b_{12} & a_{13}+b_{13} \\ a_{21}+b_{21} & a_{22}+b_{22} & a_{23}+b_{23} \\ a_{31}+b_{31} & a_{32}+b_{32} & a_{33}+b_{33} \end{pmatrix}$$
(2.28)

$$\begin{pmatrix} a_{11} & a_{12} & a_{13} \\ a_{21} & a_{22} & a_{23} \\ a_{31} & a_{32} & a_{33} \end{pmatrix} - \begin{pmatrix} b_{11} & b_{12} & b_{13} \\ b_{21} & b_{22} & b_{23} \\ b_{31} & b_{32} & b_{33} \end{pmatrix} = \begin{pmatrix} a_{11}-b_{11} & a_{12}-b_{12} & a_{13}-b_{13} \\ a_{21}-b_{21} & a_{22}-b_{22} & a_{23}-b_{23} \\ a_{31}-b_{31} & a_{32}-b_{32} & a_{33}-b_{33} \end{pmatrix}$$
(2.29)

② 行列の掛け算

行列とベクトルを掛け合わせると，式（2.30）および式（2.31）のようにベクトルを算出することになる．

2行2列の行列とベクトルの掛け算：

$$\begin{pmatrix} a & c \\ b & d \end{pmatrix} \begin{pmatrix} e \\ f \end{pmatrix} = \begin{pmatrix} ae+cf \\ be+df \end{pmatrix}$$
(2.30)

3行3列の行列とベクトルの掛け算：

$$\begin{pmatrix} a_{11} & a_{12} & a_{13} \\ a_{21} & a_{22} & a_{23} \\ a_{31} & a_{32} & a_{33} \end{pmatrix} \begin{pmatrix} x \\ y \\ z \end{pmatrix} = \begin{pmatrix} a_{11}x+a_{12}y+a_{13}z \\ a_{21}x+a_{22}y+a_{23}z \\ a_{31}x+a_{32}y+a_{33}z \end{pmatrix}$$
(2.31)

式（2.30）や式（2.31）は，後述する座標変換計算などを行う際に頻繁に用いられる．

行列と行列を掛け合わせると，式（2.32）および式（2.33）のように行列を算出することになる．

2行2列の行列同士の掛け算：

$$\begin{pmatrix} a & c \\ b & d \end{pmatrix} \begin{pmatrix} e & g \\ f & h \end{pmatrix} = \begin{pmatrix} ae+cf & ag+ch \\ be+df & bg+dh \end{pmatrix} \tag{2.32}$$

3行3列の行列同士の掛け算：

$$\begin{pmatrix} a_{11} & a_{12} & a_{13} \\ a_{21} & a_{22} & a_{23} \\ a_{31} & a_{32} & a_{33} \end{pmatrix} \begin{pmatrix} b_{11} & b_{12} & b_{13} \\ b_{21} & b_{22} & b_{23} \\ b_{31} & b_{32} & b_{33} \end{pmatrix}$$
$$= \begin{pmatrix} a_{11}b_{11}+a_{12}b_{21}+a_{13}b_{31} & a_{11}b_{12}+a_{12}b_{22}+a_{13}b_{32} & a_{11}b_{13}+a_{12}b_{23}+a_{13}b_{33} \\ a_{21}b_{11}+a_{22}b_{21}+a_{23}b_{31} & a_{21}b_{12}+a_{22}b_{22}+a_{23}b_{32} & a_{21}b_{13}+a_{22}b_{23}+a_{23}b_{33} \\ a_{31}b_{11}+a_{32}b_{21}+a_{33}b_{31} & a_{31}b_{12}+a_{32}b_{22}+a_{33}b_{32} & a_{31}b_{13}+a_{32}b_{23}+a_{33}b_{33} \end{pmatrix} \tag{2.33}$$

③ **行列と逆行列**

行列 $\mathbf{A}$ の**逆行列**とは，$\mathbf{AA}^{-1}$，$\mathbf{A}^{-1}\mathbf{A}$ がともに**単位行列**（行列の左上から右下の対角成分が1，それ以外の成分が0である行列）になるような $\mathbf{A}^{-1}$ のことである．たとえば，

2行2列の場合： $\mathbf{A} = \begin{pmatrix} a & c \\ b & d \end{pmatrix}$ \hfill (2.34)

3行3列の場合： $\mathbf{A} = \begin{pmatrix} a_{11} & a_{12} & a_{13} \\ a_{21} & a_{22} & a_{23} \\ a_{31} & a_{32} & a_{33} \end{pmatrix}$ \hfill (2.35)

とすると，それぞれの逆行列は

$$2行2列の場合: \mathbf{A}^{-1} = \frac{1}{ad-bc}\begin{pmatrix} d & -c \\ -b & a \end{pmatrix} \qquad (2.36)$$

3行3列の場合

$$\mathbf{A}^{-1} = \frac{\begin{pmatrix} a_{22}a_{33}-a_{32}a_{23} & -(a_{12}a_{33}-a_{32}a_{13}) & a_{12}a_{23}-a_{22}a_{13} \\ -(a_{21}a_{33}-a_{31}a_{23}) & a_{11}a_{33}-a_{31}a_{13} & -(a_{11}a_{23}-a_{21}a_{13}) \\ a_{21}a_{32}-a_{31}a_{22} & -(a_{11}a_{32}-a_{31}a_{12}) & a_{11}a_{22}-a_{21}a_{12} \end{pmatrix}}{a_{11}a_{22}a_{33}+a_{21}a_{32}a_{13}+a_{31}a_{12}a_{23}-a_{11}a_{32}a_{23}-a_{21}a_{12}a_{33}-a_{31}a_{22}a_{13}}$$
$$(2.37)$$

で表される．

実際に逆行列と元の行列との積を求めると,

$$2行2列の場合: \mathbf{A}\mathbf{A}^{-1} = \mathbf{A}^{-1}\mathbf{A} = \begin{pmatrix} 1 & 0 \\ 0 & 1 \end{pmatrix} \qquad (2.38)$$

$$3行3列の場合: \mathbf{A}\mathbf{A}^{-1} = \mathbf{A}^{-1}\mathbf{A} = \begin{pmatrix} 1 & 0 & 0 \\ 0 & 1 & 0 \\ 0 & 0 & 1 \end{pmatrix} \qquad (2.39)$$

となる．いい換えると，逆行列とはスカラー量で考えた場合の逆数にあたる．なお，逆行列を表す式 (2.36) と式 (2.37) の分母である

$$ad - bc \qquad (2.40)$$

$$a_{11}a_{22}a_{33} + a_{21}a_{32}a_{13} + a_{31}a_{12}a_{23} - a_{11}a_{32}a_{23} - a_{21}a_{12}a_{33} - a_{31}a_{22}a_{13}$$
$$(2.41)$$

を**行列式**と呼び，行列式がゼロの場合には逆行列は存在しないことに注

意が必要である．

> **例題 2.1**
>
> 下記の行列 **A** の逆行列を求めよ．
>
> $$\mathbf{A} = \begin{pmatrix} 1 & 1 & -1 \\ 2 & 1 & 1 \\ 3 & 1 & 2 \end{pmatrix}$$
>
> **解答** 式 (2.37) を用いて逆行列を求めると，
>
> $$\mathbf{A}^{-1} = \frac{\begin{pmatrix} 1\cdot 2 - 1\cdot 1 & -(1\cdot 2 - 1\cdot(-1)) & 1\cdot 1 - 1\cdot(-1) \\ -(2\cdot 2 - 3\cdot 1) & 1\cdot 2 - 3\cdot(-1) & -(1\cdot 1 - 2\cdot(-1)) \\ 2\cdot 1 - 3\cdot 1 & -(1\cdot 1 - 3\cdot 1) & 1\cdot 1 - 2\cdot 1 \end{pmatrix}}{1\cdot 1\cdot 2 + 2\cdot 1\cdot(-1) + 3\cdot 1\cdot 1 - 1\cdot 1\cdot 1 - 2\cdot 1\cdot 2 - 3\cdot 1\cdot(-1)}$$
>
> $$= \begin{pmatrix} 1 & -3 & 2 \\ -1 & 5 & -3 \\ -1 & 2 & -1 \end{pmatrix}$$
>
> となる．

④ **逆行列と連立 1 次方程式**

逆行列を用いると，連立 1 次方程式を解くのが容易になる．たとえば，以下に示す 3 元連立 1 次方程式を考える．

$$\begin{cases} a_{11}x + a_{12}y + a_{13}z = b_1 \\ a_{21}x + a_{22}y + a_{23}z = b_2 \\ a_{31}x + a_{32}y + a_{33}z = b_3 \end{cases} \quad (2.42)$$

この連立方程式を，行列を用いて表すと，

$$\begin{pmatrix} a_{11} & a_{12} & a_{13} \\ a_{21} & a_{22} & a_{23} \\ a_{31} & a_{32} & a_{33} \end{pmatrix} \begin{pmatrix} x \\ y \\ z \end{pmatrix} = \begin{pmatrix} b_1 \\ b_2 \\ b_3 \end{pmatrix} \quad (2.43)$$

と表すことができる．
　そこで，左辺の行列を **A**（式（2.35））で表すと，

$$\mathbf{A} \begin{pmatrix} x \\ y \\ z \end{pmatrix} = \begin{pmatrix} b_1 \\ b_2 \\ b_3 \end{pmatrix} \quad (2.43)$$

とおける．
　この両辺に行列 **A** の逆行列 $\mathbf{A}^{-1}$ を左側から掛け合わせると，

$$\mathbf{A}^{-1}\mathbf{A} \begin{pmatrix} x \\ y \\ z \end{pmatrix} = \begin{pmatrix} 1 & 0 & 0 \\ 0 & 1 & 0 \\ 0 & 0 & 1 \end{pmatrix} \begin{pmatrix} x \\ y \\ z \end{pmatrix} = \begin{pmatrix} x \\ y \\ z \end{pmatrix} = \mathbf{A}^{-1} \begin{pmatrix} b_1 \\ b_2 \\ b_3 \end{pmatrix} \quad (2.44)$$

となり，解であるベクトルを求めることができる．

例題 2.2

下記の 3 元連立 1 次方程式を，逆行列を用いて解きなさい．

$$\begin{cases} x+y-z=1 \\ 2x+y+z=-2 \\ 3x+y+2z=3 \end{cases}$$

解答 問題の 3 元連立 1 次方程式を行列とベクトルを使って表すと，

$$\begin{pmatrix} 1 & 1 & -1 \\ 2 & 1 & 1 \\ 3 & 1 & 2 \end{pmatrix} \begin{pmatrix} x \\ y \\ z \end{pmatrix} = \begin{pmatrix} 1 \\ -2 \\ 3 \end{pmatrix}$$

となる．

そこで，例題 2.1 で求めた逆行列を用いると，

$$\begin{pmatrix} x \\ y \\ z \end{pmatrix} = \begin{pmatrix} 1 & -3 & 2 \\ -1 & 5 & -3 \\ -1 & 2 & -1 \end{pmatrix} \begin{pmatrix} 1 \\ -2 \\ 3 \end{pmatrix} = \begin{pmatrix} 13 \\ -20 \\ -8 \end{pmatrix}$$

となる．

⑤ 行列と座標変換

行列を用いると，**座標変換**が容易になる．図 2.13（a）に示すように対象とする点 (X_0, Y_0) が原点 O を中心にして θ だけ回転した場合，回転後の座標値 (X_1, Y_1) は，式（2.45）で表すことができる．

$$\begin{pmatrix} X_1 \\ Y_1 \end{pmatrix} = \begin{pmatrix} \cos\theta & -\sin\theta \\ \sin\theta & \cos\theta \end{pmatrix} \begin{pmatrix} X_0 \\ Y_0 \end{pmatrix} \qquad (2.45)$$

また，図 2.13（b）に示すように，原点 O を中心に座標系を θ だけ回転した場合，対象とする点 (X_0, Y_0) を回転させた座標系から見た点の座標値 (x_0, y_0) は，式（2.46）で表すことができる．

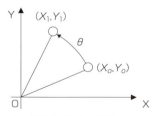

（a）対象とする点の回転

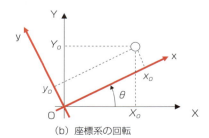

（b）座標系の回転　　図 2.13　**座標変換**

$$\begin{pmatrix} x_0 \\ y_0 \end{pmatrix} = \begin{pmatrix} \cos\theta & \sin\theta \\ -\sin\theta & \cos\theta \end{pmatrix} \begin{pmatrix} X_0 \\ Y_0 \end{pmatrix} \tag{2.46}$$

（7）微分と積分

① 曲線の傾きと微分

3章で詳しく説明するように，座標値（位置）の時間的な変化が速度（または速さ）である．図 2.14 に示すように，横軸に時間，縦軸に座標値をとると，ある時点 i での平均速度は，

$$v_i = \frac{s_{i+1} - s_{i-1}}{2\Delta t} \tag{2.47}$$

で算出できる．

すなわち**平均速度**は，位置の変化を表すグラフの傾きということになる．しかし，式（2.47）で算出できる速度は，あくまで平均の速度であり，図 2.14 でもわかるように傾きは変化している．したがって，式（2.47）の時間間隔である Δt を小さくしていくと，より正確な傾きを算出できることがわかるだろう．

そこで，図 2.15 に示すように，時間間隔 Δt を極限まで小さくし，グラフの「曲線の傾き（接線の傾き）」を算出する計算を**微分**と呼び，式（2.48）で表される．

$$v_i = \lim_{\Delta t \to 0} \frac{s_{i+1} - s_{i-1}}{2\Delta t} = \frac{ds}{dt} \tag{2.48}$$

> Δ（delta，ギリシャ文字大文字）は**デルタ**と読み，2 つの値の差（差分）を表す記号．

> d（difference の頭文字）は**ディー**と読み，2 つの値の無限小（極限）の差を表す微分記号．
>
> $\dfrac{ds}{dt} = \dot{s}$
> ※速度は位置の 1 階微分値．
> ※ $\dot{s}$ はエス・ドット（またはエスのワンドット）と読む．

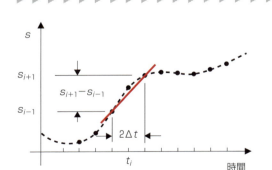

図 2.14 差分演算による傾き（変化の割合）の算出

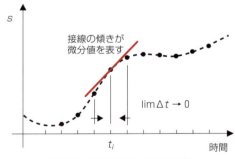

図 2.15 微分演算と曲線の接線

② データの変化率と積分

微分がデータ（グラフ）の傾きであるのに対し，データの微分値から元のデータを求めることを考える．例をあげると，速度から移動距離（座標値）を算出する計算を**積分**と呼ぶ．図 2.16 に示すように時々刻々の速度変化が計測できたとする．ある瞬間の速度 v_i が短時間 Δt では変化しないと仮定した場合，Δt の間に移動する距離 Δs_i は，

$$\Delta s_i = v_i \Delta t \tag{2.49}$$

で計算できる．

その次の瞬間には速度が変化していると考え，v_{i+1} になったとすると，

$$\Delta s_{i+1} = v_{i+1} \Delta t \tag{2.50}$$

となり，これを繰り返すと，動き始めからの移動距離 s は，

$$s = \sum (v_i \Delta t) \tag{2.51}$$

で計算できる．

ここで，微分と同じように時間間隔 Δt を極限まで小さくしていくと，

$$s = \lim_{\Delta t \to 0} \sum (v_i \Delta t) = \int v \, dt \tag{2.52}$$

となる．

上述したように，この計算が「積分」と呼ばれる計算法であり，式 (2.52) の式は，グラフの「曲線の面積」を求めることを意味している．図 2.16 をよく見ると，曲線と矩形の間に隙間があり，この隙間は積

$\dfrac{ds}{dt}$ は変数 s を時間 t で 1 階微分した式を表す．力学では $\dot{s}$ と表記され用いられることも多い．

$\sum$（sigma）は**シグマ**と読み，すべての値を足し合わせる計算（Summation）を表す記号．

$\int$（integral）は**インテグラル**と読み，測定区間（開始時と終了時の2時刻間）のすべての値を足し合わせる計算（Summation）を表す積分記号．Summation の頭文字をとって縦に引き伸ばした記号．

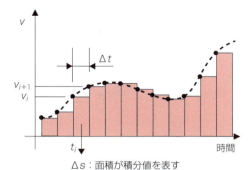

Δs：面積が積分値を表す

図 2.16　矩形の面積を利用した積分演算

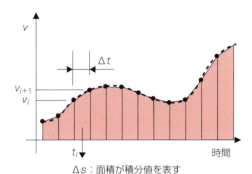

Δs：面積が積分値を表す

図 2.17　台形公式を用いた積分演算
矩形を用いた場合より，曲線が囲む面積を精度良く表している．

分（面積算出）の誤差になる．そこで図2.17に示すように隣り合うデータを用いて「台形」を考えることで誤差を小さくできる．すなわち，

$$\Delta s_i = \frac{(v_i + v_{i+1})\Delta t}{2} \tag{2.53}$$

のように「台形公式」を用いることで，誤差を小さくすることができる．

3 国際単位系

ヒトの運動を共通に理解するためには，単位を統一する必要がある．たとえば，速さが「10」であるといっても，毎秒10 m（10 m/s）と毎時10 km（10 km/h）では大きく異なる．そこで，国際的に基本単位が制定されており，**国際単位系**（**SI**）と呼ぶ．国際単位系は，次元的に独立であるとみなされる7つの量，「距離（長さ）」「質量」「時間」「電流」「熱力学温度」「物質量」および「光度」について明確に定義された単位，すなわち，それぞれ「メートル（単位：m）」「キログラム（kg）」「秒（s）」「アンペア（A）」「ケルビン（K）」「モル（mol）」および「カンデラ（cd）」を基礎として構築され，これらの単位を**基本単位** base units と呼ぶ．うえで述べた「速度」は，長さと時間を組み合わせた単位 m/s で，基本単位を組み合わせた**組立単位** derived units の一つである．

> 国際単位系（SI）
> フランス語 Le Système International d'Unitès の略．

復習トレーニング

■次の文章または問いで正しいものに○をつけなさい．

① キネマティクスは並進および回転運動の記述と原因を究明する分野で

ある．
[ ] 真
[ ] 偽

❷ 次の中で，大きさを持たないものはどれか．
[ ] 質点
[ ] 剛体
[ ] 質点系
[ ] 剛体系

❸ 三次元の直交座標系では，一般に以下のどちらの座標系を用いるか．
[ ] 右手系
[ ] 左手系

❹ 速度の定義は以下のどれか．
[ ] 変位の変化率
[ ] 速度の変化率
[ ] 加速度の変化率

❺ 物体の質量について，正しいものはどれか．
[ ] 月よりも地球で大きい
[ ] 地球よりも月で大きい
[ ] 宇宙のあらゆる場所で同じである

■以下の計算問題を解きなさい．

❻ 次のベクトルの加算を求めなさい．

$$\begin{pmatrix} 1 \\ 5 \\ -1 \end{pmatrix} + \begin{pmatrix} -4 \\ 3 \\ 2 \end{pmatrix} =$$

❼ 次のベクトルの内積を求めなさい．

知っておくと役に立つ！

質量と重量（重さ）

「質量」と「重量」は，混同されることが多い変量である．質量は，その物体が持つ不変の量であり，一方の重量（一般的には重さ）は重力によって変化する量である．たとえば，1 kg のボールを手で持つためには 1 kg の力（1 kgf，1 kgw，1 kg 重などで表記される）が必要と考えがちであるが，国際宇宙ステーションの中では無重力状態であるので，力を出さずにボールを保持できる．また月面での重力は地球上の約 1/6 であるので，地球上でボールを保持する力の 1/6 の大きさの力でボールを保持できる．いい換えると，重量や重さは，環境（地球や月などの天体）によって異なる変量である．一方で，質量は地球上でも国際宇宙ステーションでも一定である．力を加えた際の加速度は質量に反比例するが（5 章参照），同じ加速度を与えるためには，地球，月，国際宇宙ステーションのいずれにおいても同じ力が必要になる．

$$\begin{pmatrix} 1 \\ 5 \\ -1 \end{pmatrix} \cdot \begin{pmatrix} -4 \\ 3 \\ 2 \end{pmatrix} =$$

❽ 次のベクトルの外積を求めなさい．

$$\begin{pmatrix} 1 \\ 5 \\ -1 \end{pmatrix} \times \begin{pmatrix} -4 \\ 3 \\ 2 \end{pmatrix} =$$

❾ 次の行列の逆行列を求めなさい．

$$\begin{pmatrix} 1 & 2 & 1 \\ 1 & 3 & 2 \\ 1 & 1 & 2 \end{pmatrix}^{-1} =$$

❿ 次の行列とベクトルの積を求めなさい．

$$\begin{pmatrix} 1 & 2 & 1 \\ 1 & 3 & 2 \\ 1 & 1 & 2 \end{pmatrix} \begin{pmatrix} 1 \\ 5 \\ -1 \end{pmatrix} =$$

3章 並進運動のキネマティクス

3章のポイント

キネマティクスとは物体や身体の動き（運動の結果）のことを指す．
3章では並進運動におけるキネマティクス変量について学ぶ．具体的には，

◆ 位置，速度，加速度などの基本変量について学ぶ．
◆ 加速度の正負，加速度と力の関係について学ぶ．
◆ 等速度運動，等加速度運動について学ぶ．
◆ 自由落下運動や放物運動について学ぶ．

物体が時間に伴い空間を動くようすのことを**運動**と呼び，2章において，運動は並進運動と回転運動に分けられることを学んだ．3章では，このうち**並進運動**について詳しく説明する．並進運動とは，物体（剛体）を構成するすべての点が同じ方向に平行移動するような運動をいう．また，物体を一つの点とみなした場合，その点の運動はすべて並進運動となる．たとえば，疾走するヒトを点とみなしたとき，この点の運動を記述するためには並進運動のキネマティクス変量を用いる．

この章では，物体の並進運動のキネマティクス変量，すなわち位置（変位），速度，加速度とその関連事項について学ぶ．

1　並進運動のキネマティクス変量

（1）位置（変位）の記述方法

ランナーが朝日に向かって真っすぐに走っている〔図3.1（a）〕．このランナーの位置を記述するにはどうしたらよいだろうか．物体の「位置」を記述するためには，位置を測るための基準（ものさし）が必要となる．基準とは，「どこから」，「どの向きに」，「どれだけ離れて」いるかということである．「どこから」とは「原点」（ものさしの0）をどこに定めるかということである．

ここでは，ランナーがさっき通り過ぎた背の高い木の場所を原点としよう．第二の基準である「どの向きに」は，原点を通る無数の直線を考えたときにどの直線にものさしを合わせるかということである．ここでは，朝日の上ってくる方向（東）に向かう直線にものさしを合わせよう．

位置（変位）の記号
一般に座標系において，位置（変位）を表記するための記号は x, y, z などが用いられることが多いが，本書では s の記号を用いて表記することにする．

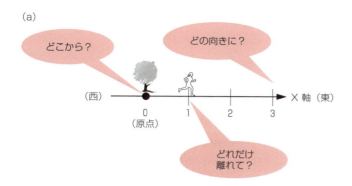

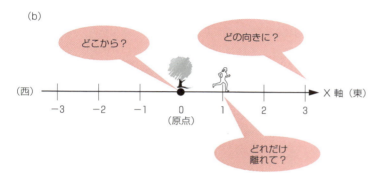

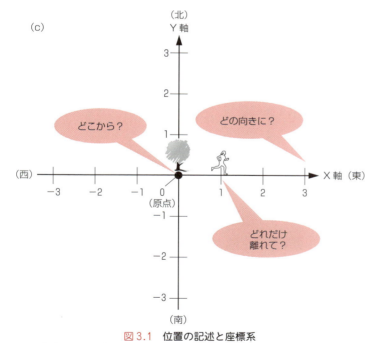

図3.1 位置の記述と座標系
（a）一次元座標系正方向，（b）一次元座標系，（c）二次元座標系．

最後に,「どれだけ離れて」はものさしの目盛のことである.目盛は数値（1, 2, 3, …）と単位（mm, m, km など）のセットである.この三つの基準が定まれば,ランナーの位置を記述することができる.たとえば,「背の高い木から」,「東に向かって」,「1 km」の位置というようにである.

ここで,ものさしを合わせた直線（上の例では原点から東に向かう直線）を**座標軸**と呼ぶ.これは,小学校の算数で習った数直線と同じものである.日常で使用するものさしには通常,0未満の目盛はないが,座標軸には正負の目盛がある.図 3.1（b）では背の高い木から東に向かっては正の目盛が,東の正反対の西に向かっては負の目盛が記してある.この座標軸は物体の運動を記述する際になくてはならないものである.直線上の運動を記述する際には一つの座標軸（たとえば X 軸）を用い（**一次元座標系**）,平面内の運動を記述する際には二つの互いに直交する座標軸（たとえば X 軸と Y 軸）を用いる（**二次元座標系**）.また,空間における運動を記述する際には三つの互いに直交する座標軸（X 軸,Y 軸,Z 軸）を用いる（**三次元座標系**）.これらは 2 章で述べたように**直交座標系**と呼ばれる.3 章では,一次元座標系もしくは二次元座標系について考える.

さて,上の例では東を X 軸の正の方向とした.そうすると,必然的に西は X 軸の負の方向となる〔図 3.1（b）〕.ランナーが東西方向にしか走らない場合（すなわち,X 軸上しか移動しない場合）,ランナーの位置は一次元座標系で表される.たとえば,時刻 t_1 のとき,ランナーが木から東に 50 m の位置にいるならば,$s_{x1} = 50$ [m] となる.ランナーが東西南北に自由に走る場合,ランナーの位置は二次元座標系で表される.

この場合，北は Y 軸の正の方向，南は Y 軸の負の方向となる〔図 3.1（c）〕．たとえば，時刻 t_1 のとき，ランナーが木から東に 50 m，北に 20 m の位置にいるならば，$(s_{x1}, s_{y1}) = (50, 20)$ [m] となる．

（2）位置（変位）

位置の変化のことを**変位**と呼ぶ．図 3.2（a）に示したランナーが時刻 t_1 から t_2 まで X 軸上を移動したとすると，そのときの位置の変化（変位）Δs_x は次式で与えられる．

$$\Delta s_x = s_{x2} - s_{x1} \tag{3.1}$$

ここで，Δ は変数の変化分を表すギリシャ文字であり，**デルタ**と読む．同様に，Y 軸上を移動したとすると，そのときの位置の変化 Δs_y は，

$$\Delta s_y = s_{y2} - s_{y1} \tag{3.2}$$

となる〔図 3.2（b）〕．

また，ランナーが X 軸，Y 軸のいずれにも沿わず，XY 平面内を自由に移動した場合〔図 3.2（c）〕，変位は時刻 t_1 におけるランナーの位置 (s_{x1}, s_{y1}) と時刻 t_2 におけるランナーの位置 (s_{x2}, s_{y2}) より，

$$(\Delta s_x, \Delta s_y) = (s_{x2} - s_{x1}, s_{y2} - s_{y1}) \tag{3.3}$$

で表される．

ランナーが東西（X 軸に平行な方向）にどれだけ走っても，変位の s_y 成分が増減することはなく，増減するのは s_x 成分のみである．同様に南北（Y 軸に平行な方向）にどれだけ走っても，変位の s_x 成分が増減する

> **知っておくと役に立つ！**
>
> **変位と距離の違い**
>
> 式（3.3）は，「変位」$(\Delta s_x, \Delta s_y)$ は時刻 t_1 から t_2 までの間にどの道を辿ったかにかかわらず，始点 (s_{x1}, s_{y1}) と終点 (s_{x2}, s_{y2}) のみによって決まることを示している．始点と終点が同じであれば，その間にどれだけ寄り道をしても変位は変わらない．この場合の寄り道の大きさを表す変量を「距離」と呼ぶ．距離は大きさのみを持ち，向きを持たないのでスカラー量である．変位と距離は混同しがちなため注意が必要である．
>
> 東京マラソンのコースは公認マラソンコースであるので，スタートの東京都庁からゴールの東京駅前・行幸通りまでは 42.195 km ある．この場合の 42.195 km は，このコースを走ったときの距離である．では，変位はどうだろうか．東京都庁を始点 (s_{x1}, s_{y1})，東京駅前・行幸通りを終点 (s_{x2}, s_{y2}) とすると，変位は $(\Delta s_{x1}, \Delta s_{y1}) = (6.452, -0.850)$ [km] となる．これは，スタートからゴールまでの間に東（X 軸の正方向）に 6.452 km，南（Y 軸の負方向）に 0.850 km だけ位置を変化させることを意味している．（東京マラソンのコースマップは http://www.marathon.tokyo/about/course/pdf/illustmap_2018jp.pdf を参照）．

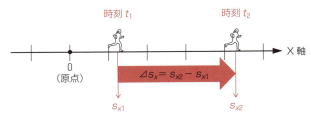

図 3.2（a） X 軸上の位置の変化（変位）

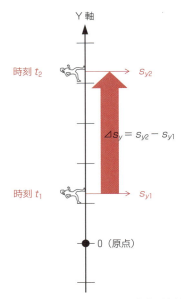

図 3.2（b） Y 軸上の位置の変化（変位）

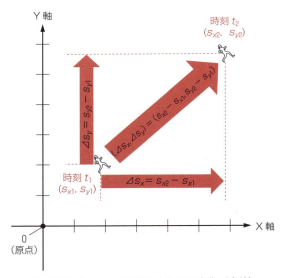

図 3.2（c） XY 平面内の位置 s の変化（変位）

ことはなく，s_y 成分のみが増減する．このことは式（3.3）の右辺を見れば明らかである．このことからもわかるように，変位は移動の大きさだけでなく，移動の向きも持つベクトル量である．位置（変位）に用いられる記号は x（ほかに y，z）が多いが，本書では s を用いる．単位は [m] である．

（3）速度

単位時間あたりの位置の変化のことを**速度（並進速度）**と呼ぶ．時刻 t_1 から t_2 までの間のランナーの**平均速度** v_{avg} は，位置の変化 Δs を時刻 t_1 から t_2 までの時間 Δt で除することによって求められ，次式で与えられる．

$$v_{\mathrm{avg}} = \frac{\Delta s}{\Delta t} = \frac{s_2 - s_1}{t_2 - t_1} \tag{3.4}$$

式（3.4）は Δt の時間内において位置に変化があれば速度が生じること，変化がなければ速度がゼロであることを示している．速度の記号は v，単位は [m/s] である．

ところで，式（3.4）は比較的長い時間間隔での速度の算出式である．ランナーの速度は時々刻々変化しているため，さらに細かい速度の変化パターンを知りたい．そのためには時間間隔を短くして瞬間の速度を求める必要がある．ランナーの**瞬間速度** v は，Δt をゼロに近づけたときの極限をとることによって定義され，次式で与えられる．

$$v = \lim_{\Delta t \to 0} \frac{\Delta s}{\Delta t} = \frac{ds}{dt} \tag{3.5}$$

式（3.5）から，時間に伴う位置の変化 $s(t)$ がわかっていれば，これ

● 知っておくと役に立つ！

速度と速さ（スピード）の違い
変位と距離の混同と同様，「速度」と「速さ（スピード）」も混同しがちな物理量である．変位がベクトル量，距離がスカラー量であるから，変位を時間で微分した速度はベクトル量，距離を時間で微分した速さ（スピード）はスカラー量である．なお，速度の大きさのことを「速さ（スピード）」と呼ぶこともあるが，この場合も速度の大きさのみを扱う（すなわち，向きを考慮に入れない）のでスカラー量である．
東京マラソンのコースを現在のマラソン世界記録保持者のケルヴィン・キプタム（ケニア）が世界記録（2 時間 0 分 35 秒，2024 年 4 月現在）で走ったと仮定した場合，平均スピードは 5.83 m/s となる（100 m を 17.1 秒で走る速さ！）．一方，レース全体での平均速度は
$\left(\dfrac{6.452\,\mathrm{km}}{2\,時間\,0\,分\,35\,秒}, -\dfrac{0.850\,\mathrm{km}}{2\,時間\,0\,分\,35\,秒} \right)$
$= (0.892, -0.117)\,[\mathrm{m/s}]$，
すなわち，東に 0.892 m/s，南に 0.117 m/s（合成速度 0.899 m/s ⇒ 3.24 km/h）である．もし，あなたがケルヴィン・キプタムと一緒にスタートし，ゴールまで一直線に向かうとしたら，歩いても彼より先にゴールできる．

知っておくと役に立つ！

平均速度と瞬間速度

歩行やランニングにおいて，時刻 t_1 から t_2 までの位置の変化や距離を移動に要した時間（$\Delta t = t_2 - t_1$）で割ると「平均速度」や「平均スピード」が求まる．たとえば，1 km を 3 分で走るペース（100 m を 18 s で走るペース）などと表現するが，このように表すと，あたかもずっとその速度やスピードが続いているように錯覚する．しかし，実際には重心速度は 1 歩の間にも絶えず変化している．重心は足が接地してから離地するまでの前半では減速し，後半では加速している．このように時々刻々変化する「瞬間速度」や「瞬間スピード」を求めるには，Δt を限りなくゼロに近づけていけばよいが，そのためには非常に短い時間間隔での位置の変化や距離を計測する必要がある．

$$v_{\text{avg}} = \frac{\text{位置の変化}(\Delta s)}{\text{時間の変化}(\Delta t)}$$

$$= \frac{\text{最終位置}(s_2) - \text{開始位置}(s_1)}{\text{最終時刻}(t_2) - \text{開始時刻}(t_1)}$$

を時間で微分して瞬間速度 v を求めることができる．なお，図式的には，2 章で説明したように，速度は微小時間内の変位曲線の傾き（接線）をとることによって求められる（図 2.15）．その傾きが右上向きであれば速度は「正」，時間軸と平行であれば「ゼロ」，右下向きであれば「負」となる．式（3.5）は一般的な速度の求め方を示しているが，XY 平面内の速度の場合は，

$$(v_x, v_y) = \left(\frac{ds_x}{dt}, \frac{ds_y}{dt}\right) \tag{3.6}$$

となる．

このように，速度は変位の時間微分であるので，変位と同様にベクトル量であり，大きさと向きの両方を持つ．

（4）加速度

単位時間あたりの速度の変化のことを**加速度（並進加速度）** と呼ぶ．時刻 t_1 から t_2 までの間のランナーの**平均加速度（a_{avg}）** は，速度の変化 Δv を時刻 t_1 から t_2 までの時間 Δt で除すことによって求められ，次式で与えられる．

$$\boldsymbol{a}_{\text{avg}} = \frac{\Delta \boldsymbol{v}}{\Delta t} = \frac{\boldsymbol{v}_2 - \boldsymbol{v}_1}{t_2 - t_1} \tag{3.7}$$

式（3.7）は Δt の時間内において速度に変化があれば加速度が生じること，変化がなければ加速度がゼロであることを示している．加速度の記号は a，単位は [m/s^2] である．

ところで，式（3.7）は比較的長い時間間隔での加速度の算出式である．

ランナーの加速度は時々刻々変化しているため，さらに細かい加速度の変化パターンを知りたい．そのためには時間間隔を短くして瞬間の加速度を求める必要がある．ランナーの**瞬間加速度** a は，Δt をゼロに近づけたときの極限をとることによって定義され，次式で与えられる．

$$a = \lim_{\Delta t \to 0} \frac{\Delta v}{\Delta t} = \frac{dv}{dt} \tag{3.8}$$

式（3.8）から，時間に伴う速度の変化 $v(t)$ がわかっていれば，これを時間で微分して瞬間加速度 a を求めることができる．なお，図式的には，2章で説明したように，加速度は微小時間内の速度曲線の傾き（接線）をとることによって求められる（図 2.15）．その傾きが右上向きであれば加速度は「正」，時間軸と平行であれば「ゼロ」，右下向きであれば「負」となる．式（3.8）は一般的な加速度の求め方を示しているが，XY 平面内の加速度の場合は，

$$(a_x, a_y) = \left(\frac{dv_x}{dt}, \frac{dv_y}{dt} \right) \tag{3.9}$$

となる．

このように加速度は速度の時間微分であるので，速度と同様にベクトル量であり，大きさと向きの両方を持つ．

以上のように，速度は位置の **1 階微分値**$\left(\frac{ds}{dt}\right)$，加速度は位置の **2 階微分値**$\left(\frac{d^2s}{dt^2}\right)$ であるため，時間に伴う位置の変化 $s(t)$ を知ることが重要となる．

$$a_{\text{avg}} = \frac{\text{速度の変化}(\Delta v)}{\text{時間の変化}(\Delta t)}$$
$$= \frac{\text{最終速度}(v_2) - \text{開始速度}(v_1)}{\text{最終時刻}(t_2) - \text{開始時刻}(t_1)}$$

$v = \dfrac{ds}{dt} = \dot{s}$ と表すと

（pp. 36-37 注釈参照）．

$$a = \frac{d\dot{s}}{dt} = \frac{d}{dt}\left(\frac{ds}{dt}\right) = \frac{d^2s}{dt^2} = \ddot{s}$$

※加速度は位置の 2 階微分値．
※$\ddot{s}$ はエス・ツードット（またはエスのダブルドット）と読む．
※肩付きの 2 は**累乗の数**を指したものではなく，**微分の階数**を指している．

図 3.3　シャトルラン

例題 3.1

ランナーが図3.3のようにシャトルラン（往復走）をしている．表3.1はシャトルラン1往復中のランナーの位置，平均速度，平均加速度を示したものである．図3.4（a）は縦軸に位置，横軸に時間をとり，表3.1の3列目の時刻と4列目の変位をグラフ化したものであり，**位置–時間図**（s-t 図）と呼ぶ．

図3.4（a）の s-t 図から，速度を求めるにはどうすればよいか．

解答

速度は s-t 図の曲線の傾きであり，上記の式（3.4）を使って求められる．表3.1の3列目の時刻と4列目の位置データから，第①区間（開始時刻 0 s～終了時刻 1.50 s 間）の平均速度は以下のように求められる．

$$v_{avg} = \frac{s_2 - s_1}{t_2 - t_1} = \frac{5.00 - 0}{1.50 - 0} \fallingdotseq 3.33 \, [\text{m/s}]$$

（答）

以下，同様にして各区間内の平均速度を求めて示したものが表3.1の7列目のデータ（5列目は計算式，6列目は当該区間の中間の時刻）

である．図3.4（b）は縦軸に速度を，横軸に時間をとり，表3.1の7列目の平均速度データをグラフ化したものであり，**速度–時間図**（v-t 図）と呼ぶ．

ところで，この v-t 図は「凹凸状の矩形パターン」を示しており，当該区間のランナーの「平均速度」を示したものである．もし，5 m ごとの位置ではなく，3 m → 1 m → 0.5 m と区間ごとの変位を小刻みにして通過時刻を記録し，速度を求めて v-t 図を描くと，「より滑らかな曲線状のパターン」が得られることが予測される．実際，そのようにして速度を求めて示したものが，v-t 図内の赤線で示した曲線である．そして，この曲線の時間間隔を限りなくゼロに近づけたとき（つまり極限をとったとき），「真の滑らかなパターン」が得られる．この曲線は式（3.5）を使って求められるランナーの「瞬間速度」を示したものとなる．

図3.4（a）の s-t 図と図3.4（b）の v-t 図から，変位と速度の重要な関係がわかる．たとえば，s-t 図において右上がりまたは右下がりの最も傾きが大きい時点においてそれぞれ正・

▶▶

(a) 位置–時間図（s-t 図）

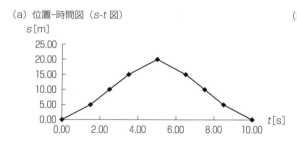

(b) 速度–時間図（v-t 図）

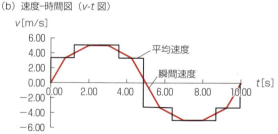

負の速度が最大となること，往路と復路が切り替わる時点において速度がゼロとなることなどである．

次に，図3.4（b）の v–t 図から加速度を求めるにはどうすればよいか．

解答

変位から速度を求めたことと同様に，加速度は v–t 図の曲線の傾きであり，上記の式（3.7）を使って求められる．表3.1の6列目の時刻（各区間の中間時刻）と7列目の平均速度データから，平均加速度は以下のように求められる．

$$a_{\text{avg}} = \frac{v_2 - v_1}{t_2 - t_1}$$

$$= \frac{3.33 - 0.00}{0.75 - 0.00} ≒ 4.44 [\text{m/s}^2] \quad （答）$$

以下，同様にして各区間内の平均加速度を求めて示したものが，表3.1の10列目のデータ（8列目は計算式，9列目は当該区間の中間の時刻）である．図3.4（c）は縦軸に加速度を，横軸に時間をとり，表3.1の10列目の加速度データをグラフ化したものであり，**加速度–時間図**（a–t 図）と呼ぶ．

ところで，この a–t 図は前述の v–t 図と同様に「凹凸状の矩形パターン」を示しており，当該区間のランナーの**平均加速度**を示したものである．もし，5mごとの位置ではなく，3m→1m→0.5mと区間ごとの変位を小刻みにして通過時刻を記録し，加速度を求めて a–t 図を描くと，「より滑らかな曲線状のパターン」が得られることが予測される．実際，そのようにして加速度を求めて示したものが，a–t 図内の赤線で示した曲線である[*1]．そして，この曲線の時間間隔を限りなくゼロに近づけたとき（つまり極限をとったとき），「真の滑らかなパターン」が得られる．この曲線は式（3.8）を使って求められるランナーの「**瞬間加速度**」を示したものとなる．

図3.4（b）の v–t 図と図3.4（c）の a–t 図から速度と加速度の重要な関係がわかる．たとえば，v–t 図において右上がりまたは右下がりの最も傾きが大きい時点において，それぞれ正・負の加速度が最大となること，正・負の最大速度出現時点において，正・負の加速度がゼロとなることなどである．

これらの図3.4（a）s–t 図，（b）v–t 図，（c）a–t 図からわかるように，位置データを時

[*1] 図3.4（b）（c）の赤線で示された曲線が滑らかなパターンでないのは，記録された位置の時間間隔が小さくないためである．

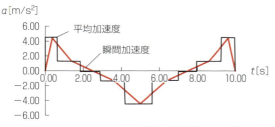

(c) 加速度–時間図（a–t 図）

図3.4 シャトルラン中の（a）位置–時間図（s–t 図），（b）速度–時間図（v–t 図），（c）加速度–時間図（a–t 図）

間で微分して速度を求めると，その速度の最大値は位相が時間軸をさかのぼる方向つまり左方向へずれ，同様に速度データを時間で微分して加速度を求めると，その加速度の最大値はさらに左方向へずれることがわかる．

2　加速度の正負

変位の方向と速度の方向は運動の方向（ランナーを例とした場合，進行方向）と一致するが，加速度の方向は運動の方向と必ずしも一致しない．そのため，変位や速度に比べると加速度はイメージしにくい．ここでは，シャトルランを例にして加速度の正負について学ぶ．

図 3.5 は，シャトルラン中のランナーの速度が時刻 t_1 から t_2 の間に v_1 から v_2 へ変化する六つの場合について示したものである．図中の丸数字は図 3.3 で示した丸数字の局面を意味する．ここではX軸方向の加速度のみを考え，右方向を正とする．図の上段の三つはすべて加速度が正になる場合，下段の三つはすべて負になる場合である．また，ここには示していないが，v_1 と v_2 が等しい，つまり速度に変化がない場合には，加速度はゼロとなる[*2]．

さて，ニュートンの運動の第二法則（5章参照）によれば，物体の速度（大きさ，向き）を変化させるためには物体に外部から力（外力）が作用しなければならない．この関係は $\Sigma \boldsymbol{F} = m\boldsymbol{a}$ という運動方程式で表される．つまり，外力の総和はスカラー量である質量をベクトル量である加速度に乗じた量であるため，外力の総和と加速度の向きは同じになる．図 3.5 の六つのケースはいずれも時刻 t_1 から t_2 の間に外力がラン

*2　なお，これらのケースを十分に理解するためには，5章において取りあげる力の概念を理解する必要がある．読者は5章を読んだあと，改めて本節を読み返して理解を深めてほしい．

表3.1　シャトルラン中のランナーの位置，平均速度，平均加速度

1	2	3	4	5	6	7	8	9	10
方向	区間	時刻 t [s]	位置 s [m]	計算式 $\dfrac{s_2 - s_1}{t_2 - t_1}$	時刻 t [s]	速度 v [m/s]	計算式 $\dfrac{v_2 - v_1}{t_2 - t_1}$	時刻 t [s]	加速度 a [m/s²]
往路		0.00	0.00		0.00	0.00	$\dfrac{3.33 - 0.00}{0.75 - 0.00}$	0.00	0.00
	①			$\dfrac{5.00 - 0.00}{1.50 - 0.00}$	0.75	3.33	$\dfrac{5.00 - 3.33}{2.00 - 0.75}$	0.38	4.44
		1.50	5.00					1.38	1.33
	②			$\dfrac{10.00 - 5.00}{2.50 - 1.50}$	2.00	5.00	$\dfrac{5.00 - 5.00}{3.00 - 2.00}$		
		2.50	10.00					2.50	0.00
	③			$\dfrac{15.00 - 10.00}{3.50 - 2.50}$	3.00	5.00	$\dfrac{3.33 - 5.00}{4.25 - 3.00}$		
		3.50	15.00					3.63	−1.33
	④			$\dfrac{20.00 - 15.00}{5.00 - 3.50}$	4.25	3.33	$\dfrac{-3.33 - 3.33}{5.75 - 4.25}$		
		5.00	20.00					5.00	−4.44
復路	⑤			$\dfrac{15.00 - 20.00}{6.50 - 5.00}$	5.75	−3.33	$\dfrac{-5.00 - (-3.33)}{7.00 - 5.75}$		
		6.50	15.00					6.38	−1.33
	⑥			$\dfrac{10.00 - 15.00}{7.50 - 6.50}$	7.00	−5.00	$\dfrac{-5.00 - (-5.00)}{8.00 - 7.00}$		
		7.50	10.00					7.50	0.00
	⑦			$\dfrac{5.00 - 10.00}{8.50 - 7.50}$	8.00	−5.00	$\dfrac{-3.33 - (-5.00)}{9.25 - 8.00}$		
		8.50	5.00					8.63	1.33
	⑧			$\dfrac{0.00 - 5.00}{10.00 - 8.50}$	9.25	−3.33	$\dfrac{0.00 - (-3.33)}{10.00 - 9.25}$		
		10.00	0.00		10.00	0.00		9.63	4.44
								10.00	0.00

ナーへ作用したために，ランナーの速度が正・負の方向へ変化した状態を示したものである．すなわち，加速度が正となる場合は，いずれもランナーに正方向に向かう外力が作用したことによるものである．とくに，加速度が正となるⅢのケース（図3.5上段右列の図）において，時刻t_1での負の速度の大きさよりも時刻t_2での負の速度の大きさが小さくなるためにはランナーに「ブレーキ」を掛ける必要があるため，外力が進行方向とは逆方向（このケースでは正の方向）へ作用しなければならない．同様のことは，加速度が負となるⅠのケース（図3.5下段左列の図）についてもいえる．なお，図3.6はこれらの関係を模式図としてまとめたものである．また，時刻t_1と時刻t_2の2時点の速度の値（v_1, v_2）がそれぞれわかっていれば，式（3.7）に代入して加速度の正・負を確認することができる．

例題 3.2

図3.3のシャトルランにおいて，$t_1 = 1.5$ [s] から $t_2 = 6.5$ [s] の間にランナーの速度が以下のように v_1 m/s から v_2 m/s へ変化した．この間の加速度の正・負はどうなるか．

① $v_1 = 1.5$ [m/s]　→　$v_2 = 4.7$ [m/s]
② $v_1 = 6.1$ [m/s]　→　$v_2 = -2.3$ [m/s]
③ $v_1 = -5.5$ [m/s]　→　$v_2 = -1.2$ [m/s]

解答

① $a = \dfrac{\Delta v}{\Delta t} = \dfrac{v_2 - v_1}{t_2 - t_1}$

　　$= \dfrac{4.7 - 1.5}{6.5 - 1.5} = 0.64$ [m/s^2]　　正（答）

② $a = \dfrac{-2.3 - 6.1}{6.5 - 1.5} = -1.68$ [m/s^2]　負（答）

③ $a = \dfrac{-1.2 - (-5.5)}{6.5 - 1.5} = 0.86$ [m/s^2]

　　　　　　　　　　　　　　　　　　正（答）

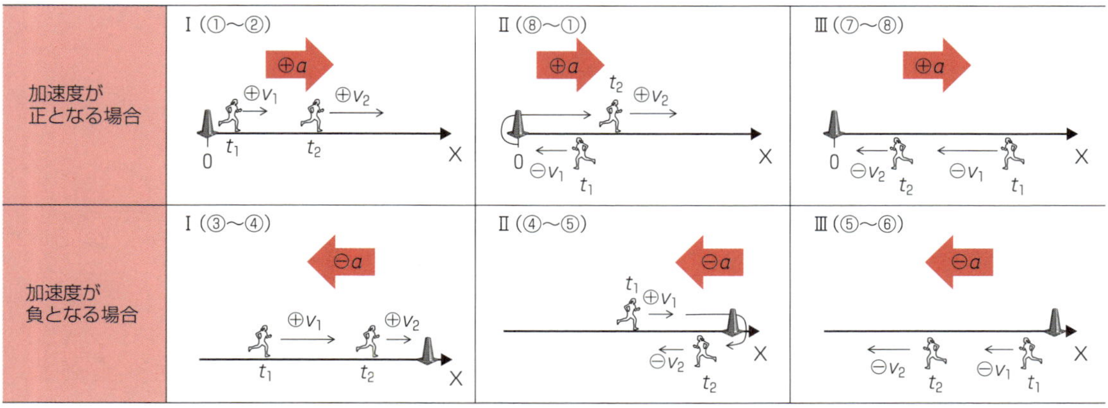

図3.5 シャトルランを例とした加速度の正負

3 加速度と力の関係

5章（p.89）で説明するように，ニュートンの運動の第二法則から，物体の速度を変化させる，つまり加速度を発生させるためには外部から力（「外力」）が作用しなければならない（$\Sigma \boldsymbol{F} = m\boldsymbol{a}$）．ここでは，【例題3.1】で取りあげたシャトルラン1往復中のランナーの瞬間加速度の変化パターンを例にして，加速度と力の関係について学ぶ．

図3.7（a）に示すように，ランナーがシャトルランを行っている．図3.7（b）は，このシャトルラン1往復中のランナーの速度の変化パターンと各時点および区間における加速度の符号を示したものである．シャトルランでは，スタート直後は一定の速度に至るまでランナーの速度が増加（加速）し，一定速度になったあと，折り返し点（コーン）付近では減速する．折り返したあとは再び加速し，一定速度になったあと，スタート位置付近では再度減速する．ここで，右向きの加速度を正，左向きの加速度を負とすると，加速度（a）の符号は図3.7（b）に示したようになる．上述のように加速度は外力に比例することから，加速度が正の区間ではランナーに右向きの力が，負の区間では左向きの力が作用したことになる．また，加速度がゼロの区間では力が作用しなかったか，あるいはすべての力がつり合って平衡状態にあるとみなせる．実際には，ランニング1歩ごとの支持期（足が地面に接している局面）において，前半は減速（ブレーキ力），後半は加速（推進力）が生じるが，数歩間の力の作用を平均するとこのようになる．

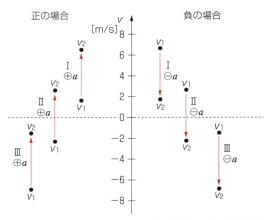

図3.6 シャトルランを例とした加速度の正負（まとめ）
Ⅰ，Ⅱ，Ⅲは図3.5のⅠ，Ⅱ，Ⅲに対応している．

4 等速度運動,等加速度運動

本章の冒頭(p.19)において,並進運動は物体(剛体)を構成するすべての点が同じ方向に平行移動するような運動のことであると述べた.実はこのような運動(並進運動)には二つの種類がある.直線上の並進運動(直線運動)と曲線上の並進運動(曲線運動)である.直線運動は物体を構成するすべての点が平行かつ直線的に移動するような運動のことであり,曲線運動は物体を構成するすべての点が平行かつ曲線的に移動するような運動をいう.XY平面で考えた場合,X方向の速度とY方向の速度の比が一定であれば直線運動となり,時々刻々変化すれば曲線運動となる.

直線上の並進運動(直線運動),曲線上の並進運動(曲線運動)
2章参照.

(1) 等速度運動

一般的な運動では加減速(すなわち加速度)があるが,加速度がゼロ(すなわち速度が一定)となるような特殊な場合を考えることがある.このように速度が一定の直線運動のことを**等速度運動**(または**等速直線運動**)と呼ぶ.ちなみに,曲線運動や回転運動では速度が一定となることはない.なぜなら,曲線運動や回転運動では速度の大きさ(速さ)が一定になることはあっても,速度の向きが常に変化しているためである.等速度運動を行う物体のある時刻 t での位置 s は,以下の式で表される.

$$s = s_0 + vt \tag{3.10}$$

ここで,s は時刻 t での位置 [m],s_0 は初期位置 [m],v は速度 [m/s] である.

> **知っておくと役に立つ!**
>
> **等速度円運動は存在しない**
> **等速度運動**とは「速度が等しい運動」のことである.また,速度はベクトル量であるため,「等速度」とは速度の大きさと向きの両方が変化しない運動のことを指す.「円運動」では速度の向きが常に変化するため,等速度運動とはならない.したがって,等速度直線運動はあっても等速度円運動は存在しない.
> 一定の角速度で同一円周上を回るような運動を**等速円運動**と呼ぶ.このときの「等速」とは「速さ(すなわち速度の大きさ)が等しい」ことを意味する.一定の角速度で同一円周上をまわる運動では円の半径と角速度が変化しないため,速度の向きは変わるが,速度の大きさ(速さ)は変化しない.

(a) シャトルラン

(b) v-t 図

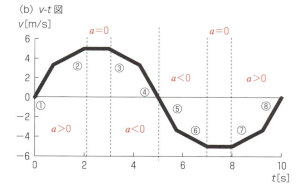

図3.7 シャトルラン1往復中の速度

知っておくと役に立つ！

最適投射角度

ボール投げでボールの飛距離を計算するには，まず，リリースからボールが地面に落ちるまでの時間を求め，得られた時間と水平方向の速度をかければよい．
リリース時のボールが進む方向（ボール初速度の向き）と水平線がなす角度のことを**投射角度**と呼ぶ．空気抵抗を無視すれば，ボールが最も遠くに飛ぶ**最適投射角度**は45°となる．ただし，これはリリース時のボールの高さ（投射高）がゼロの場合（すなわち，リリース時のボールが地面と同じ高さの場合）である．サッカーのプレースキックなどがこれに当てはまる．

重力加速度

重力加速度が約 9.8 m/s² になる理由については 5 章（p.94）で説明する．

（2）等加速度運動

加速度が一定の場合，速度は一定の割合で変化する．このような運動を**等加速度運動**（または等加速度直線運動）と呼ぶ．ちなみに，曲線運動や回転運動では加速度が一定になることはない．なぜなら，曲線運動や回転運動では加速度の大きさが一定になることはあっても，加速度の向きが常に変化しているためである．等加速度運動を行う物体のある時刻 t での速度 v および位置 s は，以下の式で表される．

$$v = v_0 + at \tag{3.11}$$

$$s = s_0 + v_0 t + \frac{1}{2} a t^2 \tag{3.12}$$

ここで，v は時刻 t での速度 [m/s]，v_0 は初速度 [m/s]，a は加速度 [m/s²]，s は時刻 t での物体の位置 [m]，s_0 は初期位置 [m] である．

ボールを手で持ち，空中で離すとボールは真下に落下する．空気抵抗が無視できるとき，このような落下運動を**自由落下**と呼ぶ．自由落下中の物体の加速度は下向きに約 9.8 m/s² で一定である．加速度を発生させるためには外部から力（外力）が作用しなければならないことは先に述べたが，自由落下中の下向きの加速度は地球の重力によって生じている．このように，重力による鉛直下向きの加速度を**重力加速度**と呼び，一般に記号 g で表す．自由落下を行う物体の運動は等加速度運動であり，ある時刻 t での速度 v_y および位置 s_y は以下の式で表される．

$$v_y = v_{y0} - gt \tag{3.13}$$

$$s_y = s_{y0} + v_{y0} t - \frac{1}{2} g t^2 \tag{3.14}$$

ここで，v_y は時刻 t での鉛直速度 [m/s]，v_{y0} は初速度 [m/s]，g は重力加速度（9.8 m/s^2），s_y は時刻 t での落下物の位置 [m]，s_{y0} は初期位置 [m] である．

> **例題 3.3**
>
> 高さ 15 m の位置からボールを自由落下させたとき，ボールが地面に届くまでの時間と地面に到着する直前の速度を求めよ．ただし，空気抵抗は無視できるものとし，重力加速度を 9.8 m/s^2 とする．
>
> **解答**
>
> 地面に届くまでのボールの落下距離は 15 m（すなわち -15 m の位置），初期位置 0 m，初速度は 0 m/s であるから，
>
> 式（3.14）より，$-15 = -(1/2) \times 9.8 \times t^2$
> これより，$t = 1.75$ [s]　　　　　　（答）
> 式（3.13）より，地面に到着する直前（1.75 s 後）の速度は，
>
> $$v_y = -9.8 \times 1.75 = -17.15 \text{ [m/s]} \quad （答）$$

5　放物運動

図 3.8 は，地面に置かれたサッカーボールを斜め上方に蹴りあげたときのボールの軌跡を示したものである．空気抵抗を無視すると，図のようにボールの軌跡は放物線を描く．このような運動を **放物運動** と呼ぶ．最初（投射時）と最後（地面到達時）の鉛直位置が同じ場合，この放物線は左右対称となる．

このとき，ボールに働く外力は鉛直下向きの重力のみであり，水平方

知っておくと役に立つ！

投てき，ゴルフの最適投射角度

投てきでは身長程度の投射高があるため，この投射高を考慮した場合の最適投射角度は45°よりも若干小さくなる．しかし，これらは空気抵抗やヒトの体の構造を無視した理論上の最適投射角度である．実際の投てき競技における投射角度は，理論上の最適投射角度より小さいことが知られている．これは，投てき物の形状や回転の影響（すなわち空気抵抗の影響），投てき物に対する力発揮のしやすさの影響などが原因と考えられている．また，ゴルフでは低い地面からより高い地面に向かって打ちあげるような状況が考えられるが，この場合，投射高は負の値となる．投射高が負の場合は，理論上の最適投射角度は45°よりも大きくなる．

向には外力が作用しないため，水平方向の運動は加速度がゼロの等速度運動となる．また，鉛直方向の運動は重力加速度での等加速度運動となる．したがって，前節で述べたように，このときのボールの初速度の水平方向成分を v_{x0}，鉛直方向成分を v_{y0} とすると，時刻 t でのボールの速度 (v_x, v_y) [m/s] と位置 (s_x, s_y) [m] は，以下の式で表される．

$$v_x = v_{x0} \tag{3.15}$$

$$v_y = v_{y0} - gt \tag{3.13}$$

$$s_x = s_{x0} + v_{x0}t \tag{3.16}$$

$$s_y = s_{y0} + v_{y0}t - \frac{1}{2}gt^2 \tag{3.14}$$

ここで，s_{x0}，s_{y0} はそれぞれ蹴られた瞬間のボールの水平方向および鉛直方向の位置（初期位置）である．

図3.8にはサッカーボールの速度を矢印で示しているが，ボールが空中を飛行している間の水平方向の速度は一定（$v_{x0} = v_{x1} = v_{x2} = \cdots\cdots = v_{x8}$）である〔式（3.15）〕．また，鉛直方向の速度〔式（3.13）〕については，ボールは蹴りあげられた瞬間に v_{y0} の速度を持っているが，飛行中，重力により徐々に速度が減らされ，最高到達点での鉛直速度（v_{y4}）はゼロとなる．また，最高到達点を過ぎると下向きの速度が徐々に大きくなり，地面に到達した際（v_{y8}）には $-v_{y0}$ となる．放物運動ではボール速度の方向は放物線の接線方向と一致し，速度の向きが時々刻々変化するため，一見複雑である．しかし，上述したように，実際には，放物運動は水平方向の等速度運動と鉛直方向の等加速度運動の組み合わせに過ぎない．

このように，一見複雑に見える運動も各方向の単純な運動の組み合わ

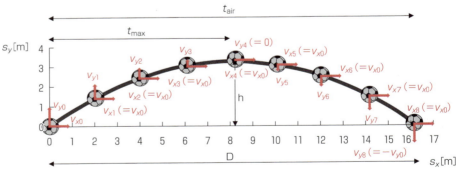

図3.8 放物運動

せと考えることができ，このことを**重ね合わせの原理**と呼ぶ．したがって，上記の式（3.13）から式（3.16）に示すように，それぞれの方向に作用する力を別々に考えることで，各方向における時々刻々の速度や位置の変化を理解することができる．

例題 3.4

図 3.8 において，$v_{x0} = 10$ [m/s]，$v_{y0} = 8$ [m/s] としたときの t_{max}（ボールが最高到達点に達するまでの時間），t_{air}（ボールが地面に落下するまでの時間），h（最高到達点の高さ），D（ボールの到達距離）を求めよ．ただし，重力加速度の大きさは 9.8 m/s^2 とし，空気抵抗は無視する．

解答

① t_{max} を求める．ボールが最高到達点に達したときの鉛直速度 v_y は 0 m/s であるから，式（3.13）より，$0 = 8 - 9.8t$ となり，$t ≒ 0.816$ [s] （答）

② t_{air} を求める．蹴りあげ時（最初）と地面到達時（最後）のボールの鉛直位置が等しいため，放物線は左右対称となる．したがって，t_{air} は t_{max} の 2 倍となり，$t_{air} = t_{max} × 2 ≒ 0.816 × 2 = 1.632$ [s] （答）

③ h を求める．式（3.14）に $t_{max} = 0.816$ [s] を代入して，$s_y = 0 + 8 × 0.816 - 0.5 × 9.8 × (0.816)^2 ≒ 3.265$ [m] （答）

④ D を求める．式（3.16）に $t_{air} = 1.632$ [s] を代入して，$s_x = 0 + 10 × 1.632 = 16.320$ [m] （答）

例題 3.5

ハンマー投げにおいて,リリース時のハンマーの初速度が 28 m/s,投射角が 40°,投射高が 1.75 m であったとすると,ハンマーはどれだけ飛ぶか.ただし,重力加速度の大きさは 9.8 m/s² とし,空気抵抗は無視する.

解答

① ハンマーの初速度 28 m/s,投射角 40°より,水平方向初速度 v_{x0},鉛直方向初速度 v_{y0} を求める(三角関数については 2 章参照).

$$v_{x0} = 28 \times \cos 40° ≒ 21.449 \text{ [m/s]}$$
$$v_{y0} = 28 \times \sin 40° ≒ 17.998 \text{ [m/s]}$$

② ハンマーが地面に落下するまでの時刻 t を求める.

式(3.14)に $s_y = 0$ [m](地面到達時の位置),$v_{y0} = 17.998$ [m/s],$s_{y0} = 1.75$ [m](投射高)を代入して t を求めると,

$$t ≒ 3.768 \text{ [s]}$$

③ ハンマーの到達距離 s_x m を求める.

式(3.16)に $v_{x0} = 21.449$ [m/s],$t = 3.768$ [s],$s_{x0} = 0$ [m] を代入して x を求めると,

$$s_x ≒ 80.820 \text{ [m]}$$　　　　(答)

復習トレーニング

■ 次の文章のカッコの部分に適切な言葉を入れなさい.

❶ 並進運動のキネマティクス変数には,変位,(　　),加速度がある.

❷ 並進運動のキネマティクス変数の正負の方向(二次元座標系の場合)は,慣用的に水平方向では右向きを(　　),左向きを(　　),鉛直方向では上向きを(　　),下向きを(　　)と定めている.

❸ 位置-時間図(s-t 図)において,変位曲線が最大値に達したとき,速度は(　　)となる.

❹ 速度-時間図(v-t 図)において,速度曲線の傾きが右上向きであれば,加速度の符号は(　　)である.

❺ 等速度運動とは（　　）が一定の運動である．
❻ 放物運動とは（　　）方向の等速度運動と鉛直方向の（　　）運動を組み合わせた運動である．

■次の文章で正しいものには○，誤っているものには×をつけなさい．

❼ [　　] ピッチャーがキャッチャーへ向けて投球した．ボールの速度を測ると，初速度が 40 m/s であり，キャッチャーミットに入る直前が 36 m/s であった．この間のボールの平均加速度は負である．

❽ [　　] ランナーが北東に向かって走っている．このランナーが 10 km 進んだとき，東方向の変位は 10 km である．

❾ [　　] 砲丸投げの選手が投射角 30°（上向きに 30°）で砲丸を投げた．空気抵抗を無視すると，リリース直後の砲丸に作用する外力は上向きに 30°で働く力と重力である．

❿ [　　] ラグビーの選手が真上に 20 m/s の速度でボールを蹴りあげ，落ちてきたボールを蹴りあげた位置と同じ位置でキャッチした．空気抵抗を無視するとキャッチ時のボール速度は下向きに 20 m/s より大きい．

⓫ [　　] ピッチャーがマウンドからキャッチャーに向けて，時速 140 km のボールを投げた．リリース時のボールの位置は，プレートから投球方向に 1.5 m の位置であった．プレートからホームベースまでの距離を 18.44 m とし，空気抵抗を無視すると，ボールのリリースからボールがホームベースに到達するまでの時間は 0.45 s よりも長い．

4章 回転運動のキネマティクス

4章のポイント ▶▶▶▶▶▶▶▶▶▶▶▶▶▶▶▶▶▶▶▶▶▶▶▶

　3章において，並進運動のキネマティクス変量（位置，速度，加速度ほか）について取り上げた．4章では，その概念を回転運動についても当てはめて考えることができることを学ぶ．具体的には，

◆ 角度，角速度，角加速度の基本変量について学ぶ．
◆ 角加速度の正負，角加速度と力のモーメントの関係について学ぶ．
◆ 回転運動の力学変量の方向について学ぶ．
◆ 角速度と速度の関係について学ぶ．
◆ 等速円運動，等角加速度運動について学ぶ．

4章 回転運動のキネマティクス

計算式
この章で示した各計算式〔式（4.1）～式（4.14）〕の記号はいずれも二次元平面の回転運動に関するものとしスカラー量として扱った．三次元の回転運動に関してはベクトル量として扱う必要がある．

2章において，物体（剛体）の運動は並進運動と回転運動に分けられると述べた．身体運動においては関節でつながった複数の部分（上腕，下腿，足など）がそれぞれの関節まわりに回転する結果として身体全体（身体重心）を並進させたり，あるいは手・足や手に持つ道具（投具，打具）を回転や並進させたりする．このようにして選手は走ったり，跳んだり，物を投げたりすることができるのである．

この章では，物体の回転運動のキネマティクス変量すなわち角度，角速度，角加速度とその関連事項について学ぶ．また，これらの変量がそれぞれ並進運動の位置，速度，加速度に対応していることを理解する．

1　回転運動のキネマティクス変量

ここでは，簡単のため二次元平面における物体の運動を考える．物体の運動として体操選手の「大車輪運動」を例にして角度，角速度，角加速度の各変量について説明する．

（1）角度の記述方法

図4.1に示すように，たとえば，体操選手の側方から見て，鉄棒バーに回転軸となる原点（支点）を置き，右向きにX軸，上向きにY軸とした二次元直交座標系を定義する．3章において物体の並進運動の正・負の方向を定義したように，回転運動においても正・負の方向が慣例的に定義されている．すなわち，回転運動ではX軸の正方向を0°として「**左まわり**」の回転を「**正**」，「**右まわり**」の回転を「**負**」と定めている．なお，右まわりは「**時計まわり** clockwise（CW）」，左まわりは「**反時計**

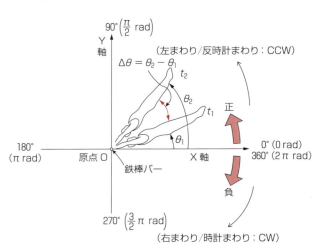

図4.1　二次元直交座標系の設定

まわり counter-clockwise（CCW）」と呼ぶこともある．

（2）角度（角変位）

角度の変化のことを**角変位**と呼ぶ．図4.1の体操選手（剛体とみなす）の大車輪において，体操選手が時刻 t_1 から t_2 まで回転したとすると，そのときの角度の変化（角変位）$\Delta\theta$ は次式で与えられる．

$$\Delta\theta = \theta_2 - \theta_1 \tag{4.1}$$

式（4.1）は剛体と仮定した体操選手に対してだけでなく，体操選手のあらゆる点（身体重心点，各関節点など）に対しても適用できる．角度の記号は θ（「シータ」と呼ぶ），単位は［rad］（ラジアン）または［deg, °］である．

（3）角速度

単位時間あたりの角度の変化のことを**角速度（回転速度）**と呼ぶ．時刻 t_1 から t_2 までの間の体操選手の**平均角速度** ω_{avg} は，角度の変化 $\Delta\theta$ を時刻 t_1 から t_2 までの時間 Δt で除すことによって求められ，次式で与えられる．

$$\omega_{\mathrm{avg}} = \frac{\Delta\theta}{\Delta t} = \frac{\theta_2 - \theta_1}{t_2 - t_1} \tag{4.2}$$

式（4.2）は Δt の時間内において角度に変化があれば角速度が生じること，変化がなければ角速度がゼロであることを示している．角速度の記号は ω（「オメガ」と呼ぶ），単位は［rad/s］または［deg/s, °/s］で

知っておくと役に立つ！

運動連鎖の原則

投動作などにおいて，**むち動作** whip-like motion または**からざお動作** flail-like motion と形容される．投げ手の速度（または力など）を高めるためには下肢の部分から始まり，体幹，そして上腕，前腕，手を「むち」のようにしならせることで末端である手の速度を増加させる（図4.2）．先に動いている部分（たとえば，上腕）の回転速度よりも次に動く部分（前腕）の回転速度が増加して末端の速度が増加することから，**速度加算の原則**とも呼ばれている．

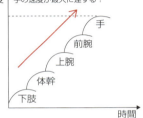

図 4.2　運動連鎖の原則

$$\omega_{\mathrm{avg}} = \frac{\text{角度の変化}(\Delta\theta)}{\text{時間の変化}(\Delta t)}$$
$$= \frac{\text{最終角度}(\theta_2) - \text{開始角度}(\theta_1)}{\text{最終時刻}(t_2) - \text{開始時刻}(t_1)}$$

ある．

ところで，式（4.2）は比較的長い時間間隔での角速度の算出式である．体操選手の角速度は時々刻々変化しているため，さらに細かい角速度の変化パターンを知りたい．そのためには時間間隔を短くして瞬間の角速度を求める必要がある．体操選手の**瞬間角速度** ω は，Δt をゼロに近づけたときの極限をとることによって定義され，次式で与えられる．

$$\omega = \lim_{\Delta t \to 0} \frac{\Delta \theta}{\Delta t} = \frac{d\theta}{dt} \qquad (4.3)$$

$\dfrac{d\theta}{dt} = \dot{\theta}$

※角速度は角度の1階微分値．
※$\dot{\theta}$ はシータ・ドット（またはシータのワンドット）と読む．

式（4.3）から，時間に伴う角度の変化 $\theta(t)$ がわかっていれば，これを時間で微分して瞬間角速度 ω を求めることができる．なお，図式的には，2章で説明したように，角速度は微小時間内の角変位曲線（接線）の傾きをとることによって求められる（図2.14，図2.15参照）．その傾きが右上向きであれば角速度は「正」，時間軸と平行であれば「ゼロ」，右下向きであれば「負」となる．

（4）角加速度

単位時間あたりの角速度の変化のことを**角加速度（回転加速度）**と呼ぶ．時刻 t_1 から t_2 までの間の体操選手の**平均角加速度** α_{avg} は，角速度の変化 $\Delta \omega$ を時刻 t_1 から t_2 までの時間 Δt で除することによって求められ，次式で与えられる．

$$\alpha_{\text{avg}} = \frac{\Delta \omega}{\Delta t} = \frac{\omega_2 - \omega_1}{t_2 - t_1} \qquad (4.4)$$

$\alpha_{\text{avg}} = \dfrac{\text{角速度の変化}(\Delta \omega)}{\text{時間の変化}(\Delta t)} =$

$\dfrac{\text{最終角速度}(\omega_2) - \text{開始角速度}(\omega_1)}{\text{最終時刻}(t_2) - \text{開始時刻}(t_1)}$

式（4.4）は Δt の時間内において角速度に変化があれば角加速度が生

表4.1　並進運動と回転運動におけるキネマティクス変量の対照表

並進運動	回転運動
位置（変位）［記号 s，単位 m］ ⊖ ← ・ → ⊕ （左向き）（原点）（右向き）	角度（角変位）［記号 θ，単位 rad または deg］ ⊖ ↻　　　　　　　↺ ⊕ （原点）　　　　　　（原点） （右まわり/時計まわり：CW）（左まわり/反時計まわり：CCW）
速度［記号 v，単位 m/s］ $v = \dfrac{\Delta \text{位置}}{\Delta \text{時間}} = \dfrac{\Delta s}{\Delta t}$	角速度［記号 ω，単位 rad/s または deg/s］ $\omega = \dfrac{\Delta \text{角度}}{\Delta \text{時間}} = \dfrac{\Delta \theta}{\Delta t}$
加速度［記号 a，単位 m/s²］ $a = \dfrac{\Delta \text{速度}}{\Delta \text{時間}} = \dfrac{\Delta v}{\Delta t}$	角加速度［記号 α，単位 rad/s² または deg/s²］ $\alpha = \dfrac{\Delta \text{角速度}}{\Delta \text{時間}} = \dfrac{\Delta \omega}{\Delta t}$

＊ rad：ラジアン radian の略．

じること，変化がなければ角加速度がゼロであることを示している．角加速度の記号は α（「アルファ」と呼ぶ），単位は [rad/s²] または [deg/s²，°/s²] である．

ところで，式（4.4）は比較的長い時間間隔での角加速度の算出式である．体操選手の角加速度は時々刻々変化しているため，さらに細かい角加速度の変化パターンを知りたい．そのためには時間間隔を短くして瞬間の角加速度を求める必要がある．体操選手の**瞬間角速度** α は，Δt をゼロに近づけたときの極限をとることによって定義され，次式で与えられる．

$$\alpha = \lim_{\Delta t \to 0} \frac{\Delta \omega}{\Delta t} = \frac{d\omega}{dt} \tag{4.5}$$

式（4.5）から，時間に伴う角速度の変化 $\omega(t)$ がわかっていれば，これを時間で微分して瞬間角加速度 α を求めることができる．なお，図式的には，2章で説明したように，角加速度は微小時間内の角速度曲線（接線）の傾きをとることによって求められる（図2.14，図2.15 参照）．その傾きが右上向きであれば角加速度は「正」，時間軸と平行であれば「ゼロ」，右下向きであれば「負」となる．

以上のように，角速度は角度の **1 階微分値** $\left(\frac{d\theta}{dt}\right)$，角加速度は角度の **2 階微分値** $\left(\frac{d^2\theta}{dt^2}\right)$ であるため，時間に伴う角度の変化 $\theta(t)$ を知ることが重要となる．

なお，表4.1 は 3 章で取り上げた並進運動と回転運動におけるキネマティクス変量をまとめたものである．

$\frac{d\omega}{dt} = \ddot{\theta}$
※角加速度は角度の 2 階微分値．
※ $\ddot{\theta}$ はシータ・ツードット（またはシータのダブルドット）と読む．

p. 49 注釈参照．
※回転運動の場合も並進運動と同様の微分式が成り立つ．

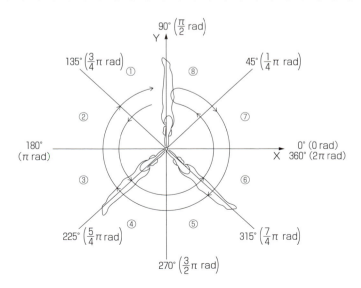

図 4.3 **体操選手の大車輪**

例題 4.1

体操選手が図 4.3 のように、鉄棒上で倒立した状態から反時計まわりに 1 回転した直後に時計まわりに逆回転して最初の倒立姿勢に戻った．表 4.2 はこの回転中の体操選手の角度変化を示したものであり，4 列目は倒立位（90°）から 45° ごとの角度データを，3 列目はその通過時刻を示している．表の 7 列目と 10 列目はそれぞれ後述する平均角速度と平均角加速度データである．そして，図 4.4（a）は縦軸に角度，横軸に時間をとり，3 列目の時刻と 4 列目の角度データをグラフ化したものであり，**角度-時間図**（θ-t 図）と呼ぶ．θ-t 図から，体操選手の回転運動の状態をいくつか確認することができる．たとえば，回転開始時は角度変化が小さいが，ほぼ鉄棒の直下（270°）を通過する付近で角度変化が最大となり，1 回転に達する直前に角度変化が小さくなること，また反時計まわりの 1 回転は時計まわりの 1 回転よりも所要時間が 0.1 秒短いことなどである．

さて，図 4.4（a）の θ-t 図から，角速度を求めるにはどうすればよいか．

解答

角速度は θ-t 図の曲線の傾きであり，前記の式（4.2）を使って求められる．表 4.2 の 3 列目の時刻と 4 列目の角度データから，第①区間（開始時刻 0 s ～終了時刻 0.36 s 間）の平均角速度は以下のように求められる．

$$\omega_{\text{avg}} = \frac{\theta_2 - \theta_1}{t_2 - t_1} = \frac{135 - 90}{0.36 - 0} \fallingdotseq 125 \text{ [deg/s]}$$

（答）

以下，同様にして各区間内の平均角速度を求めて示したものが表 4.2 の 7 列目のデータ（5 列目は計算式）である．図 4.4（b）は縦軸に角速度を，横軸に時間をとり，表 4.2 の 6 列目の時刻と 7 列目の平均角速度データをグラフ化したものであり，**角速度-時間図**（ω-t 図）と呼ぶ．

ところで，この ω-t 図は「凹凸状の矩形パターン」を示しており，体操選手の「平均角速度」を示したものである．もし 45° の回転角ごとではなく，30°→15°→5° と区間ごとの回転角を小刻みにして経過時刻を記録し，角速度を求めて ω-t 図を描くと，「より滑らかな曲線状のパターン」が得られることが予測される．実際，そのようにして角速度を求めて示したもの

表 4.2 体操選手の大車輪中の平均角度，角速度，角加速度データ

1	2	3	4	5	6	7	8	9	10
方向	区間	時間 t [s]	角度 θ [deg]	計算式 $\frac{\theta_2-\theta_1}{t_2-t_1}$	時間 t [s]	角速度 ω [deg/s]	計算式 $\frac{\omega_2-\omega_1}{t_2-t_1}$	時間 t [s]	角加速度 a [deg/s²]
左まわり（反時計まわり）	①	0.00	90	$\frac{135-90}{0.36-0.00}$	0.00	0.00	$\frac{125.00-0.00}{0.18-0.00}$	0.00	0.00
	②	0.36	135	$\frac{180-135}{0.48-0.36}$	0.18	125.00	$\frac{375.00-125.00}{0.42-0.18}$	0.09	694.44
	③	0.48	180	$\frac{225-180}{0.57-0.48}$	0.42	375.00	$\frac{500.00-375.00}{0.53-0.42}$	0.30	1041.67
	④	0.57	225	$\frac{270-225}{0.63-0.57}$	0.53	500.00	$\frac{750.00-500.00}{0.60-0.53}$	0.48	1136.36
	⑤	0.63	270	$\frac{315-270}{0.68-0.63}$	0.60	750.00	$\frac{900.00-750.00}{0.66-0.60}$	0.57	3571.43
	⑥	0.68	315	$\frac{360-315}{0.74-0.68}$	0.66	900.00	$\frac{750.00-900.00}{0.71-0.66}$	0.63	2500.00
	⑦	0.74	360	$\frac{405-360}{0.83-0.74}$	0.71	750.00	$\frac{500.00-750.00}{0.79-0.71}$	0.69	-3000.00
	⑧	0.83	405	$\frac{450-405}{1.00-0.83}$	0.79	500.00	$\frac{264.71-500.00}{0.92-0.79}$	0.75	-3125.00
		1.00	450		0.92	264.71		0.86	-1809.95

1 回転運動のキネマティクス変量

(a) 角変位−時間図（θ-t 図）

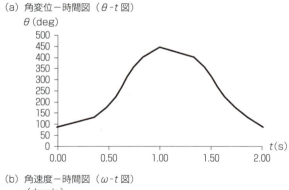

(b) 角速度−時間図（ω-t 図）

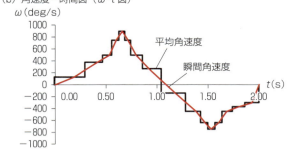

(c) 角加速度−時間図（α-t 図）

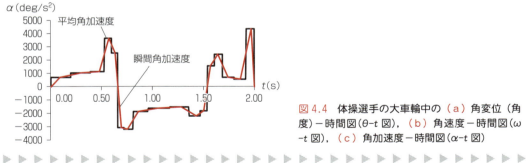

図4.4 体操選手の大車輪中の（a）角変位（角度）−時間図（θ-t 図），（b）角速度−時間図（ω-t 図），（c）角加速度−時間図（α-t 図）

1	2	3	4	5	6	7	8	9	10
方向	区間	時間 t [s]	角度 θ [deg]	計算式 $\dfrac{\theta_2 - \theta_1}{t_2 - t_1}$	時間 t [s]	角速度 ω [deg/s]	計算式 $\dfrac{\omega_2 - \omega_1}{t_2 - t_1}$	時間 t [s]	角加速度 α [deg/s²]
右まわり（時計まわり）		1.00	450					1.05	−1604.28
	⑧			$\dfrac{405-450}{1.33-1.00}$	1.17	−136.36	$\dfrac{-136.36-264.71}{1.17-0.92}$		
		1.33	405				$\dfrac{-450.00-(-136.36)}{1.38-1.17}$	1.28	−1493.51
	⑦			$\dfrac{360-405}{1.43-1.33}$	1.38	−450.00			
		1.43	360				$\dfrac{-642.86-(-450.00)}{1.47-1.38}$	1.43	−2142.86
	⑥			$\dfrac{315-360}{1.50-1.43}$	1.47	−642.86			
		1.50	315				$\dfrac{-750.00-(-642.86)}{1.53-1.47}$	1.50	−1785.71
	⑤			$\dfrac{270-315}{1.56-1.50}$	1.53	−750.00			
		1.56	270				$\dfrac{-642.86-(-750.00)}{1.60-1.53}$	1.57	1530.61
	④			$\dfrac{225-270}{1.63-1.56}$	1.60	−642.86			
		1.63	225				$\dfrac{-450.00-(-642.86)}{1.68-1.60}$	1.64	2410.71
	③			$\dfrac{180-225}{1.73-1.63}$	1.68	−450.00			
		1.73	180				$\dfrac{-375.00-(-450.00)}{1.74-1.68}$	1.74	681.82
	②			$\dfrac{135-180}{1.85-1.73}$	1.79	−375.00			
		1.85	135				$\dfrac{-300-(-375.00)}{1.86-1.79}$	1.86	535.71
	①			$\dfrac{90-135}{2.00-1.85}$	1.93	−300.00			
		2.00	90				$\dfrac{0.00-(-300.00)}{2.00-1.93}$	1.97	4285.71
					2.00	0.00		2.00	0.00

69

が ω–t 図内の赤線で示した曲線である．そして，この曲線は時間間隔を限りなくゼロに近づけたとき（つまり極限をとったとき），「真の滑らかなパターン」が得られる．この曲線は，式 (4.3) を使って求められる体操選手の**瞬間角速度**を示したものとある．

図 4.4（a）の θ–t 図と図 4.4（b）の ω–t 図から角度と角速度の重要な関係がわかる．たとえば，θ–t 図において右上がりまたは右下がりの最も傾きが大きい時点においてそれぞれ正・負の角速度が最大となること，反時計まわりから時計まわりに切りかわる時点において角速度がゼロとなることなどである．

次に，図 4.4（b）の ω–t 図から角加速度を求めるにはどうすればよいか．

解答

角度から角速度を求めたことと同様に，角加速度は ω–t 図の曲線の傾きであり，上記の式 (4.4) を使って求められる．表 4.2 の 6 列目の時刻と 7 列目の平均角速度データから，平均角加速度は以下のように求められる．なお，先に式 (4.2) を用いて求めた平均角速度は各区間の中間時刻の値を表すため，平均角加速度の算出ではそれらの時刻を式 (4.4) の分母に代入して求める．

$$\alpha_{\text{avg}} = \frac{\omega_2 - \omega_1}{t_2 - t_1} = \frac{375 - 125}{0.42 - 0.18}$$
$$\fallingdotseq 1042 \ [\text{deg/s}^2] \quad \text{(答)}$$

以下，同様にして各区間内の平均角加速度を求めて示したものが表 4.2 の 10 列目のデータ（8 列目は計算式）である．図 4.4（c）は縦軸に角加速度を，横軸に時間をとり，表 4.2 の 9 列目の時刻と 10 列目の角加速度データをグラフ化したものであり，**角加速度–時間図（α–t 図）**と呼ぶ．

ところで，この α–t 図は前述の ω–t 図と同様に「凹凸状の矩形パターン」を示しており，体操選手の**平均角加速度**を示したものである．もし

45°の回転角ごとではなく，30°→15°→5°と区間ごとの回転角を小刻みにして経過時刻を記録し，角加速度を求めて$α$-t図を描くと，「より滑らかな曲線状のパターン」が得られることが予測される．実際，そのようにして角加速度を求めて示したものが$α$-t図内の赤線で示した曲線である[*1]．そして，この曲線の時間間隔を限りなくゼロに近づけたとき（つまり極限をとったとき）「真の滑らかなパターン」が得られる．この曲線は，式（4.5）を使って求められる体操選手の**瞬間角加速度**を示したものである．

図4.4（b）の$ω$-t図と図4.4（c）の$α$-t図から角速度と角加速度の重要な関係がわかる．たとえば，$ω$-t図において右上がりまたは右下がりの最も傾きが大きい時点においてそれぞれ正・負の角加速度が最大となること，正・負の最大角速度の出現時点において正・負の角加速度がゼロとなることなどである．

これらの図4.4（a）$θ$-t図，（b）$ω$-t図，（c）$α$-t図からわかるように，角度データを時間で微分して角速度を求めると，その角速度の最大値は時間軸をさかのぼる方向つまり左方向へずれ，同様に角速度データを時間で微分して角加速度を求めると，その角加速度の最大値はさらに左方向へずれることがわかる．

*1 図4.4（b）（c）の赤線で示された曲線が滑らかなパターンでないのは，記録された角度の時間間隔が小さくないためである．

2　角加速度の正負

3章において，位置や速度に対して加速度の正負はイメージしにくいことから，ランナーの疾走運動を例にして加速度が正負になる場合について説明した．同様に，角度や角速度に対して角加速度の正負もイメー

じしにくい．ここでは，ダンベルカールを用いた肘の屈伸運動を例にして，角加速度の正負について学ぶ．

図4.5は，肘を支点（回転軸）として肘関節まわりに前腕の角速度が時刻 t_1 から t_2 の間に ω_1 から ω_2 へ変化する六つの場合について示したものである．図に示すように，左側の三つは時刻 t_1 の角速度 ω_1 が時刻 t_2 の角速度 ω_2 よりも小さく，すべて角加速度が正となる場合，右側の三つは時刻 t_1 の角速度 ω_1 が時刻 t_2 の角速度 ω_2 よりも大きく，すべて負となる場合である．また，時刻 t_1 の角速度 ω_1 と時刻 t_2 の角速度 ω_2 が等しい，つまり角速度に変化がない場合には，角加速度はゼロとなる*2．

さて，ニュートンの第二法則を回転運動に応用すれば（6.8.2項，pp. 135～137参照），物体の角速度（大きさ，向き）を変化させるためには物体の外部から力のモーメントが物体へ作用しなければならない．この関係は $\Sigma N = I\alpha$ という運動方程式で表される．つまり，力のモーメントはスカラー量である慣性モーメントとベクトル量である角加速度を乗じた量であるため，力のモーメントと角加速度の向きは同じになる．

図4.5の六つのケースはいずれも力のモーメントが時刻 t_1 から t_2 の間に前腕へ作用して角加速したために，前腕の角速度が正・負の方向へ変化した状態を示したものである．すなわち，角加速度が正となる場合はいずれも正方向への力のモーメントが前腕に作用したことによるものであるのに対して，角加速度が負となる場合はいずれも負方向への力のモーメントが前腕に作用したことによるものである．とくに角加速度が正となる③のケースにおいて，負の開始角速度よりも負の終了角速度が小さくなるためには前腕に「ブレーキ」を掛ける必要があるため，力のモ

*2 なお，これらのケースを十分に理解するためには，6章において取りあげる力のモーメントの概念を理解する必要がある．読者は6章を学んだあと，改めて本節を読み返して理解を深めてほしい．

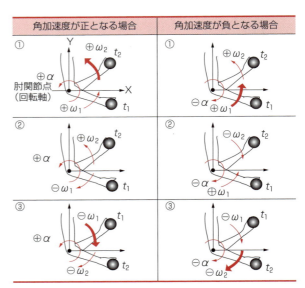

図4.5　ダンベルカール運動を例とした角加速度の正負
●：ダンベル（5 kg）

ーメントが逆方向つまり正の方向へ作用しなければならない．同様のことは，角加速度が負となる①のケースについてもいえる．なお，図 4.6 はこれらの関係を模式図としてまとめたものである．また，時刻 t_1 と時刻 t_2 の 2 時点の角速度の値（ω_1, ω_2）がそれぞれわかっていれば，式 (4.4) に代入して角加速度の正・負を確認することができる．

例題 4.2

図 4.5 のダンベルカール運動において，時刻 $t_1 = 4.5$ [s] から $t_2 = 5.5$ [s] の間に前腕の角速度が以下のように ω_1 から ω_2 へ変化した．この間の角加速度の正・負はどうなるか．

① $\omega_1 = 286$ [deg/s] → $\omega_2 = -516$ [deg/s]
② $\omega_1 = 859$ [deg/s] → $\omega_2 = 401$ [deg/s]
③ $\omega_1 = -344$ [deg/s]
　　　→ $\omega_2 = -115$ [deg/s]

解答

① $\alpha = \dfrac{\Delta\omega}{\Delta t} = \dfrac{\omega_2 - \omega_1}{t_2 - t_1} = \dfrac{-516 - 286}{5.5 - 4.5}$
　　$= -802$ [deg/s]　　　　（答）負

② $\alpha = \dfrac{401 - 859}{5.5 - 4.5} = -458$ [deg/s]　（答）負

③ $\alpha = \dfrac{-115 - (-344)}{5.5 - 4.5} = 229$ [deg/s]
　　　　　　　　　　　　　　　　　（答）正

3　角加速度と力のモーメントの関係

6 章で説明するように，ニュートンの第二法則を回転運動に応用すると，物体の角速度を変化させる，つまり角加速度を発生させるためには外部から力のモーメントが作用しなければならない（$\Sigma N = I\alpha$）．ここでは，4.1 節の例題 4.1 で取りあげた体操選手の瞬間角速度の変化パタ

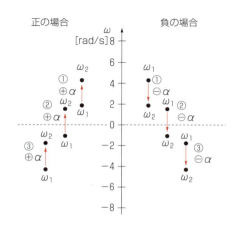

図 4.6　ダンベルカール運動を例とした角加速度の正負（まとめ）
正・負の丸数字（①，②，③）は図 4.5 の丸数字に対応している．

ーンを例にして，角加速度と力のモーメントの関係について学ぶ．

図4.7（a）に示すように，鉄棒上で倒立姿勢を保った状態から反時計まわりに1回転し，その後（倒立姿勢を取った1秒後），時計まわりに1回転して元の状態に戻ったとする．図4.7（b）はこの回転中の体操選手の瞬間角速度の変化パターンと各時点および区間における角加速度の符号を示したものである．回転中，体操選手の身体重心には重力が鉛直下方へ作用する．この重力は回転軸である鉄棒バーまわりに**力のモーメント（重力によるモーメント）**を生み出す．この重力によるモーメントによって角加速度が発生し，体操選手の角速度を変化させる[*3]．ただし，体操選手が鉄棒上または鉄棒直下に来るときは，重力の作用線（重心線）が鉄棒バーを通るため重力によるモーメント（および角加速度）はゼロとなる．前に述べたように，$\Sigma N = I\alpha$ の関係から，この重力によるモーメントと角加速度は比例し同じ方向に向く．これらのことから，体操選手の回転運動〔図4.7（a）〕と瞬間角速度の変化パターン〔図4.7（b）〕を照らし合わせて見ると，角加速度（および重力によるモーメント）は①の時点でゼロ，②の区間で正（反時計まわり），③の時点でゼロ，④の区間で負（時計まわり），⑤の時点でゼロ，⑥の区間で負，⑦の時点でゼロ，⑧の区間で正，最後に①の時点に戻ってゼロとなる．

[*3] 実際は重力によるモーメントだけではなく，体操選手自身も力を発揮して鉄棒バーまわりに力のモーメントを発生させている．ここでは簡単のため重力によるモーメントだけを考える．

4 回転運動の力学変量の方向

2章および3章において，速度や力などの並進運動の力学変量は，いずれも大きさのみだけでなく向きを持つベクトル量であることを説明し

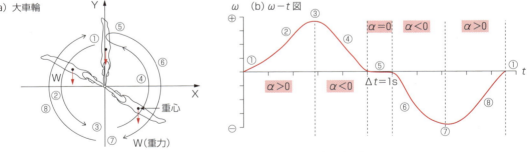

図4.7 （a）体操選手の大車輪，（b）角速度–時間図

た．回転運動においても角速度や力のモーメントなどは同じくベクトル量であるが，並進運動の速度の向きが物体の移動方向と同じ方向へ向くのに対して，回転運動の角速度の向きは意外な方向へ向く．ここではテニス選手のストロークを例に，回転運動のベクトル変量の方向について説明する．

図4.8（a）は，フォアハンドストロークをしているテニス選手を示している．ストローク中，テニス選手は右手でラケットを時刻 t_1 から t_2 の間に図に示す位置まで回転させた．この場合のラケットの角速度の向きはどの方向か．答えは，図4.8（a）に示してあるように，2 時点（t_1, t_2）のラケット速度のなす平面に対して垂直へ向くのである．

しかし，その平面に対して垂直へ向く方向は 2 方向あり，この場合，上向きまたは下向きのどちらの方向だろうか．この向きを決定するために図4.10（a）に示す**右手の規則**を使う．つまり，右手を使い，親指を除く四本の指の指先を，ラケットを回転させた向きと同じ向きに回転させたとき，親指が立つ方向が角速度の向く方向となる．したがって，図4.8（a）のフォアハンドでボールを打ち返す場合，ラケットのなす平面に対して上向きに向く方向がラケットの角速度の向きとなる．

では，図4.8（b）に示すように，相手に打ち返されたボールをバックハンドで打ち返す場合のラケットの角速度の向きはどうなるか．同様に**右手の規則**〔図4.10（a）〕を使って，下向きが答えである．

また，同様な規則に**右ねじの規則**がある〔図4.10（b）〕．これは，右ねじを回転させたときのねじの進む向きが角速度の向きに一致する規則である．たとえば，右ねじを上方から見て右まわり（時計まわり）に回転させれば，ねじが板に食い込む向きに進む（あなたから遠ざかる）の

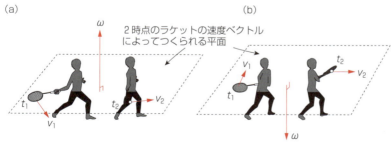

図4.8 （a）フォアハンドストローク，および（b）バックハンドストローク時のラケットの角速度の向き

で，その方向が角速度の向きとなる．逆に左まわり（反時計まわり）に回転させれば，ねじが外れる向きに進む（あなたへ近づく）ので，その方向が角速度の向きとなる．

なお，「右手」または「右ねじ」の規則はここで取りあげた角速度だけでなく，すべての回転運動のベクトル変量（角度，角加速度，力のモーメント，角運動量など）の方向を定義するために用いられる．

このように，身体や用具をはじめ物体の回転運動をより詳しく理解したり，解釈したりするためには回転運動におけるベクトル変量は，いずれもその向きが並進運動におけるベクトル変量とは異なることを知っておくことが大切である．

例題 4.3

あなたから見て右向きに立っている飛び込み選手が，踏み板を勢いよく蹴って空中に跳び上がった．空中局面において，飛び込み選手は後方宙返り（反時計まわり）しながら落下している（図 4.9）．このときの飛び込み選手の角速度の向きは以下のどの方向に向くか．

解答
①上向き　②下向き　③右向き　④左向き
⑤あなたから遠ざかる向き　⑥あなたへ近づく向き

（答）⑥

図 4.9　後方宙返りを行っている飛び込み選手

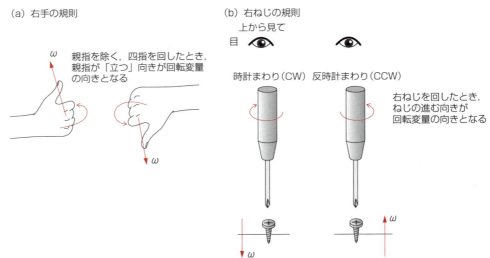

図 4.10　(a) 右手の規則と (b) 右ねじの規則

5　角速度と速度の関係

物体の回転運動と並進運動を検討するうえでいくつか重要な関係がある．ここでは角速度と速度の関係について取りあげる．

角度を θ rad，角速度を ω rad/s，距離を s m で表すと，図 4.11 に示すように，二次元座標系において，原点から半径 r の距離にある点 P が回転しているとき，回転角 $\Delta\theta$ と弧の長さ s はそれぞれ式（4.6）と式（4.7）によって与えられる．

$$\Delta\theta = \omega \Delta t \qquad (4.6)$$
$$s = r\Delta\theta \qquad (4.7)$$

上式から $\Delta\theta$ を消去して，s を速度の算出式（$v = s/\Delta t$）へ代入すると，次式が得られる．

$$v = \frac{r\omega \Delta t}{\Delta t} = r\omega \qquad (4.8)$$

したがって，点 P の速度 v は半径 r に角速度 ω を乗じることによって求められる．

例題 4.4

図 4.12 に示す大車輪をする体操選手（剛体とみなす）の回転運動を例に角速度と速度の関係を考える．たとえば，2 秒間（$\Delta t = t_2 - t_1$）に体操選手が 235°（θ_1）から 315°（θ_2）の位置まで回転するとすれば，その間のつま先（点 P）の平均速度はいくらとなるか．なお，鉄棒バーからつま先までの距離 r は 2.18 m とする．

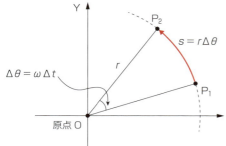

図 4.11　角度，角速度，半径，円弧の長さの関係

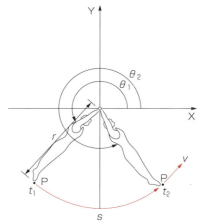

図 4.12　体操選手の大車輪中の 2 秒間の角変位

解答

鉄棒バーからつま先までの距離はわかっているので，体操選手の角速度を求めれば，式（4.8）からつま先の速度を求めることができる．θ_1 から θ_2 までの体操選手の角度変化は 80°（$\Delta\theta = \theta_2 - \theta_1$）であり，これをラジアンへ変換すると，1.40 rad となる．

$$\Delta\theta = \theta_2 - \theta_1 = 315 - 235$$
$$= 80 \times \frac{\pi}{180} \fallingdotseq 1.40 \text{ [rad]}$$

この角度変化に要する時間 Δt は 2 s であるので，体操選手の平均角速度は 0.7 rad/s となる．

$$\omega = \frac{\Delta\theta}{\Delta t} = \frac{1.40}{2} = 0.70 \text{ [rad/s]}$$

この値に鉄棒バーからつま先までの距離 2.18 m を乗じると，つま先の速度 1.53 m/s が得られる．

$$v = r\omega = 2.18 \times 0.70 \fallingdotseq 1.53 \text{ [m/s]} \quad \text{（答）}$$

ここでは，つま先を例にして平均速度を求めたが，同様にして肩や膝関節点，身体重心点などの速度を求めることができる．なお，式（4.8）はもし角速度が一定であれば，回転軸から遠い点ほど速度が大きくなることを示している．つまり，体操選手の回転運動例では肩よりも腰，腰よりも膝，膝よりもつま先の速度が大きくなる．

いっぽう，式（4.7）から弧の長さが求められるので，つま先の移動距離を求めることができる．以下のように，つま先の移動距離は鉄棒バーからつま先までの距離に角度変化を乗じると，3.05 m が得られる．

$$s = r\Delta\theta = 2.18 \times 1.40 \fallingdotseq 3.052 \text{ [m]} \quad \text{（答）}$$

例題 4.5

野球などの打撃では，一般に短身打者よりも長身打者のほうが長打力に優れている．これはなぜだろうか．

解答

図 4.13（a）は野球の短身打者（S）と（b）長身打者（L）を上方から見たところである．ここで，両打者の体幹の捻転筋力によって生み

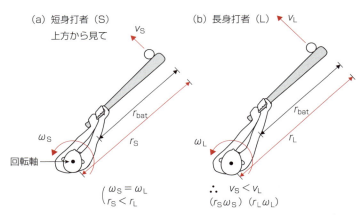

図 4.13　野球の（a）短身打者と（b）長身打者のバットヘッドスピード

出される角速度 ω，バットの長さ r_{bat} と打撃点が同じだと仮定すると，回転軸となる身体の長軸から打撃点までの距離 r は長身打者が短身打者よりも上肢が長い分だけ大きい．

したがって，式（4.8）から，以下の関係が得られる．

$$\omega_S = \omega_L, \quad r_S < r_L \quad \therefore \quad \underset{(r_S\omega_S)}{v_S} < \underset{(r_L\omega_L)}{v_L}$$

このように，バットの打撃点に大きなスピード（ヘッドスピード）を与えるために，上肢が長い長身打者は短身打者よりも物理的に有利であるといえる．しかし，短身打者が長身打者を上回る体幹捻転筋力を発揮し大きな角速度を生み出すことができたり，あるいは腕力が強く長いバットを振り回すことができたりすれば，短身打者も身長差をカバーするだけのヘッドスピードを増加させることができる．またこれとは別に技術的なポイントとして，ホームベースから離れた位置に立ち，できるだけ腕を伸ばしてスイングする，つまり r を大きくした状態で球を打撃すると，ヘッドスピードが増し長打を打つ確率が高まる．一般に外角高めの球を打撃すると，センター方向へよく飛ぶのはこのためである．

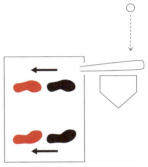

知っておくと役に立つ！

野球のバットスイングにおいて，身体の回転軸からバットの打撃点までの距離（r）を長くするための方法（構え時の両足の立ち位置）．

ストライクゾーンに投球された外角コースのボールをバットの芯で捉えるには，打撃可能な範囲内でホームベースから離れて立つ！

6　等速円運動，等角加速度運動

ある点（または軸）まわりに回転運動している剛体に対して力のモーメントが作用しないとき，物体は等速円運動を行う．また，力のモーメントが一定の場合，物体は等角加速度運動を行う．スポーツの運動において等速円運動や等角加速度運動は見られないが，ここでは，これらの特別な回転運動について学ぶ．

（1）等速円運動

等速円運動を行う物体のある時刻 t での角度 θ は，以下の式で表される．

$$\theta = \theta_0 + \omega t \tag{4.9}$$

ここで，θ は時刻 t での角度 [rad]，θ_0 は初期角度 [rad]，ω は角速度 [rad/s] である．

表 4.3 は，等速度運動の公式と等速円運動の公式を対照表にしてまとめたものである．

■向心加速度と向心力

図 4.14 に示したハンマー投げ選手のハンマーヘッド H（質点とみなす）が，半径 r の円周上を一定の大きさの速度 v で回転していると仮定する．図中にはハンマーヘッド H の速度ベクトル **v**，加速度ベクトル **a** および角速度ベクトル **ω** などを示してある．図に示すように，等速円運動では常に速度ベクトルは円の接線方向へ向き，加速度ベクトルは速度の向きに対して垂直すなわち円の中心方向へ向く．

ハンマーヘッドの速度の大きさ v は，4.5 節で示したように次式で与えられる．

$$v = r\omega$$

また，加速度の大きさ a は以下のようにして求める．図 4.15（a）はハンマーヘッド H が時間 Δt（時刻 t_1 から t_2 まで）の間に $\Delta\theta (=\omega\Delta t)$ 回転したとき，ハンマーヘッドの速度が v_1 から v_2 に変化したようすを

表 4.3 等速度運動の公式と等速円運動の公式の対照表

式番号	等速度運動の公式	等速円運動の公式	式番号
(3.10)	$s = s_0 + vt$	$\theta = \theta_0 + \omega t$	(4.9)

示している．この Δt の間の速度変化は $\Delta v = v_2 - v_1$ となる．ここで，図 4.15（b）に示すように，速度 v_2 の始点を速度 v_1 の始点に平行移動して一致させる．二つの速度ベクトルのなす角は $\Delta \theta = \omega \Delta t$ であり，Δt を限りなくゼロに近づけると，Δv は半径 v で回転角 $\omega \Delta t$ の弧の長さに近似できることから，次式が得られる．

$$\Delta v = v \omega \Delta t \tag{4.10}$$

加速度の計算式 $a = \dfrac{\Delta v}{\Delta t}$ と式（4.10）から，加速度の大きさは次式で表される．

$$a = \frac{v \omega \Delta t}{\Delta t} = v \omega = r \omega^2 \left(= \frac{v^2}{r} \right) \tag{4.11}$$

この加速度は，前述したように円の中心方向へ向くことから，**向心加速度**と呼ばれる．また，力と加速度の関係式 **F** = m**a** から次式が得られる．

*4 この条件で投射角 40° とすると，ハンマーは約 80 m 飛ぶ．

> **例題 4.6**
>
> ハンマー投げにおいて，選手がリリース時に発揮するワイヤー張力はどのくらいの大きさか．ハンマーの重さを 7.26 kg，初速度を 28 m/s，身体の回転軸から鉄球までの距離を 1.8 m とする*4．
>
> **解答**
>
> 式（4.12）から，以下の張力が得られる．
>
> $$F = m \frac{v^2}{r} = 7.26 \times \frac{28^2}{1.8} \fallingdotseq 3162 \, [\text{N}] \quad \text{（答）}$$
>
> 体重に換算すると，100 kg のハンマー選手であれば，自らの体重の 3 倍以上（320 kgf）の力を発揮しなければならない！

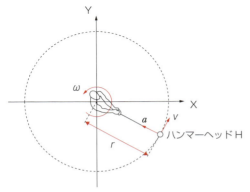

図 4.14 ハンマー選手に対して等速円運動で回転しているハンマーヘッド

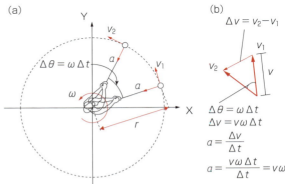

図 4.15 等速円運動における（a）速度ベクトルと（b）加速度ベクトル

$$F = ma = mr\omega^2 \left(= m\frac{v^2}{r}\right) \tag{4.12}$$

この力は**向心力**と呼ばれる．2章および3章で取りあげた等速直線運動は力が作用しないため，物体の速度の大きさも向きも変わらない，つまり，一直線上を一定の速さで動く運動であった．それに対して，等速円運動は物体の速度の大きさは変わらないものの，向心力が作用することによってその向きが時々刻々変わる，すなわち円周上を一定の速さで動く運動である．ちなみに，ハンマーヘッドにワイヤーを取りつけて振り回すときのワイヤーの張力，恒星のまわりを公転する惑星に作用する万有引力などは向心力の例である．

例題 4.7

フィギュアスケート選手が身体の長軸まわりに回転しようとしている．演技開始時に $\omega_0 = 0$ [rad/s] であり，その後，反時計まわりに一定の角加速度で加速し，0.74秒後に 15.8 rad/s の角速度 ω となった．角加速度 α はいくらとなるか．

解答

式 (4.13) を α について解いて，既知の数値を代入すると，

$$\alpha = \frac{\omega - \omega_0}{t} = \frac{15.8 - 0}{0.74} \fallingdotseq 21.4 \text{ [rad/s}^2\text{]}$$

（反時計まわり）　　（答）

例題 4.8

フィギュアスケート選手が10回転中に，選手の角速度の大きさが $\omega_0 = 22.6$ [rad/s] から $\omega = 2.3$ [rad/s] まで等角加速度で減速した．

（a）減速中の角加速度はいくらか．
（b）減速に要する時間はいくらか．

▶▶

表 4.4　等加速度運動の公式と等角加速度運動の公式の対照表

式番号	等加速度運動の公式	等角加速度運動の公式	式番号
(3.11)	$v = v_0 + at$	$\omega = \omega_0 + \alpha t$	(4.13)
(3.12)	$s = s_0 + v_0 t + \frac{1}{2}at^2$	$\theta = \theta_0 + \omega_0 t + \frac{1}{2}\alpha t^2$	(4.14)

＊下付き文字0は開始（初期）時刻を示す．

なお，選手の回転は反時計まわりで，時刻 $t=0$ に回転角が θ_0 のときに加速が始まったとする．

解答

（a）一定の角加速度（等角加速度）で減速するため，等角加速度運動の場合の公式（4.13）と（4.14）（表 4.4）を用いて，選手の角加速度や角速度，角変位を関係づけることができる．初期角速度は $\omega_0 = 22.6$ [rad/s]，角変位は $\theta - \theta_0 \fallingdotseq 62.8 (10 \times 2\pi)$ [rad] であり，最終角速度は $\omega = 2.3$ [rad/s] である．しかし，式（4.13）と（4.14）に出てくる角加速度 α と時刻 t はわかっていない．未知数である時刻 t を消去するために，式（4.13）を時刻 t で解いて，

$$t = \frac{\omega - \omega_0}{\alpha}$$

となる．この式を式（4.14）に代入して，α について解き，既知の値を代入すると，

$$\alpha = \frac{\omega^2 - \omega_0^2}{2(\theta - \theta_0)} = \frac{2.3^2 - 22.6^2}{2 \times 62.8}$$
$$\fallingdotseq -4.02 \text{ [rad/s}^2\text{]} \quad （答）$$

（b）α が求められたので，式（4.13）を用いて時刻 t について解くと，

$$t = \frac{\omega - \omega_0}{\alpha} = \frac{2.3 - 22.6}{-4.02}$$
$$\fallingdotseq 5.05 \text{ [s]} \quad （答）$$

（2）等角加速度運動

3章において，並進運動における等加速度運動例として，サッカーボールを蹴りあげたときのボールの放物運動を取りあげて説明した．回転運動においても，等角加速度運動を行う物体の運動は等加速度運動と対応する一連の公式が成り立つ．表 4.4 は，等加速度運動の公式と等角加速度運動の公式を対照表にしてまとめたものである．この二つの公式を覚えておくと，角加速度と角速度や角変位，また角速度と角変位や時間

の関係式を導き出すことができる．なお，これらの公式は，等加速度運動はもちろんのこと，加速度運動においても成り立ち，用いることができる．

復習トレーニング

■次の文章のカッコの部分に適切な言葉を入れなさい．

❶ 回転運動のキネマティクス変量には，角度，（　　　），角加速度がある．

❷ 回転運動のキネマティクス変量の正負の方向（二次元座標系の場合）は，慣用的に時計（右）まわりを（　　　），反時計（左）まわりを（　　　）と定めている．

❸ 角度-時間図（θ-t 図）において，角度曲線が最大値に達したとき，角速度は（　　　）となる．

❹ 角速度-時間図（ω-t 図）において，角速度曲線の傾きが右下向きであれば，角加速度の符号は（　　　）である．

❺ 回転運動におけるベクトル変量の向きは（　　　）の規則に従って決定される．

❻ 等速円運動とは（　　　）が一定の運動である．

■次の文章で正しいものには○，誤っているものには×をつけなさい．

❼ [　　] サッカー選手がゴールへ向けてシュートした．キック動作前後 0.5 秒間の大腿の角速度を測ると，開始時が 16 rad/s であり，終了時が −8 rad/s であった．この間の大腿の角加速度は負である．

❽ [　　] あなたは左に向いて立っている飛び込み選手を側方から見ている．この選手が踏み板を蹴って跳びあがったあと，空中局面において前方宙返りして落下している．このときの飛び込み選手の角速度の向きは紙面に直交し，あなたから遠ざかる方向へ向く．

❾ [　　] 上方から見て反時計まわりの角速度をもって回転しているフィギュアスケート選手に対して，時計まわりの角加速度が生じた．これは回転の速さが増加することを意味する．

❿ [　　] ソフトボール投手が投げ出したボールの球速が 26 m/s であった．肩関節点からボールまでの距離は 0.89 m である．リリース時の投球腕の角速度は 1856 deg/s となる．

5章

並進運動のキネティクス

5章のポイント ▶▶▶▶▶▶▶▶▶▶▶▶▶▶▶▶▶▶▶▶▶

　キネティクスとは物体や身体の運動の変化の原因のことを指す．5章では，並進運動におけるキネティクス変量やこれらに関わる力学法則について学ぶ．具体的には，
◆ 力とその概念について学ぶ．
◆ ニュートンの運動の三法則について学ぶ．
◆ 万有引力の法則について学ぶ．
◆ 内力と外力について学ぶ．
◆ 運動量と力積について学ぶ．
◆ フリーボディダイアグラムとその描き方について学ぶ．

3章において，物体の並進運動のキネマティクス変量（位置，速度，加速度）について取りあげ説明した．5章では，これらの変量を引き起こし変化させているキネティクス変量，すなわち力とその関連事項や，ニュートンの運動の三法則などについて学ぶ．

1　力と力の三要素

　スタートダッシュやサッカーのペナルティキックのように身体やボールが静止状態から運動を開始するとき，柔道の受け身や野球の打撃のように身体やボールの運動の方向が変化するとき，あるいは，ランニングの接地時やボールのキャッチングのように身体やボールの速度が大きさを変えるときには，身体やボールに必ず「力」が作用している．ここでは「力」とは何かについて説明する．

（1）力

　物体を変形させたり，運動状態を変化させたりする作用のことを**力**と呼ぶ．運動状態の変化とは，運動中の物体の速度が変化することを意味している．すなわち，力は物体の速度の大きさや向きを変化させる作用を持つ．力には，バットでボールを打つときのように接触する物体間に作用する力（**接触力**）と，重力や電磁気力のように接触していない物体間に作用する力（**非接触力**）がある．

（2）力の三要素

　力を表すには**大きさ**，**方向**，**作用点**という三つの要素（**力の三要素**と

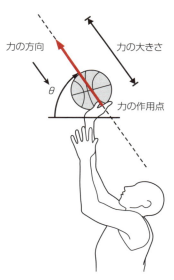

図 5.1　力の三要素

呼ぶ）が必要である（図 5.1）．この三要素のうち一つでも変化すれば，力が物体や身体に及ぼす影響は異なったものになる（6 章 1 節）．

このように力は大きさだけでなく，方向も持つため，ベクトル量である．一般的に力に用いられる記号は **F**，単位は［N］（ニュートン）である．

（3）力の合成と分解

図 5.2 は，アイスホッケーのパックに作用する二つの力を示している．物体に複数の力が作用するとき，物体には力の合計の効果が及ぼされる．複数の力と同じ効果を与える一つの力は元の力を合成することにより求まり，これを**合力**と呼ぶ．2 章で説明したように，図の F_1，F_2 の合力（$F = F_1 + F_2$）はこれら二つのベクトル量（力ベクトル）の加算によって求められ，F_1 と F_2 を二辺とする平行四辺形の対角線のベクトルに等しい．このような合力の求め方を**平行四辺形の規則**と呼ぶ．また逆に，この平行四辺形の規則を使って，ある力 **F** を二つの力に分解することも可能である．力 **F** と同じ作用を及ぼす二つの力 F_1 と F_2 を **F** の**分力**と呼ぶ．

平行四辺形の規則
図 2.8 も参照．

2 ニュートンの運動の三法則

イギリスの自然科学者アイザック・ニュートンは物体の運動に関する三つの基本法則を提唱した．ここでは，ニュートンの運動の三法則について説明する．

アイザック・ニュートン
p.4（1 章）参照．

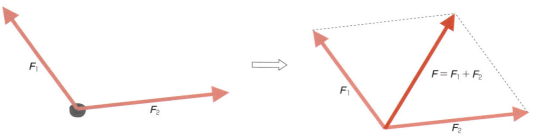

図 5.2 合力と分力（平行四辺形の規則）

（1）第一法則（慣性の法則）

ニュートンの運動の第一法則は力が作用しない物体の運動に関するもので，以下のように書き表される．

「物体の外部からその物体へ力が作用しない限り，その物体は運動しない（静止状態）か，または一定の速度で直線運動（等速度運動）を続ける」

物体が現在の運動状態（速度）を保とうとする性質を**慣性**と呼ぶ．上記の第一法則は物体の慣性について述べたものであるため，**慣性の法則**とも呼ばれる．電車やバスに乗っていて急ブレーキがかかると進行方向に倒れそうになる．あるいは，急発進の場合，進行方向の反対の方向に倒れそうになる．これは，身体が同じ速度（後者の場合は速度がゼロの静止状態）を保とうとする慣性によるものである．

並進運動において慣性を表す物理量を**質量**（**慣性質量**）と呼ぶ．一般的に質量に用いられる記号が m，単位は [kg] である．質量は大きさを持つが方向を持たないので，スカラー量である．質量が小さい物体は簡単に動かせるが，質量が大きい物体を動かすにはより大きな力が必要となる．あるいは，動いている物体を受け止めるとき，質量が小さい物体は簡単に受け止められるが，質量が大きい物体を受け止めるにはより大きな力が必要である．このように，並進運動においては質量が慣性の大きさを決めている．なお，回転運動において慣性を表す物理量を**慣性モーメント**と呼ぶ．

知っておくと役に立つ！

慣性質量と重力質量

厳密にいうと，質量には**慣性質量**と**重力質量**がある．慣性質量は並進運動の変化のしにくさ（動かしにくさ，あるいは止まりにくさ）のことであり，文字通り慣性を表す物理量である．一方，重力質量は重力（万有引力）を引き起こす質量のことである．両者はまったく別の定義であるにも関わらず，同一の値を取る．なぜ，慣性質量と重量質量が同じ値になるのかという理由は現在でもわかっていないが，両者が同一であるという経験則を**等価原理**と呼ぶ．

慣性モーメントについては6章で説明する．

（2）第二法則（加速度の法則）

ニュートンの運動の第二法則は力と加速度と質量の関係に関するもので，以下のように書き表される．

「物体の外部からその物体に力が作用した場合，作用した力と同じ向きに加速度が生じる．加速度の大きさは作用する力の大きさに比例し，物体の質量に反比例する」

この法則は**加速度の法則**，**運動量の変化の法則**，**運動の法則**とも呼ばれ，一般に以下の式で表される．

$$F = ma \tag{5.1}$$

ここで，F は力，m は質量[kg]，a は加速度[m/s^2]である．力の単位は[N]（ニュートン）である．式（5.1）からわかるように，1Nとは質量1kgの物体に1m/s^{2}の加速度を生じさせる力の大きさのことである．また，式（5.1）を**ニュートンの運動方程式**と呼ぶ．この式から，同じ質量のものに対しては，加える力が大きいほど加速度が大きくなることがわかる．また，質量（慣性）が大きいものは質量が小さいものよりも加速しにくいことがわかる（図5.3）．

式（5.1）は物体に作用する力が一つだけの場合に用いられるものであるが，複数の力が作用する場合，運動方程式は以下のようになる．

$$\Sigma F_i = ma \tag{5.2}$$

ここで，左辺の F_i は i 番目の力である．Σ は総和を表すギリシャ文字であり，**シグマ**と読む．したがって，ΣF_i は物体に作用する力の総和

身体部分慣性係数（BSP）
身体の各部を剛体とみなして運動を分析する際には，身体各部の慣性をあらかじめ知っておく必要がある．2章で述べたように，身体部分の慣性に関するパラメータ（質量，質量中心位置，慣性モーメントなど）は**身体部分慣性係数（BSP）**と呼ばれる．

● **知っておくと役に立つ！**

静力学と動力学
物体に作用する力の総和が0の場合，力がつり合っており（**力の平衡状態**），物体には加速度が生じない．このように物体に作用する力が平衡状態にあるような問題を扱う領域を**静力学**と呼ぶ．物体が動いていても加速度がゼロ（すなわち，等速度運動）であれば，静力学の問題である．一方，力の総和がゼロでない場合，このような状態を**非平衡状態**と呼ぶ．物体に作用する力が非平衡状態にある場合は物体に加速度が生じる．このように加速度が生じるような運動を扱う領域を**動力学**と呼ぶ．

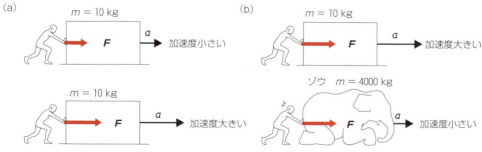

図5.3 力と加速度と質量（慣性）の関係
（a）力の大きさは加速度の大きさに比例する．（b）質量（慣性）の小さい物体は加速しやすく，質量（慣性）の大きい物体は加速しにくい．

（合力）を意味する．前節で平行四辺形の規則を用いた二つの力の合成について述べたが，力が三つ以上の場合はそれぞれの力ベクトルの終点と始点を連結し，最初の力ベクトルの始点と最後の力ベクトルの終点を結ぶと，これが**合力**となる（図 5.4）．また，この方法でつくられる多角形を**力の多角形**と呼ぶ．

図 5.5 に示した例のように，力の多角形において最初の力ベクトルの始点と最後の力ベクトルの終点が一致する場合，これら複数の力ベクトルの総和は **0**（ゼロベクトル）となる．このように複数の力ベクトルの総和が 0 となる状態を「力がつり合っている」，すなわち**力の平衡状態**と呼ぶ．式（5.2）の左辺がゼロの場合，加速度もゼロである．これは前述の第一法則で示した「物体の外部からその物体へ力が作用しない」状態である．つまり，ニュートンの運動の第一法則は第二法則の運動方程式において左辺がゼロとなる特別な状況を述べたものといえる．

ところで，式（5.2）の右辺を左辺に移項すると，

$$\Sigma \boldsymbol{F}_i - m\boldsymbol{a} = 0 \tag{5.3}$$

となる．これは物体に作用する力の合力 $\Sigma \boldsymbol{F}_i$ に（$-m\boldsymbol{a}$）が加わり，全体として力がつり合った（平衡した）状態であるとみなすことができる．このとき，（$-m\boldsymbol{a}$）を**慣性力**と呼ぶ．電車に急ブレーキがかかると，乗客は前方に倒れそうに感じる．これは乗客がブレーキと反対の方向（進行方向）に慣性力を感じるからである．しかし，この慣性力は電車に乗っているヒトだけが感じられる力である．したがって，慣性力を**見かけの力**と呼ぶこともある．式（5.2）を式（5.3）のように変形させると，運動の問題を力のつり合いの問題に帰着させることができる．これを**ダ**

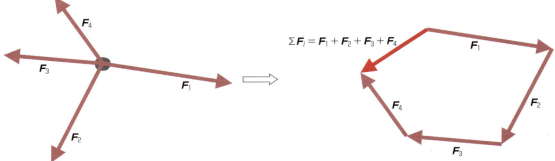

図 5.4　三つ以上の力の合力の求め方（力の多角形）

ランベールの原理と呼ぶ．

> **例題 5.1**
>
> 質量 60 kg のスプリンターがクラウチングスタートからスタートダッシュを行った．スタート直後の身体の水平加速度は 8 m/s^2 であった．このとき，身体に働く力はいくらか．
>
> **解答**
> 式（5.1）より，
> $F = 60 \times 8 = 480$ [kg·m/s^2] $= 480$ [N]
> （答）

（3）第三法則（作用・反作用の法則）

ニュートンの運動の第三法則は二つの物体が作用し合う力に関するもので，以下のように書き表される．

「二つの物体が互いに力を及ぼし合うとき，一方に作用する力は他方に作用する力と同じ大きさで，その向きは互いに反対である」

図 5.6 はランナーが地面の上を走るようすを示している．私たちが前方に進むことができるのは，足が地面を下後方に押すと，その反作用として足が地面から上前方に押し返されるためである．足が地面を下後方に押す力を $F_{g \leftarrow r}$，地面が足を上前方に押し返す力を $F_{r \leftarrow g}$ とすると両者の関係は以下の式で表される．

$$F_{r \leftarrow g} = -F_{g \leftarrow r} \tag{5.4}$$

$F_{r \leftarrow g}$ と $F_{g \leftarrow r}$ のうち，一方を**作用**と呼べば，他方を**反作用**と呼べるので，この法則は**作用・反作用の法則**と呼ばれる．どちらの力が作用でどちらの力が反作用かは，二つの物体のうち，着目する物体をどちらにするか

> **知っておくと役に立つ！**
>
> **どっちが作用で，どっちが反作用か**
>
> 作用と反作用を考えるとき，どちらが作用で，どちらが反作用だろうか．これには絶対的な答えはない．いい換えれば，対となる作用力・反作用力のうち，どちらを作用と表現してもよい．ただし，迷わないために，話題の対象となっている力はどちらかを明確にすることが重要である．また，作用力と反作用力はそれぞれ異なる物体に働くので，どちらの力がどの物体に働いているのかを理解しておくことが重要である．

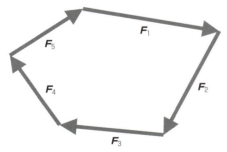

$\Sigma F_i = F_1 + F_2 + F_3 + F_4 + F_5 = \mathbf{0}$

図 5.5 力の平衡
最初の力（F_1）の始点と最後の力（F_5）の終点が一致する場合，力ベクトルの総和は 0 となる．

によって決定する．たとえば，図5.6のようにランナーに着目すれば，ランナーの足が地面を押す力が作用であり，逆に地面からランナーへ押し返される力が反作用となる．足が地面を押さないと地面は足を押し返さないが，反作用は作用のあとで生じるのではなく，作用と反作用は同時に生じる．また，作用と反作用は同じ物体に働くことはなく，異なる二つの物体に働く．図5.6の場合，足が地面を下方向に押す力 $F_{g \leftarrow r}$ は地面がランナーから受ける力であり，地面が足を上前方に押し返す力 $F_{r \leftarrow g}$ はランナーが地面から受ける力である．

例題 5.2

図5.7のように，床にボーリングのピンが立っている．（a）は，ピンが床に対して力 $-F$ を与え，その反作用として床から力 F を受けているようすを示している．（b）は，ピンが下方の掌から力 F を受け，また，上方の掌から力 $-F$ を受けているようすを示している．この二つの違いを説明せよ．

解答

（a）では，F はピンが受ける力，$-F$ は床が受ける力であり，両者は作用・反作用の関係にある．（b）では，F，$-F$ ともピンが受ける力であり，ピンが受ける合力はゼロ（力の平衡）となる．

3　いろいろな力

（1）万有引力の法則

すべての物体が互いに引き寄せ合っているという考え方，概念または引き寄せ合う力自体を**万有引力**と呼ぶ．ニュートンは万有引力には物体

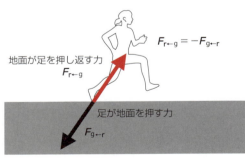

図5.6　作用と反作用
$F_{r \leftarrow g}$ と $F_{g \leftarrow r}$ は同じ物体に働くのではなく，別々の物体に働く．

の質量と物体間の距離が関わることを見出し，**万有引力（重力）の法則**が成立することを発見した．万有引力の法則は以下のように書き表される．

「二つの物体の間には万有引力が働き，万有引力の強さは物体の質量に比例し，物体間の距離の 2 乗に反比例する」

これを式で表すと以下のようになる．

$$F = G \frac{m_1 m_2}{r^2} \tag{5.5}$$

ここで，F は万有引力の大きさ [N]，m_1 は物体 1 の質量 [kg]，m_2 は物体 2 の質量 [kg]，r は物体間の距離 [m]，G は**万有引力定数（重力定数）**と呼ばれる比例定数であり，

$$G \fallingdotseq 6.673 \times 10^{-11} \ [\mathrm{m^3/(kg \cdot s^2)}] \tag{5.6}$$

である．

私たちの身近にある物体間に作用する万有引力はきわめて小さいため，後述する重力以外の万有引力を日常生活で実感することはない．

（2）重力と重力加速度

私たちが実感できる唯一の万有引力は「重力」である．**重力**とは，地球と地球上の物体の間に作用する万有引力のことであり，物体に対して地球の質量がきわめて大きいため，その万有引力（重力）は実感できる大きさとなる．いったいどれくらいの大きさだろうか．式 (5.5) より求めることができる．

> **知っておくと役に立つ！**
>
> **重力 = 万有引力 + 遠心力**
> 厳密には，重力は万有引力と地球の自転による遠心力との合力である．地球の自転による遠心力は万有引力に比べるときわめて小さいため，ここでは遠心力を無視している．

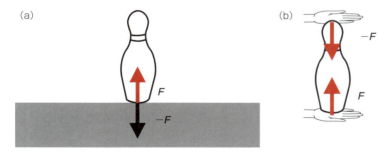

図 5.7 作用・反作用と力の平衡の違い

知っておくと役に立つ！

月面で野球をしたら？

もし，月面で野球をしたらどんなことが起こるだろう．地球と月の違いのうち，ボールの力学に大きな影響を与えるのは空気の有無と重力の違いであるから，以下のようなことが予想できる．

○ ピッチャーが投げたボールはキャッチャーミットに収まるまで，まったく減速しない．

○ バッターが打ったボールも野手や地面に触れない限り，まったく減速しない．

○ ピッチャーが投げるボールはすべて直球となる（変化球を投げられない）．したがって，キャッチャーは球種のサインを出す必要がなくなる．

○ 打球は地球の6倍高く上がり，6倍遠くに飛ぶ．したがって，両翼600 m以上の巨大なボールパークが必要になる．

地球の質量 5.972×10^{24} kg を m_1 とし，地球上の物体の質量を m_2 とする．地球と物体間の距離（地球の質量中心から物体の質量中心までの距離）r をおおむね地球の半径 6.371×10^6 m と考えると，式（5.5）より，

$$F = G\frac{m_1 m_2}{r^2} = 6.673 \times 10^{-11} \times \frac{5.972 \times 10^{24} \times m_2}{(6.371 \times 10^6)^2} \quad (5.7\text{a})$$

$$= \frac{6.673 \times 5.972 \times 10^{-11} \times 10^{24} \times m_2}{6.371^2 \times 10^{12}} = \frac{39.851 \times 10^{13} \times m_2}{40.590 \times 10^{12}}$$

$$= \frac{39.851 \times 10 \times m_2}{40.590} \quad (5.7\text{b})$$

$$\simeq 9.8 \times m_2 \ [\text{N}] \quad (5.7\text{c})$$

となる．

このことから，重力は物体の質量の約9.8倍Nであることがわかる．また，式（5.7）を質量 m_2 の物体の運動方程式〔式（5.1）〕と考えると，質量 m_2 に重力 F が作用するときの加速度 a は約 9.8 m/s^2 であることを意味している．3章で述べたように，地球の重力によって生じる加速度のことを**重力加速度**と呼び，通常は記号「g」で表す．ここでは，r を 6.371×10^6 m としたが，地球の半径は赤道付近ではこれよりも大きく（6.378×10^6 m），極付近では小さい（6.356×10^6 m）（図5.8）．このため，地球の赤道地方では極地方よりも重力加速度は約0.5%小さくなる（緯度0°で 9.78033 m/s^2，緯度90°で 9.83219 m/s^2）．また，緯度が同じでも海抜0 mの地点と高地では地球の中心から物体までの距離が異なる．このように，重力加速度 g の厳密な大きさは地球上の場所により異なるが，国際的には標準重力加速度として 9.80665 m/s^2 が定められている．

本書では，原則として $g \fallingdotseq 9.8 \, [\text{m/s}^2]$ を用いることとする．

重力加速度はしばしば，加速度の単位としても用いられることがある．単位として用いる場合は大文字で G と書かれ，「ジー」と読む．[G] と $[\text{m/s}^2]$ は以下の関係にある．

$$1.0 \, [\text{G}] = 9.80665 \, [\text{m/s}^2] \fallingdotseq 9.8 \, [\text{m/s}^2] \quad (5.8)$$

さて，上述のように物体に作用する重力は物体の質量と重力加速度の積で求められる．すなわち，

$$W = mg \quad (5.9)$$

ここで，W は重力 [N]，m は質量 [kg]，g は重力加速度（$\fallingdotseq 9.8 \, \text{m/s}^2$）である．1 kg の物体に作用する重力の大きさのことを 1 kgw（1 キログラム重）または 1 kgf（1 キログラムフォース）などというが，式 (5.9) より，1 [kgw，kgf] = 9.8 [N] であることがわかる．

例題 5.3

月の重力は地球の重力の約何倍か．ただし，月の質量を 7.346×10^{22} kg，半径を 1.737×10^6 m として計算せよ．

解答

式 (5.7) より，

$$F = G\frac{m_1 m_2}{r^2}$$

$$= 6.673 \times 10^{-11} \times \frac{7.346 \times 10^{22} \times m_2}{(1.737 \times 10^6)^2}$$

$$= \frac{6.673 \times 7.346 \times 10^{-11} \times 10^{22} \times m_2}{1.737^2 \times 10^{12}}$$

$$= \frac{49.019 \times 10^{11} \times m_2}{3.0172 \times 10^{12}} = \frac{49.019 \times m_2}{3.0172 \times 10}$$

$$\fallingdotseq 1.6 \times m_2 \, [\text{N}]$$

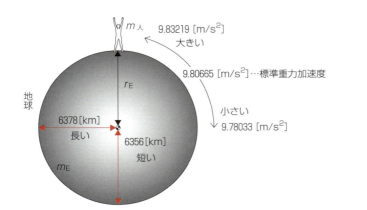

図 5.8 重力加速度の範囲

> 式（5.7c）より
>
> $1.6 \div 9.8 \fallingdotseq 0.163 \fallingdotseq \dfrac{1}{6}$　　約 $\dfrac{1}{6}$ 倍（答）

（3）垂直抗力と摩擦力

　上述のように，地球上の物体は重力によって地球の中心に向かって引っ張られている．物体が空中にある場合，その物体には重力による加速度（重力加速度）が生じ，自由落下する．では，床の上に置いてある物体ではどうだろうか．物体が床の上にある場合もその物体には重力が作用している．それにもかかわらず物体は下に落ちることなく，床の上に静止している．これは，図 5.9（a）に示すように物体が床から重力（**W**）につり合う上向きの力を受けているためである．このように，二つの物体が接触しているとき，接触面に垂直に相手の物体に作用する力を**垂直抗力**（F_N）と呼ぶ．

　図 5.9（a）の状態で，物体の右側面を左に向かってわずかな力 **F** で押したとする．物体に力が加わると，その力がどんなに小さくても加速度の法則〔式（5.1）〕により加速度が生じるはずである．しかし，この場合，力が小さい間は物体は静止したままである．なぜだろうか．これは，床面に力 **F** と大きさが等しく逆向きの力 **f**（＝ －**F**）が作用するからである（図 5.9（b））．このように，接触している二つの物体が接触面に沿って互いに相手の物体の運動に抵抗する方向に作用する力を，**摩擦力**と呼ぶ．また，上記のように静止している物体を動かそうとして，実際には動かない場合に作用する摩擦力のことを**静止摩擦力**と呼ぶ．図

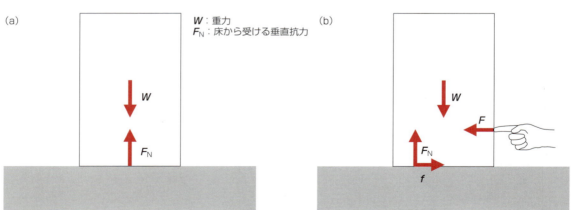

図 5.9　垂直抗力と摩擦力

5.9（b）の f は床が物体に与える静止摩擦力であり，力 F と静止摩擦力 f がつり合っているため，物体には加速度が生じずに，静止した状態を保つ．

力 F を徐々に大きくしていくと，どうなるだろうか．力 F がある大きさを超えるまでは，物体は静止状態を保つ．すなわち，力 F が大きくなるにつれて，静止摩擦力 f も大きくなり，両者はつり合いを保つのである．しかし，力 F がある大きさを超えると物体は動き始める．物体が動き始める直前，すなわち，静止している限界で作用する静止摩擦力のことを**最大静止摩擦力**と呼ぶ．最大静止摩擦力 f_{max} は，物体が床から受ける垂直抗力 F_N の大きさに比例する．すなわち，

$$f_{max} = \mu F_N \tag{5.10}$$

ここで，f_{max} は最大静止摩擦力，F_N は垂直抗力，μ は比例定数で**静止摩擦係数**と呼ぶ．μ はギリシャ文字で**ミュー**と読む．μ は接触する二つの物体の接触面の材質，粗さ，乾燥の度合いなどによって決まる定数である．雪道を歩くときは，雪を踏みしめるように歩くと滑りにくい．このような歩き方は，接地足に上から荷重することで地面からの垂直抗力を増し，最大静止摩擦力を増加させるため滑りにくく，理にかなっている．

最大静止摩擦力以上の力 F が加わると，物体は動き始める．動いているときにも物体は床面から運動に抵抗するように摩擦力を受けており，この摩擦力を**動摩擦力**と呼ぶ．動摩擦力 f_{kin} は，最大静止摩擦力と同様に垂直抗力 F_N の大きさに比例する．すなわち，

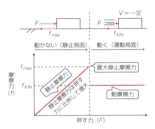

物体の運動状態と押す力と摩擦力の関係

静止摩擦係数（乾燥）の測定値

物体	静止摩擦係数（μ）
金属と金属	0.15–0.60
金属と木	0.20–0.60
金属と石	0.30–0.70
木と革または木	0.25–0.50
石と石	0.40–0.70
土と土	0.20–1.00
ゴムとコンクリート	0.60–0.90
ナイロンとナイロン	0.15–0.25
骨と骨（軟骨）	0.10–0.20
鉄とテフロン	0.04–0.05
鉄と氷	0.02–0.05

D. G. E. Robertson, "Introduction to biomechanics for human motion analysis (2nd Ed.)", Waterloo Biomechanics (2004), p. 63, Table 4. 1.

> **知っておくと役に立つ！**
>
> **潮の満ち引きと月，太陽の引力**
> 潮の満ち引きはおもに月の引力（重力）によって生じる．地球上の海のうち，月に面した海では月の引力によって海水が引き寄せられ満ち潮（満潮）となる．一方で海水の少なくなるところは引き潮（干潮）となる．また，この潮の満ち引きの差は太陽の引力にも影響を受けている．地球と月と太陽が一直線上に並ぶとき，海水は月と太陽の引力を同じ方向に受けるため，最も潮が満ちる．

$$f_{\mathrm{kin}} = \mu' F_{\mathrm{N}} \tag{5.11}$$

ここで，f_{kin} は動摩擦力 [N]，F_{N} は垂直抗力 [N]，μ' は比例定数で**動摩擦係数**と呼ぶ．一般に動摩擦係数 μ' は静止摩擦係数 μ よりも小さい．すなわち，同じ接触面においては，動摩擦力は最大静止摩擦力よりも小さい．また，垂直抗力が同じであれば，動摩擦力は物体の速度によらず一定である．

歩，走，跳などの運動において，足が地面（床）に接しているときは地面から力を受ける．これを**地面反力（床反力）**と呼ぶ．後述するように，地面反力と重力は運動中の身体に作用するおもな外力となる．運動中，重力は一定であるが，地面反力は時々刻々変化するため，地面反力を計測することは，身体運動を解析するうえで非常に重要である．また，地面反力のコントロールは運動技術において重要な役割を果たす．ここで述べた垂直抗力と摩擦力は，地面反力の成分（分力）である．すなわち，地面反力の鉛直成分は足と地面の接触面に作用する垂直抗力であり，水平成分は摩擦力に相当する．

（4）内力と外力

図 5.10 は，二人の力士が相撲を取っているようすを示している．力士 A は力士 B に力（$F_{\mathrm{B \leftarrow A}}$）を加え，力士 B も力士 A に力（$F_{\mathrm{A \leftarrow B}}$）を加えている．力士 A には重力 W_{A} が，力士 B には重力 W_{B} が作用している．また，力士 A の左右の足には地面反力 $F_{\mathrm{AL \leftarrow g}}$, $F_{\mathrm{AR \leftarrow g}}$ が，力士 B の左右の足には地面反力 $F_{\mathrm{BL \leftarrow g}}$, $F_{\mathrm{BR \leftarrow g}}$ が作用している．

二人の力士全体（力士 A ＋力士 B）を一つの**システム** system（系）[*1]

*1　私たちが任意に解析や興味の対象とした複数の物体のグループ（あるいは単一の物体）を指す．

として考えると，力士 A，力士 B はシステムの一部であるから，$F_{B \leftarrow A}$ と $F_{A \leftarrow B}$ はシステムの内部で作用する力である．このようにシステム（あるいは単一の物体）の内部で作用する力のことを**内力**と呼ぶ．内力は互いに打ち消し合うため（作用・反作用の法則），システム全体の重心（図 5.10 中の◐）の運動（速度の変化）にはまったく影響を及ぼさない．一方，システムの外部から作用する力のことを**外力**と呼ぶ．それぞれの力士に作用する重力（W_A，W_B）はそれぞれの力士が地球から受ける力である．また，両力士の左右の足に作用する地面反力（$F_{AL \leftarrow g}$，$F_{AR \leftarrow g}$，$F_{BL \leftarrow g}$，$F_{BR \leftarrow g}$）は，地面から受ける垂直抗力と摩擦力の合力である．ここでは地球も地面もシステム外の物体であるため，重力（W_A，W_B）と地面反力（$F_{AL \leftarrow g}$，$F_{AR \leftarrow g}$，$F_{BL \leftarrow g}$，$F_{BR \leftarrow g}$）は，外力である．外力はシステム全体の重心の運動に直接影響を及ぼす．すなわち，外力の大きさに比例してシステムの重心は加速される〔式（5.2）〕．内力はいくら大きくてもシステムの重心の運動に影響しないことから，関節運動においてどんなに大きな筋力を発揮したとしても身体重心には影響しない．身体重心の運動状態を変化させる（速度を変える）ためには，たとえば，足で地面に力を作用させることによって地面反力を得る，手で壁に力を作用させることによって壁からの反力を得るなど，システムの外から外力を得なければならない．

　ここまで内力と外力について説明してきたが，特定の力が内力であるか外力であるかは一意に定めることはできない．ある力が内力であるか，外力であるかはどの物体に着目しているかによる．いい換えれば，ある力はある物体やシステムから見た場合は内力となるが，別の物体やシステムに着目した場合は外力となる場合がある．このことを図 5.10 の例

> **知っておくと役に立つ！**
>
> **重心と質量中心の違い**
> 物体や身体の運動を考えるとき，**重心**と**質量中心**は通常，同じ意味で用いられる．私たちが通常扱う運動では，両者は同じと考えて問題はない．しかし，厳密な意味では両者は異なる．たとえば，密度が均一で一辺が 1 m の立方体が床に置いてあるとする．この立方体の質量中心の高さは立方体の高さの半分，すなわち床から 50 cm の高さとなる．では，重心はどうだろうか．重心も床から約 50 cm の高さとなるが，厳密には 50 cm よりほんのわずかだけ下方に位置する．なぜならば，立方体の下半分は上半分に比べて，ほんのわずかだけ大きな重量を持っているからである．これは，立方体の下半分が上半分より 50 cm だけ地球から近い位置にあるために生じる．実際には，質量中心位置と重心位置の差は測定が不可能なほど小さいため，両者を同じと考えても問題は生じないことが多いが，それぞれの本当の意味を知っておくのは重要なことである．

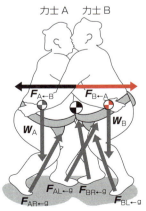

図 5.10　システムと内力，外力

運動中の身体に作用する外力

着目する物体やシステムに作用する外力を過不足なく列挙することは，物体やシステムの運動を理解するうえで重要である．地上での運動中の身体を考えた場合，身体に接触するのが地面と空気だけならば，全身に作用する外力は重力，地面反力，空気抵抗力（ただし，空気抵抗力は無視できる場合が多い）だけである（詳しくは5章5節，pp.106-109参照）．

で説明しよう．$F_{B \leftarrow A}$ はシステム全体（力士A＋力士B）から見ると内力であったが，力士Bのみに着目した場合，力士Aは力士Bの外部の物体であるから，$F_{B \leftarrow A}$ は力士Bにとっては外力である．したがって，$F_{B \leftarrow A}$ はシステム全体の重心には影響を及ぼさないが，力士Bの重心（図5.10中の●）の運動には影響を及ぼす．このように，ある力が内力であるか外力であるかは，着目する物体やシステムによって変わるので注意が必要である．

4 運動量と力積

（1）運動量

質量50 kgのアメフト選手Aと質量100 kgのアメフト選手Bが5 m/sの速度で走って来るのをタックルして止めたい〔図5.11（a）〕．どちらが止めやすいだろうか．これは前述したように，質量が慣性を表す物理量であることを考えれば選手Aを止める方が簡単であることがわかる．選手Aの方が選手Bよりも慣性が小さいので，止めやすいのである．それでは，選手Aが5 m/sで走って来る場合と10 m/sで走って来る場合〔図5.11（b）〕では，どちらが止めやすいだろうか．この場合，同じ選手Aが走っているので，慣性の大きさは同じであるが，速度が大きい方が止めにくいことが直感的に感じられる．それでは，選手Aが10 m/sで走って来る場合と選手Bが5 m/sで走って来る場合〔図5.11（c）〕ではどうだろうか．止めにくさは両者が持つ運動の勢いで決まる．

物体の「並進運動の勢い」を表す変量として**運動量**がある．運動量は

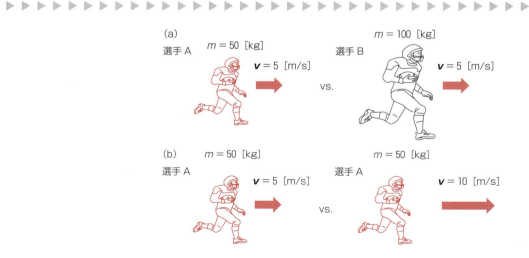

以下の式のように質量 m と速度 v の積で表される．

$$\boldsymbol{p} = m\boldsymbol{v} \tag{5.12}$$

ここで，$\boldsymbol{p}$ は運動量 [kg·m/s]，m は質量 [kg]，$\boldsymbol{v}$ は速度 [m/s] である．運動量は大きさと向きの両方を持つベクトル量である．

図 5.11（c）の例では，選手 A では $\boldsymbol{p}_A = 50 \times 10 = 500$ [kg·m/s]，選手 B では $\boldsymbol{p}_B = 100 \times 5 = 500$ [kg·m/s] となり，同じ運動量である．これは両選手の運動の勢いが同じ大きさであることを意味しており，したがって，止めにくさは同じである．

（2）力積

物体の運動量（並進運動の勢い）を変化させるためには，物体に力を加えればよい．加えた力が大きいほど運動量の変化は大きくなる．また，同じ大きさの力でも加える時間が長いほど運動量は大きく変化する．このように力の大きさと力が作用した時間は運動量の変化に影響し，両者の積を**力積**と呼ぶ．

図 5.12 は物体に作用する力の変化を示したものである．（a）では時刻 t_1 から t_2 まで一定の力 $\boldsymbol{F}$ が作用している．このときの力積は力 $\boldsymbol{F}$ と時間 Δt の積，すなわち赤色の部分の面積に相当し，以下の式で求められる．

$$\boldsymbol{L} = \boldsymbol{F} \Delta t \tag{5.13}$$

ここで，$\boldsymbol{L}$ は力積 [N·s]，$\boldsymbol{F}$ は力 [N]，Δt は時刻 t_1 から t_2 までの時間 [s] である．力積は大きさと向きの両方を持つベクトル量である．

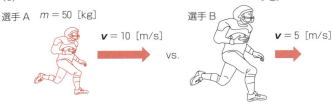

図 5.11 タックルして止めにくいのは？

一般的には物体に作用する力は図5.12（b）のように時々刻々変化する．この場合の力積は力を時間で積分することで求められ，式（5.13）は以下の式のように表される．

$$L = \int_{t_1}^{t_2} F(t)dt \tag{5.14}$$

図5.12（b）においても，力積は赤色の部分の面積に相当する．図からわかるように，力積は時間に伴う力の効果を表すものである．

（3）運動量と力積の関係

2節（p.89）で加速度の法則について説明したが，これを式に表したものが式（5.1）であった．

$$F = ma \tag{5.1}$$

ここで，右辺の加速度 a はある時刻 t_1 から別の時刻 t_2 までの速度の変化を t_1 から t_2 までの時間 Δt で割ったものであるから，

$$F = m\frac{v_2 - v_1}{\Delta t} \tag{5.15a}$$

と書き換えることができる．

そして，この両辺に Δt を乗じると，

$$F\Delta t = mv_2 - mv_1 \tag{5.15b}$$

となる．

式（5.15b）の左辺は力積，右辺は時刻 t_2 での運動量と時刻 t_1 での運

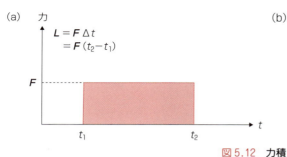

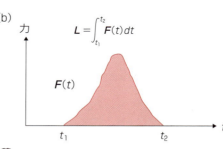

図5.12　力積

動量の差である．このことは，時刻 t_1 から t_2 までに物体に与えられた力積は時刻 t_1 から t_2 までのその物体の運動量の変化分に等しいことを意味する．あるいは，式をさらに変形させて，

$$m\boldsymbol{v}_1 + \boldsymbol{F}\Delta t = m\boldsymbol{v}_2 \tag{5.15c}$$

とすれば，時刻 t_1 で物体が持っていた運動量に力積が加われば，時刻 t_2 ではその分だけ運動量が変化することがわかる（図 5.13）．

式（5.15b），式（5.15c）は，運動量と力積の関係について示しているが，これらはいずれも式（5.1）を変形したものに過ぎない．すなわち，「運動量の変化は力積に等しい」という運動量と力積の関係は，ニュートンの運動の第二法則をいい換えたものである．

例題 5.4

質量 0.4 kg の静止したボールを蹴って，30 m/s の初速度を得た．ボールと足との接触時間を 0.02 s，足はボールとの接触中，一定の力を与え続けたと仮定すると足がボールに与えた力はいくらになるか．

解答

足が接触した瞬間を時刻 t_1，ボールが足から離れた瞬間を時刻 t_2 とする．時刻 t_1 でのボール速度は $\boldsymbol{v}_1 = 0$ [m/s]，時刻 t_2 でのボール速度は $\boldsymbol{v}_2 = 30$ [m/s] であるから，式（5.15b）の力積と運動量の関係から，

$$\begin{aligned}\boldsymbol{F}\Delta t &= m\boldsymbol{v}_2 - m\boldsymbol{v}_1 \\ &= 0.4 \times 30 - 0.4 \times 0 \\ &= 12 \text{ [N·s]}\end{aligned}$$

$$\boldsymbol{F} = \frac{12}{\Delta t} = \frac{12}{0.02} = 600 \text{ [N]}$$

600 [N]（答）

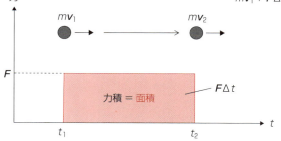

図 5.13 運動量と力積の関係

例題 5.5

図 5.14 に示すように，静止している質量 0.5 kg のボールに対して 4 局面ごとの条件で外力を作用させる．4 局面後のボールの最終速度はいくらか．解法は① 運動量と力積の関係を使わない方法と，② その関係を使う方法の二つある．以下に二つの解法を示すが，どちらも答えは同じとなる．

解答①

〔第 1 局面〕〔条件：力 $F = 4$ [N]，作用時間 $\Delta t = 1$ [s]〕
$a = F/m$ から，
$\quad a = \dfrac{4}{0.5} = 8$ [m/s²]
$\Delta v = a\Delta t$ から，
$\quad \Delta v = 8 \times 1 = 8$ [m/s]
$v_1 = v_0 + \Delta v$ から，
$\quad v_1 = 0 + 8 = 8$ [m/s] ← 第 1 局面の条件で生じる速度

〔第 2 局面〕〔条件：$F = 0$ [N]，$\Delta t = 0.5$ [s]〕
$a = F/m$ から，
$\quad a = \dfrac{0}{0.5} = 0$ [m/s²]
$\Delta v = a\Delta t$ から，
$\quad \Delta v = 0 \times 0.5 = 0$ [m/s]
$v_2 = v_1 + \Delta v$ から，
$\quad v_2 = 8 + 0 = 8$ [m/s] ← 第 1 と第 2 局面の条件で生じる速度

〔第 3 局面〕〔条件：$F = 8$ [N]，$\Delta t = 2$ [s]〕
$a = F/m$ から，
$\quad a = \dfrac{8}{0.5} = 16$ [m/s²]
$\Delta v = a\Delta t$ から，
$\quad \Delta v = 16 \times 2 = 32$ [m/s]
$v_3 = v_2 + \Delta v$ から，
$\quad v_3 = 8 + 32 = 40$ [m/s] ← 第 1 から第 3 局面の条件で生じる速度

〔第 4 局面〕〔条件：$F = -5$ [N]，$\Delta t = 3$ [s]〕
$a = F/m$ から，
$\quad a = -\dfrac{5}{0.5} = -10$ [m/s²]
$\Delta v = a\Delta t$ から，
$\quad \Delta v = -10 \times 3 = -30$ [m/s]
$v_4 = v_3 + \Delta v$ から，
$\quad v_4 = 40 + (-30) = 10$ [m/s] ← 第 1 から第 4 局面の条件で生じる最終速度

10 m/s の大きさで右向きに進む．　　（答）

解答②

式（5.15b）に示す運動量と力積の関係から，

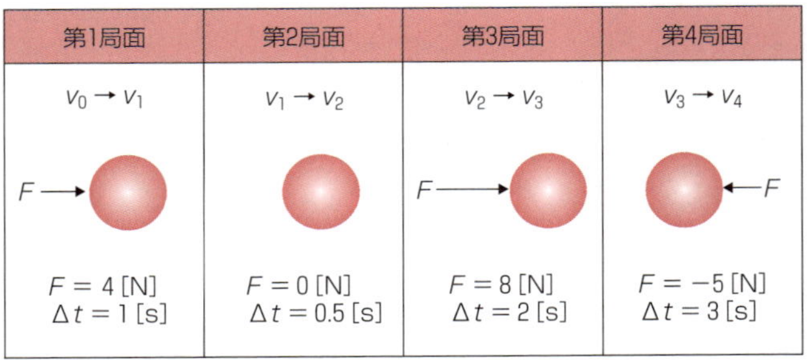

第1局面	第2局面	第3局面	第4局面
$v_0 \to v_1$	$v_1 \to v_2$	$v_2 \to v_3$	$v_3 \to v_4$
$F \to$		$F \to$	$\leftarrow F$
$F = 4$ [N] $\Delta t = 1$ [s]	$F = 0$ [N] $\Delta t = 0.5$ [s]	$F = 8$ [N] $\Delta t = 2$ [s]	$F = -5$ [N] $\Delta t = 3$ [s]

図 5.14　運動量と力積の関係を使った速度の計算

$$\Sigma(F\Delta t) = 4 \times 1 + 0 \times 0.5 + 8 \times 2 + (-5) \times 3 = 5 \text{ [N·s]}$$

である.

ボールは最初静止しているので v_0 は 0 m/s であることから,

$$\Sigma(F\Delta t) = mv_4 - mv_0 = mv_4$$

$$v_4 = \frac{\Sigma F\Delta t}{m} = \frac{5}{0.5} = 10 \text{ [m/s]}$$

10 m/s の大きさで右向きに進む. (答)

(4) 運動量保存の法則

式（5.15b）の左辺，すなわち力積がゼロの場合，右辺，すなわち運動量の変化もゼロになる．あるいは式（5.15c）の左辺第二項，すなわち力積がゼロの場合，時刻 t_1 での運動量と時刻 t_2 での運動量は等しい．このように，「外力が作用しなければ，運動量は保存される（一定である）」．このことを**運動量保存の法則**と呼ぶ．運動量保存の法則はニュートンの運動の第一法則をいい換えたものである．

例題 5.6

式（5.15b），式（5.15c）が成り立つということは，力積と運動量が力学的に等価であることを意味している．力積 = 運動量の変化であれば，力積の単位 = 運動量の単位とならなければならない．そのことを証明せよ．

解答

力積の単位は [N·s]，運動量の単位は [kg·m/s] である．両者は一見異なるが，式（5.1）より，力の単位である [N] は [kg·m/s²] と同じである．

したがって，[N·s] → [kg·m/s²·s] → [kg·m/s] となり，力積と運動量の単位は一致する．

(a) 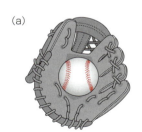 (b)   (c)

図 5.15 フリーボディとは？

5 フリーボディダイアグラムと運動方程式

(1) フリーボディとは何か

3節において，システム（複数の物体のグループ）の内部で作用する力を「内力」，外部から作用する力を「外力」と呼び，内力はシステムの重心の運動にまったく影響しないことを述べた．ある力が内力であるか，外力であるかは，解析や興味の対象とするシステムを何にするかによって決まる．このように解析や興味の対象としたシステムや単一の物体もしくは物体の一部のことを**フリーボディ** free-body（自由物体）と呼ぶ．

図 5.15 (a) のグローブにはボールが入っている．グローブとボールをシステムと考え，このシステムをフリーボディとみなせば，ボールがグローブから受ける力は内力となる．この内力は，フリーボディであるシステム全体の運動には影響しない．このシステムからボールを思考的に切り離し，ボールのみをフリーボディとみなすこともできる〔図 5.15 (b)〕．この場合，ボールがグローブから受ける力は外力であり，フリーボディであるボールの運動に直接影響を及ぼす．すなわち，ボールのふるまいを知りたければ，ボールをフリーボディとし，ボール以外の物体から受ける力（外力）の効果を考えればよい．また，この場合，ボールの左半球が右半球に与える力は内力であり，フリーボディであるボールの運動にはまったく影響しない．ボールの右半球のふるまいを知りたい場合は，図 5.15 (c) のようにボールの右半球のみをフリーボディとする．

このように，思考的には現実のシステムの一部を「自由」に切り離す

表5.1 フリーボディダイアグラムを描くためのルール

① フリーボディには外部の物体から複数の力が作用することが多いが，目的に応じて無視できるものは描かず，なるべく簡単化する．
② 外力の大きさ，方向，作用点はあらかじめわかっていない場合が多い．したがって，これらは正確に描かなくてもよい．ただし，既知の場合（たとえば，重力が下向きである等）や明らかに予想できる場合は，極力それらを反映させるべきである．
③ 外力と外トルク（フリーボディが外部の物体から受ける力，トルク）のみを描き，内力や内トルク（フリーボディ内部の力，トルク）は描かない．
④ フリーボディ自体が他の物体に及ぼす力やトルクは描かない（これはフリーボディに作用する外力や外トルクの反作用であり，他の物体にとっての外力，外トルクである）．

ことができる.しかし,切り離されたフリーボディは他の物体の拘束から自由になるわけではない.もともと受けていた拘束は外力となり,フリーボディの運動に影響を及ぼす.

(2) フリーボディダイアグラム

外部の物体からフリーボディへ作用する外力や外トルクを矢印などで描いた図のことを,**フリーボディダイアグラム** free-body diagram（自由物体図,略してFBD）と呼ぶ.フリーボディダイアグラムは,運動方程式を立ててシステムの運動を解析する際に必要不可欠なものである.また,フリーボディを描くことは,どのような外力や外トルクがフリーボディのふるまいに影響を与えているのかを,定性的かつ視覚的に理解するのを助ける.フリーボディダイアグラムを描くためには,表5.1のルールや慣習に従う必要がある.

図5.16は,フリーボディダイアグラムの例を示したものである.（a）は,ヒトとボールをシステムとみなし,システム全体をフリーボディとしたものである.ここでの外力は,右足に作用する地面反力（F_1）,左足に作用する地面反力（F_2）,システム（ヒト＋ボール）に作用する重力（W_{P+B}）の三つである.空気抵抗力は無視できるため描いていない.フリーボディに接している外部の物体は地面だけであるので,地面反力と重力のみを考えればよい.

（b）は,このシステムのうちヒトのみをフリーボディとしたものである.ここでの外力は,右足に作用する地面反力（F_1）,左足に作用する地面反力（F_2）,ボールから受ける力（F_3）,ヒトに作用する重力（W_P）である.ヒトのみをフリーボディとしたので,フリーボディに接してい

> トルク（力のモーメント）については6章で説明する.

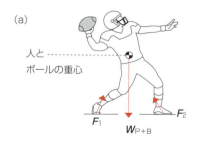
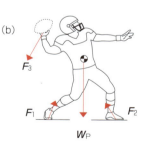
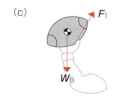
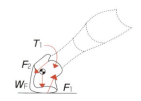

図5.16 フリーボディダイアグラム
（a）ヒト＋ボール,（b）ヒトのみ,（c）ボールのみ,（d）右足部のみ.

る外部の物体は地面とボールの二つになり，ボールからの力が外力となることに気をつけたい．また，フリーボディにはボールが含まれないので，重力はヒトに作用する重力のみである（ボールの重力を含まない）ことにも注意が必要である．

　（c）は，ボールのみをフリーボディとしたものである．ここでの外力は，ヒトから受ける力（$\boldsymbol{F}_1$），ボールに作用する重力（$\boldsymbol{W}_B$）である．ボールのみをフリーボディとしたので，フリーボディに接している外部の物体はヒトだけであり，ヒトからの力が外力となる．また，フリーボディにはヒトが含まれないので，重力はボールに作用する重力のみである（ヒトの重力を含まない）ことに注意が必要である．

　（d）はこのヒトの右足部のみをフリーボディとしたものである．ここでの外力（および外トルク）は，右足に作用する地面反力（$\boldsymbol{F}_1$），右下腿から受ける力（$\boldsymbol{F}_2$），右足部に作用する重力（$\boldsymbol{W}_F$），右下腿から受ける外トルク（$\boldsymbol{T}_1$）である．右足部のみをフリーボディとしたので，フリーボディに接している外部の物体は地面と右下腿の二つになり，右下腿からも外力を受ける．また，重力は右足部に作用する重力のみである．さらに，足部は下腿と関節で結合されており，関節は摩擦のある回転機構を持っている．したがって，右足部は右下腿から外トルクを受けることに注意が必要である．

例題 5.7

図 5.16 において，ヒトの右大腿のみをフリーボディとした場合のフリーボディダイアグラムを描きなさい．なお，右大腿とは右膝関節から右股関節の間の部分のことを指す．

解答

図については省略する．描くべき外力および外トルクは以下のとおりである．
1）右下腿から受ける力
2）体幹（骨盤）から受ける力
3）右大腿に作用する重力
4）右下腿から受けるトルク
5）体幹（骨盤）から受けるトルク

（3）並進運動の運動方程式

図 5.16 のようにフリーボディダイアグラムが描かれれば，これを元に運動方程式を立てることができる．ここでは図 5.16（d）を例にとり，右足部の並進の運動方程式（二次元運動の場合）を立ててみる．2節で説明したように，複数の外力がシステム（ここでは右足部のみをフリーボディと考える）へ作用する場合，並進の運動方程式は式（5.2）で表される．

$$\Sigma \boldsymbol{F}_i = m\boldsymbol{a} \qquad (5.2)$$

ここで，左辺の外力は，地面反力（$\boldsymbol{F}_1$），右下腿から受ける力（$\boldsymbol{F}_2$），右足部に作用する重力（$\boldsymbol{W}_F$）である．外トルクとして右下腿から受けるトルク（$\boldsymbol{T}_1$）があるが，これは並進運動には影響を及ぼさないため考慮しなくてよい．したがって，式（5.2）の左辺をこれらの外力に置き換

えると,

$$F_1 + F_2 + W_F = ma \tag{5.16a}$$

となる.

ここで，m は右足部の質量，a は右足部の重心の加速度である．式 (5.16a) はベクトル方程式であるので，これを水平成分（x 成分）と鉛直成分（y 成分）に分けて行列で書き換えると，

$$\begin{pmatrix} F_{1x} \\ F_{1y} \end{pmatrix} + \begin{pmatrix} F_{2x} \\ F_{2y} \end{pmatrix} + \begin{pmatrix} W_{Fx} \\ W_{Fy} \end{pmatrix} = m \begin{pmatrix} a_x \\ a_y \end{pmatrix} \tag{5.16b}$$

となる.

重力の水平成分は 0 N であるから，$W_{Fx} = 0$ [N] である．また，重力は質量と重力加速度の積であるから，$W_{Fy} = m(-g) = -mg$ である（重力加速度は下向きのため $-g$ となる）．したがって，式 (5.16b) を成分ごとに分けて書くと，

$$F_{1x} + F_{2x} = ma_x \tag{5.16c}$$
$$F_{1y} + F_{2y} - mg = ma_y \tag{5.16d}$$

となる．

この二つの式は 1 次方程式であるから，F_1，F_2，m，a のうち，いずれか一つのみが未知の場合は計算から求めることができる[*2]．

*2 なお，回転運動の運動方程式も同様に立てることができ，6 章 9 節の【例題 6.4】において取りあげている．

例題 5.8

図 5.16（d）において，右下腿が右足部に及ぼす力（F_2）を求めよ．なお，右足部の質量を 0.9 kg，右足部の重心の加速度を $a_x = 1.2\,[\text{m/s}^2]$，$a_y = 0.8\,[\text{m/s}^2]$，地面反力を $F_{1x} = 100\,[\text{N}]$，$F_{1y} = 500\,[\text{N}]$，重力加速度を 9.8 m/s² とする．

解答

① 水平方向の運動方程式〔式（5.16c）〕を立て，数値を代入する．

$$100 + F_{2x} = 0.9 \times 1.2$$
$$F_{2x} = 0.9 \times 1.2 - 100 = -98.92\,[\text{N}]$$

② 鉛直方向の運動方程式〔式（5.16d）〕を立て，数値を代入する．

$$500 + F_{2y} - 0.9 \times 9.8 = 0.9 \times 0.8$$
$$F_{2y} = 0.9 \times 0.8 - 500 + 0.9 \times 9.8$$
$$= -490.46\,[\text{N}]$$

したがって，右下腿が右足部に及ぼす力 F_2 は（−98.92, −490.46）[N]，すなわち，左向きに 98.92 N，下向きに 490.46 N である．

（答）

（4）力と加速度，速度，変位の関係

　地上で運動中の身体に作用する外力は，たいていの場合，重力と地面反力と空気抵抗力である（身体が地面以外の物体に接触している場合に限り，接触している物体から受ける力も外力となる）．このうち，空気抵抗力は無視できるほど小さい場合が多い．また，重力は質量と重力加速度の積であり，運動中一定であるため，質量（身体質量）がわかっていれば求まる．地面反力は運動中に時々刻々変化するため，測定する必要がある．地面反力を測定するには「フォースプラットフォーム」という力量計を用いる．重力と地面反力がわかれば，式（5.2）の左辺が既知となり，右辺の加速度（身体重心の加速度）が求まる．3 章において，

位置（変位）の時間微分が速度，速度の時間微分が加速度であると述べた．この関係を逆に見ると，加速度の時間積分が速度，速度の時間積分が変位である．したがって，身体重心の加速度が求まれば，速度，変位が求まる．このことは，地面反力がわかれば，身体重心のふるまい（加速度，速度，変位）がわかることを意味している．

以上のことを，垂直跳びを例に説明する．垂直跳びでは，身体に作用する外力は重力と地面反力であるから，運動方程式は以下のようになる．

$$\Sigma F_{iy} = F_{gy} + W_y = F_{gy} - mg = ma_y \quad (5.17a)$$

ここで，F_{gy} は鉛直地面反力 [N]，W_y は重力 [N]，m は身体質量 [kg]，a_y は重心の鉛直加速度 [m/s^2] である．なお，ここでは鉛直方向の運動のみを考える．重力は質量と重力加速度の積であるから，$W_y = -mg$ となる．g は重力加速度（9.8 m/s^2）である．

図 5.17 は反動動作を用いた垂直跳びの踏切における鉛直方向の地面反力（1 段目），重心加速度（2 段目），重心速度（3 段目），重心変位（4 段目）を示したものである．ここで直接計測する必要があるのは地面反力のみであり，それ以外の変量は後述する方法で求めたものである．反動動作を用いた垂直跳びでは，立位静止状態（①）から反動動作を開始し（②），沈み込み（②〜④）のあとに上方に大きく伸びあがり（④〜⑥），離地（⑥）する．

鉛直地面反力（F_{gy}）は立位静止状態（①）では体重と同じ大きさを示し，反動動作開始後に体重以下に抜重し（②〜③），その後，体重以上の加重（③〜⑤の少し前）を経たのち急激に減少し，体重レベル（⑤）を下回り離地（⑥）でゼロになる．

次に，鉛直重心加速度（a_y）を求める．式（5.17a）を変形すると，

$$a_y = \frac{F_{gy} - mg}{m} \qquad (5.17b)$$

となる．

式（5.17b）からわかるように，a_y は1段目の鉛直地面反力から重力の大きさを引いた値を身体質量 m で除すことで求まる．このようにして求めた鉛直重心加速度（a_y）は鉛直地面反力とゼロレベルおよびスケールが異なるだけで，グラフ形状は同じである（2段目）．

次に，鉛直重心加速度（a_y）を時間積分して，鉛直重心速度（v_y）を求める．

$$v_y = \int a_y dt + v_{y0} = \int \frac{F_{gy} - mg}{m} dt + v_{y0} \qquad (5.17c)$$

ここで，v_{y0} は積分定数で速度の初期値であり，この場合，0 m/s である．実際の積分計算では，2章で示した台形公式などを用いた数値積分を用いる．

さらに，鉛直重心速度（v_y）を時間積分して，鉛直重心変位（s_y）を求める．

$$s_y = \int v_y dt + s_{y0} \qquad (5.17d)$$

ここで，s_{y0} は積分定数で変位の初期値であり，この場合，ゼロ（0 m）とおく．

以上のように，地面反力と身体質量さえわかれば，身体重心のふるまい（加速度，速度，変位）を知ることができる．図 5.17 から，重心速度

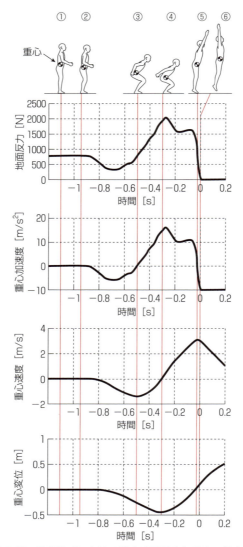

図 5.17　垂直跳びにおける鉛直地面反力と重心の鉛直加速度，鉛直速度，鉛直変位

が最小および最大となるのは重心加速度がゼロのときであること，重心変位が最小となるのは重心速度がゼロのときであること，重心速度が最大となったあと，わずかに減速してから離地することなどが理解できる．また，2段目〜4段目のグラフからわかるように，加速度を時間で積分して速度を求めると，その速度の最小値や最大値は時間軸の方向つまり右方向へずれ，同様に速度を時間で積分して変位を求めると，その変位の最小値や最大値はさらに右方向へずれることがわかる．これは時間微分により変位から速度を，さらに，速度から加速度を求めた場合（3章参照）の逆のずれ方である．

復習トレーニング

■ 次の文章のカッコの部分に適切な言葉を入れなさい．

❶ 並進運動のキネティクス変量のうち，ベクトル量には力，運動量，（　　）がある．
❷ 力の三要素：（1）大きさ，（2）（　　），（3）作用点．
❸ （　　）とは物体が運動状態（速度）を保とうとする性質のことである．
❹ （　　）は，物体の動かしにくさ（止めにくさ）を表す量である．
❺ （　　）は力に比例し，（　　）に反比例する．
❻ ニュートンの第二法則を式に表したものを（　　）と呼ぶ．
❼ 複数の力の総和が0［N］となる状態を（　　）と呼ぶ．
❽ （　　）が物体へ作用すれば，加速度が生じる，または（　　）が変化する．
❾ 質量を持つすべての物体は互いに引き寄せ合っており，この力のことを（　　）と呼ぶ．

⑩ 地面反力は足と地面の接触面に作用する（　　）と（　　）の合力である．
⑪ 並進運動の勢いを表す変量を（　　）と呼ぶ．
⑫ 力積は（　　）の変化に等しい．

■次の文章で正しいものには○，誤っているものには×をつけなさい．

⑬ [　　] 反作用力は作用力のあとに生じる．
⑭ [　　] 地球から受ける重力は地球上のどこにいても一定である．
⑮ [　　] 重力は物体の質量と重力加速度の積で求まる．
⑯ [　　] 外力と内力は物体の重心の運動に影響を与える．
⑰ [　　] フリーボディダイアグラムでは，フリーボディに作用する外力と内力をすべて描かなくてはいけない．
⑱ [　　] 身体質量 70 kg のスプリンターがクラウチングスタートからスタートし，徐々に加速して 10 m/s の速度に達した．このとき，スタートから 30 歩目であった．この場合，1 歩あたりに必要とされる力積は平均で 25 N·s よりも大きい．

6章 回転運動のキネティクス

6章のポイント

　5章において，並進運動のキネティクス変量（力，運動量，力積ほか）について取りあげた．6章では，その概念を回転運動についても当てはめて考えることができることを学ぶ．具体的には，
◆ 回転運動と力のモーメントについて学ぶ
◆ てこの原理，つり合い，重心とその測定法について学ぶ
◆ 慣性モーメントについて学ぶ
◆ ニュートンの運動の三法則を回転運動に拡張した場合の諸事項について学ぶ

6章 回転運動のキネティクス

4章において，物体の回転運動のキネマティクス変量（角度，角速度，角加速度）について取りあげた．6章では，これらの変量を引き起こし変化させているキネティクス変量，すなわち力のモーメントとその関連事項や，ニュートンの運動の三法則を回転運動に拡張した場合の諸事項について学ぶ．また，回転運動のキネティクス変量が並進運動のキネティクス変量に対応していることを学ぶ．

1 力のモーメント

体操の大車輪，ハンマー投げのターン，フィギュアスケートのスピン，野球のバットスイングに見られるように，身体や道具が回転運動を行うときには必ず**力のモーメント**（単にモーメントと呼ばれる）が身体や道具へ作用している．力のモーメントは**トルク**または**回転力**とも呼ばれる[*1]．ここでは力のモーメントとは何かについて説明する．

（1）回転運動の発生

2章において，物体の運動は（a）並進運動，（b）回転運動，（c）一般運動（並進と回転の複合運動）の三つに分けられると述べた．ここで，具体的にそれぞれの運動がどのように引き起こされるのかを簡単な模式図を使って説明する．

図6.1（a）に示すように，物体に作用する力（F）の作用線が物体の重心を通る場合には，物体は並進運動だけを行う．一方，互いに大きさが等しく向きが反対である二つの平行な力（F, $-F$）が物体に作用するとき，図6.1（b）に示すように，物体は回転運動だけを行う．なお，こ

*1　力のモーメントとトルクの用語使用
スポーツバイオメカニクスでは，通常，身体を剛体系とみなすことが多いため，本書では物体の外部から作用する力（外力）によって並進と回転の両方の成分を生じさせるモーメントを「力のモーメント」と呼び，一方，隣接する身体部分（セグメント）間などに作用し回転成分のみを生じさせるモーメントを「トルク」と呼び，使い分ける．例外として，フォースプレート（地面反力計）の表面などに作用するトルクは，慣例に従い，「フリーモーメント」と呼ぶ．

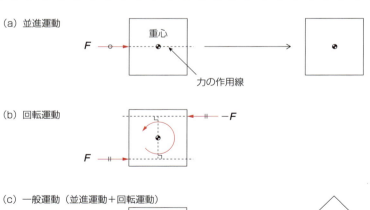

図6.1 （a）並進運動，（b）回転運動，（c）一般運動の発生

の対をなす2力を**偶力**と呼ぶ．そして，図6.1（a）に示した力の作用線が図6.1（c）のように物体の重心を通らなければ，物体は並進と同時に回転運動を行う．なお，図6.1（a）と（c）の力ベクトルが等しいならば，力の作用線が重心を通るか通らないかにかかわらず，両者の物体の重心に生じる加速度は等しい．

（2）回転の効果と力のモーメント

ところで，図6.1（b）（c）に示したように，物体に作用する力の作用線が重心を通らないとき，物体の重心から力の作用線へ垂線を下ろした距離を**モーメントアーム**[*2]と呼ぶ．このモーメントアームは，力と並んで物体の回転に影響を及ぼす重要な変量である．

たとえば，図6.2（a）と（b）は，それぞれ力の作用の仕方が異なることによって物体へ及ぼす回転効果が異なるようすを示したものである．図6.2（a）の上図と下図において，いずれも力ベクトルが同じであるが（$F_1 = F_2$），力の作用点が異なるため，モーメントアーム（r）が上図よりも下図の方が大きい（$r_1 < r_2$）．このため，物体へ及ぼす回転効果は下図の方が大きくなる．また，図6.2（b）の上図と下図は，いずれも力の作用点が同一で，モーメントアームは同じ大きさであるが（$r_1 = r_2$），力は上図よりも下図の方が大きい（$F_1 < F_2$）．このため，物体へ及ぼす回転効果は下図の方が大きくなる．5章で説明したように，物体の並進の効果は力のみによって決定されたが，このように物体へ及ぼす回転効果は力とモーメントアームの両方に依存する．具体的には次式で与えられる．

[*2] **レバーアーム**または**力の腕の長さ**と呼ぶこともある．

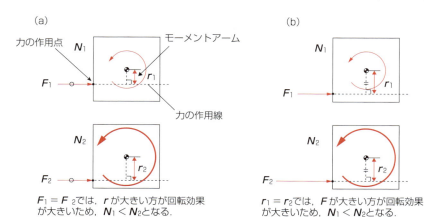

図6.2 回転の効果：力ベクトルの向きが同一で，（a）力の大きさが同じ場合と（b）モーメントアームが同じ場合

$$N = r \times F \tag{6.1}$$

ここで，N は力のモーメントベクトル［N·m］，r は重心から力の作用点までの位置ベクトル（モーメントアーム）［m］，F は力ベクトル［N］である．力のモーメントの単位は［N·m］（ニュートンメートル）である．

式（6.1）からわかるように，物体へ力が作用しても，モーメントアームがゼロであれば，力のモーメントは生じないため，物体は回転せず並進運動だけを行う〔図6.1（a）参照〕．

さて，前述した図6.2（a）（b）は，力またはモーメントアームの大きさの一方が同じで他方が異なる場合の回転効果を示したものであり，力の向きは考慮しなかった．しかし，力の向きが異なることによっても物体の回転効果に大きな違いが生じる．

たとえば，図6.3（a）の上図と下図ではどちらも2力の大きさと作用点は同じだが，その向きがそれぞれ異なることによってモーメントアームに違いが生じている．したがって，この場合，上図よりも下図の方が回転効果は大きくなる．ここで，このことを実際の疾走運動の着地時で考えてみると〔図6.3（b）〕，ランナーは着地時に地面から反力（F_1）を受け，この反力がランナーの身体重心まわりに反時計まわりのモーメントを引き起こしている．この反力の作用線が身体重心から離れて前方へ移動すればするほど（F_2），モーメントアームの増大とともに反時計まわりのモーメントも大きくなり，結果としてランナーは姿勢を保てず後方へ転倒してしまうだろう．

このように，身体へ作用する力の大きさに加えてその向きが変わるこ

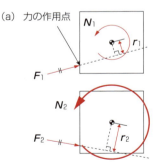
（a）力の作用点

（a）力の大きさと作用点が同じでも，力の向きが異なれば，回転効果も異なる．

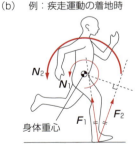
（b）例：疾走運動の着地時

（b）$F_1 = F_2$ でも，F_2 のように力が作用すれば，身体重心に大きな反時計まわりの力のモーメントが生じる．

図6.3　回転の効果：力の向きが異なる場合

2 力のモーメントの計算：どの点（軸）まわりのモーメントか？

とによってモーメントアームの大きさに違いが生じるので，身体運動の回転効果を考えるうえで，これらの変量を見定めることが重要である[*3]．

*3 5章で説明したように，力の「大きさ」「方向」「作用点」（力の三要素）はフリーボディダイアグラム（FBD）を描いて身体運動へ及ぼす力の効果を検討するときには必須の知識となる．

2 力のモーメントの計算：どの点(軸)まわりのモーメントか？

物体に力が作用して回転するときは必ず**支点**（三次元では**回転軸**に相当する）が存在する．身体運動においては，一般に支点は**身体重心**または**関節中心**などに置き，それらの点（または回転軸）まわりの力のモーメントを求めることが多い．なぜなら，空中局面における走り幅跳びや飛び込み選手の回転は，それぞれ踏切時に地面や跳び板から受ける反力が「身体重心まわり」にモーメントを生み出すことによって生じるためである．また，走ったり，跳んだり，投げたりするときの腰や膝，肩関節に生じる回転は筋張力が「関節中心まわり」にモーメントを生み出すことで生じるからである．

次に，簡単な例を示して力のモーメントの計算の方法について説明する．

例題 6.1

図 6.4 に親子がシーソーで遊んでいるようすを示した．子どもはシーソーの支点から 2 m（r_1），母親は支点から 1 m（r_2）離れた位置に座っていて，子どもも母親も足が地面に着いていない状態とする．子どもと母親の質量はそれぞれ 30 kg, 50 kg であった．このとき，シーソーの支点まわりの力のモーメントはいくらか．ただし，シーソーの重さを無視する．

解答

まずフリーボディダイアグラムを描く．子どもと母親の重心に鉛直下向きへ作用する重力ベクトル（それぞれ W_1, W_2）を描く．また，支

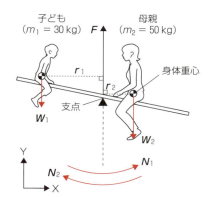

図 6.4 シーソーにおける力のモーメントの計算
子どもの重力（W_1）は支点まわりに反時計まわりのモーメント（N_1）を，母親の重力（W_2）は時計まわりのモーメント（N_2）を発生させている．

$F(= W_1 + W_2)$

点に上向きの反力が加わるため，この反力ベクトル（F）を上向きに描く．ただし，この反力ベクトルは支点まわりにモーメントを生み出さないので考慮しないでよい．次に，シーソーの支点からそれぞれの重力ベクトルの作用線までモーメントアーム（それぞれ r_1, r_2）を書き入れる．図からわかるように，子どもの重力ベクトルはシーソーの支点まわりに反時計まわりのモーメント N_1 を，母親の重力ベクトルは時計まわりのモーメント N_2 を生み出し，これらのモーメントのつり合いを考えると，次式が成り立つ．

$$\Sigma N = N_1 + N_2 = 0 \,[\mathrm{N\cdot m}] \tag{6.2}$$

ここで，$N_1 = r_1 \times W_1$, $N_2 = r_2 \times W_2$ である．

子どもと母親に作用する重力 W を，それぞれの質量に重力加速度（$9.8\,\mathrm{m/s^2}$）を乗じて求めると，子どもの重力 W_1 は $-294\,\mathrm{N}$（$= 30 \times (-9.8)$），母親の重力 W_2 は $-490\,\mathrm{N}$（$= 50 \times (-9.8)$）である．ここで，重力が負の値になるのは重力が下向きに作用しているからである．

子どもと母親のモーメントアームはそれぞれ 2 m と 1 m であるが，子どもは支点の左側に座っているので，r_1 は $-2\,\mathrm{m}$, 母親は支点の右側に座っているので，r_2 は $1\,\mathrm{m}$ である．この重力がシーソーの支点まわりにモーメントを生み出すので，支点から子どもと母親の座っている位置までのモーメントアーム（r）を乗じると，子どもと母親の支点まわりの重力によるモーメントがそれぞれ以下のように求められる．

$$N_1 = -2 \times (-294) = 588\,[\mathrm{N\cdot m}]$$
$$N_2 = 1 \times (-490) = -490\,[\mathrm{N\cdot m}]$$

ここで，求められた値を式（6.2）へ代入すると，

$$\Sigma N = 588 + (-490) = 98\,[\mathrm{N\cdot m}]$$

となる．

これは，子どもの重力によるモーメントが母親の重力によるモーメントよりも 98 N·m 大きいので反時計まわり（CCW）に回転する，つまり子どもが下がり，母親が上がることを示している．

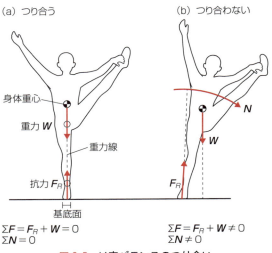

図 6.5　Y字バランスのつり合い

3 つり合い

体操のY字バランス（図6.5）などに見られるように，体操選手がバランスを保ち倒れないのは，力の総和（合力：$\Sigma \boldsymbol{F}_i$）と力のモーメントの総和（合モーメント：$\Sigma \boldsymbol{N}_i$）がそれぞれゼロとなるためである．具体的に次式（静的平衡式）の条件が成り立つとき，体操選手は倒れない．

$$\Sigma \boldsymbol{F}_i = 0 \; [\mathrm{N}] \qquad (6.3)$$

$$\Sigma \boldsymbol{N}_i = 0 \; [\mathrm{N \cdot m}] \qquad (6.4)$$

ここで，式（6.3）および式（6.4）の左辺の i は，それぞれ i 番目の力および力のモーメントである．

たとえば，図6.5（a）は，体操選手のY字バランスにおけるフリーボディダイアグラムを示したものである．体操選手の身体重心に作用する鉛直下向きの重力と，地面から右脚に受ける鉛直上向きの反力（抗力）が互いの作用線上にあり，大きさが等しく向きが反対であるため，上式（6.3）と（6.4）を満たしている．このため力のモーメントが生じないので，体操選手は倒れない．ところが，図6.5（b）は，体操選手の重力と反力の作用線が一直線上になく，重力線が基底面の外側へ落ちることによって，右脚の接地点（支点）まわりに重力によるモーメントが生じている．このため体操選手はバランスを保てず倒れてしまう．図6.6は同様のことを倒立で示したものである．

基底面
6章7節参照．

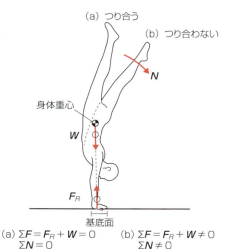

(a) $\Sigma \boldsymbol{F} = \boldsymbol{F}_R + \boldsymbol{W} = 0$　　(b) $\Sigma \boldsymbol{F} = \boldsymbol{F}_R + \boldsymbol{W} \neq 0$
　　$\Sigma \boldsymbol{N} = 0$　　　　　　　　　$\Sigma \boldsymbol{N} \neq 0$

図6.6　倒立のつり合い

4 てこの原理：その種類と力学的有効性

てことは支点（または軸）のまわりを自由に回転でき，小さな力や動きを大きな力や動きに変えるための変換棒（レバー）である．てこには，**支点**に加えて，**力点**，**作用点**（または荷重点）がある．支点はてこを支える点，力点は力を加える点，作用点は力を作用させる点である．表6.1は，これらの点の配列によって分類される**三種のてこ**を示したものである．**第一種のてこ**は，支点が力点と作用点の間にあるてこで，**第二種のてこ**は，作用点が支点と力点の間にあるてこである．**第三種のてこ**は，力点が支点と作用点の間にあるてこである．

これらのてこの力学的有効性（性能）を理解するために，支点に力 R（反力），力点に力 F，作用点（荷重点）に重力 W が作用しているフリーボディダイアグラムを考える（表6.1の2列目）．ただし，支点に作用する反力は支点まわりにモーメントを生み出させないので図示していない．また，支点から力点と支点から作用点までの距離（モーメントアーム）をそれぞれ**力の腕の長さ** l_F と**作用の腕の長さ** l_W と呼ぶことにする．そうすると，てこは，二つの力（力 F と重力 W）が支点まわりに生み出すモーメントのつり合いを取る問題とみなすことができ，以下の関係式が成り立つ．

$$Fl_F = Wl_W$$

ここで，F について解くと，

$$F = \frac{l_W}{l_F}W \tag{6.5}$$

知っておくと役に立つ！
三種のテコ例

第一種：頭（水平位）

第二種：つま先立ち，身体重心

表6.1 てこの種類と力学的有効性

種類	支点・力点・作用点の配列	てこ比（l_W/l_F）	力学的有効性	例
第一種	力点 — l_F — 支点 — l_W — 作用点（荷重点）；力 F，重力 W	<1	力の拡大	くぎ抜き
		1		
		>1	運動の拡大（移動距離，速度）	投石機，肘伸展，前かがみ姿勢など
第二種	支点 — l_W — 作用点 W — l_F — 力点 F	<1	力の拡大	栓抜き，穴開けパンチ，つま先立ちなど
第三種	支点 — l_F — 力点 F — l_W — 作用点 W	>1	運動の拡大（移動距離，速度）	ホッチキス，ピンセット，肘屈曲，膝屈伸，肩挙上など（人体のほとんどの関節に見られる）

力の腕の長さ（l_F）：支点から力点までの距離（モーメントアーム），作用の腕の長さ（l_W）：支点から作用点（荷重点）までの距離（モーメントアーム）．

である.

$\frac{l_W}{l_F}$ は**てこ比**と呼ばれ，てこの力学的有効性を示す指標である．すなわち，この値が1より小さければ，小さな力を大きな力に変えること（**力の拡大**）ができる．一方，1より大きければ，大きな力が必要であるが，図6.7に示すように，小さな動きを大きな動きに変えること（移動距離や速度などの**運動の拡大**）ができる．

第一種のてこは，表6.1に示すように，支点の位置を移動させることによって，てこ比が1よりも大きくなったり，小さくなったりすることができるてこである．つまり，支点の位置をてこの中間に置けばてこ比が1となり，作用点側に置けば1より小さく，力点側に置けば1より大きくなる．このため，第一種のてこの力学的有効性は「力の拡大」と「運動の拡大」に関わる．てこ比が1より小さいてこの例には，くぎ抜きなどがある．1より大きいてこは投石機などに見られ，人体では肘の伸展や前かがみ姿勢を取ったときなどに当たる．

第二種のてこは，てこ比が常に1より小さいため，「力の拡大」において有利なてこである．このてこの例としては栓抜きや穴開けパンチなどがあり，人体ではつま先立ちなどに見られる．

第三種のてこは，てこ比が常に1よりも大きいため，「運動の拡大」において有利となるてこである．肘や膝の屈曲，肩の挙上をはじめ，人体のほとんどの関節がこのてこに属する．つまり，人体の筋骨格系の構造は一般に動きを拡大することを目的としており，いわば**力で損して動きで得をする**しくみとなっている．人体のおもな関節のてこ比を見ると，足底屈（つま先を伸ばす）が3.1，肘屈曲が4.8，膝伸展が8.1である．てこ比が高いほど力で損するが，動きで得をする．つまり，足関節は足

第三種

投げ

蹴り

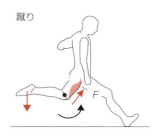

(a) 第一種のてこ　　　　(b) 第三種のてこ

図6.7 （a）**第一種のてこと**（b）**第三種のてこによる運動の拡大（移動距離，速度の増大）**
　支点と力点が近接する場合を示す．

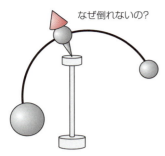

図6.8 ヤジロベエ

先で全体重を受け止めることが多いため，動きの拡大を抑えて力を重視した低いてこ比となっているのに対して，膝関節は走ったり跳んだりしてすばやく脚を伸展させる必要があるので，動きの拡大を重視した高いてこ比となっている．肘関節はその中間のてこ比である．

5　重心とその測定法

（1）重心とは何か

重心とは，簡単にいえば，物体を1点で支えたときにつり合う点である．ヤジロベエ（図6.8）は振れても落ちない．ヤジロベエのつり合いについて考えると，重心とは何かを理解することができる．ここでは具体的に重心とその求め方について説明する．なお，以下では物体は密度が均一の一様な物体と仮定する．

図6.9（a）に示すように，同一の質量を持つ二つの質点（粒子）が一定の距離を隔てて空間に浮いているとする．この重心位置（点）はどこにあるだろうか．図からわかるように，この二つの質点の重心位置は二つの質点を結んだ線分の中点にある．また，図6.9（b）のように，同一の質量を持つ三つの質点が正三角形の頂点に配置されている場合，重心位置は正三角形の中心にある．

では，三つの質点が図6.9（c）のように二等辺三角形の頂点に配置されている場合はどうだろうか．この場合，重心位置は左側の二つの質点側に寄ったところにあるだろう[*4]．そして，図6.9（d）のように，無限個の質点が集まって一つのかたまり（システム）を構成している物体

*4　三角形の重心位置は3本の中線（頂点と対辺の中点を結ぶ線分）の交点にある．具体的には，中線を頂点から2:1に内分した点にある．

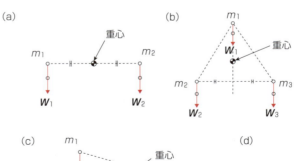

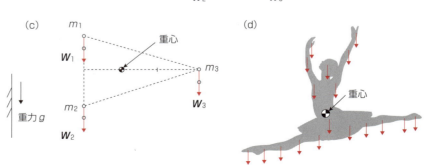

図6.9　つり合いと重心
（a）2点の質点，（b）3点の質点（正三角形），（c）3点の質点（二等辺三角形），（d）無限個の質点の集まり．

の場合，重心位置は図中の位置にあることが想像できる．この図の物体はバレリーナであり，その重心位置が身体重心位置となる．

このように，物体の内部に物体の左側の全質点に作用する重力 W による反時計まわり（CCW）のモーメントと，右側の全質点に作用する重力による時計まわり（CW）のモーメントが互いに打ち消されてゼロとなるような点（$\Sigma N = 0$）が存在する．この点を**重心**と呼ぶ[*5]．一般に，重心とは「物体を構成する全質点に作用する重力の合力が作用する点であり，物体の運動を最もよく代表する点」などと説明されている．

ここまでの章において，物体の重心を定義せずに並進や回転運動を説明してきたが，重心の概念がわかると，一見複雑な身体運動も身体重心の並進運動と身体重心まわりの回転運動に別々に分けて分析することができる．

*5 ブーメランなどの特殊な形状を持つ物体では，物体の外部に重心が存在することもある．ヒトの身体重心においては，身体の姿勢を変えることによって身体の内部から外部へ移動する（図 6.15（b）参照）．

（2）重心の測定法

重心の測定法は，主として①バランス法，②つり下げ法，③反力板法，④作図法，⑤座標計算法の五つがある．ここで，①②③の方法は重心を直接測定する方法であり，④⑤の方法は数学・幾何学的に求める方法である．ここでは，これらの方法について説明する．

① バランス法

前節で説明したように，重心とは物体を 1 点で支えたときのつり合う点であった．この性質を利用して物体の重心を測定する方法が**バランス法**である．図 6.10 に示すように，物体の重心付近に支点を置き左右にずらしていくと，支点まわりの力のモーメントの総和がゼロ（$\Sigma N = 0$）となって物体が静止する位置を見出すことができる．物体の重心はその

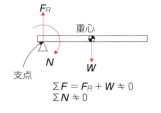
$\Sigma F = F_R + W \neq 0$
$\Sigma N \neq 0$

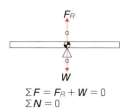
$\Sigma F = F_R + W = 0$
$\Sigma N = 0$

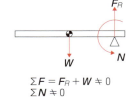
$\Sigma F = F_R + W \neq 0$
$\Sigma N \neq 0$

図 6.10 バランス法

支点の鉛直線（重力線）上にある．この方法は簡便であり，固有の形状を持つバットやラケット，やりなどの道具の重心位置を測定する方法に使われる．なお，この方法を使って身体重心位置を測定することはむずかしい．

② **つり下げ法**

前述のバランス法が物体を1点で支えた方法であったのに対して，**つり下げ法**は文字通り物体の1箇所を糸などでつり下げる方法である．図6.11に示すように，物体を天井からいろいろな状態からつり下げると，支点（つり下げ点）まわりの力のモーメントの総和がゼロ（$\Sigma N = 0$）となって物体が静止する位置を見出すことができる．物体の重心はその支点の鉛直線（重力線）下にある．さらに物体を別の箇所でつり下げると，2本の鉛直線が得られるので，その2本の鉛直線の交点が重心となる（図6.11枠内）．この方法もバランス法と同様に簡便であり，さらに物体を2箇所でつり下げることによって重心の位置を見つけることができる．なお，この方法を使って身体重心位置を測定することはむずかしい．

③ **反力板法**

上述の二つの方法はいずれも身体重心位置を測定することはできないが，次に説明する**反力板法**を使えば，身体重心位置を求めることができる．この方法は，4節で説明した第二種のてこの原理を用いて物体の重心位置を求める方法である．

図6.12に示すように，第二種のてこの原理に基づくと，以下のつり合い式が成り立つ（$\Sigma N = 0$）．

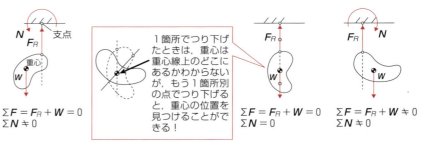

図6.11 つり下げ法

$$Wl_W = Fl_F \quad \therefore \quad l_W = \frac{Fl_F}{W} \tag{6.5}$$

ここで，W は重力（荷重），F は反力，l_W は支点 O から荷重が加わる重心（荷重点）までの距離，l_F は支点 O から反力が加わる力点までの距離である．

この方法を用いて日本人の**比重心高**が測定され，成人男性は 55.5%，成人女性は 54.8% にあったと報告されている．

なお，この方法では支点から重心までの距離が求められるが，図 6.12 の枠内に示すように，この方法を拡張することで，重心位置を二次元的に求めることができる．いずれの手法においても，さまざまな静止姿勢での身体重心位置を求めることができるが，運動中の身体重心位置を求めることはできない．

④ **作図法**

図 6.13 に示すように 2 個の物体が接して一つのシステムを成しているとすると，このシステムの合成重心位置は 2 個の物体の重心間の距離を質量の逆比に内分する点にある．図の例では内分比は 3：1 である．このように 2 個の物体を組み合わせの基本単位（組み合わせ方は自由）として順次合成重心を求めていくことにより，複数（無限個）の物体から成るシステムの合成重心位置を求めることができる．この方法を**作図法**と呼ぶ．ただし，この方法は個々の物体の質量と重心位置がわかっていないと，システムの合成重心位置を求めることができない．

⑤ **座標計算法**

作図法が紙と鉛筆を使い描画して重心位置を求める方法であるのに対して，**座標計算法**は一般にコンピュータ（画像分析）を使って重心位置

比重心高

身長に対する割合（%）
$= \dfrac{\text{重心高}}{\text{身長}} \times 100$

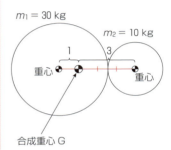

図 6.13 **作図法**
「2 個の物体間の質量の逆比に内分する点」が合成重心となる．

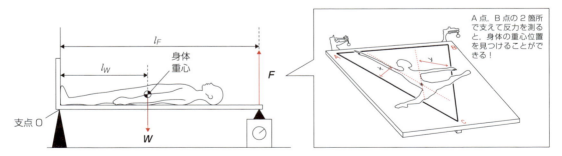

図 6.12 **反力板法**
重力（W）は支点まわりに時計まわりのモーメントを，反力（F）は支点まわりに反時計まわりのモーメントを発生させ，両者はつり合っていることから，以下の式が成り立つ．
$Wl_W = Fl_F \quad \therefore \quad l_W = \dfrac{Fl_F}{W}$

を求める方法である．この方法は二次元直交座標系を設定し，以下の式を使って複数個の物体（剛体）から成る一つのシステム（**剛体リンクモデル**）の合成重心位置 G (X, Y) を数学的に求める方法である[*6]．

$$X = \frac{\sum m_i x_i}{\sum m_i} \tag{6.6}$$

$$Y = \frac{\sum m_i y_i}{\sum m_i} \tag{6.7}$$

ここで，X と Y はそれぞれ X 軸方向と Y 軸方向のシステムの合成重心位置の座標値，x_i と y_i はそれぞれ X 軸方向と Y 軸方向の部分 i（i = 1, 2, 3 …）の重心位置の座標値，m_i は部分 i の質量である．ただし，作図法と同様に，この方法も個々の物体の質量とその重心位置がわかっていないと，システムの合成重心位置を求めることができない．

身体重心の測定において，前述の反力板法は静的な姿勢を取ったときのみに限られている．一方，座標計算法は一般に画像分析を行い，コンピュータを使って収集された運動中の身体各部分の位置データを使って求める方法であるため，時々刻々と姿勢が変化するときの身体重心の動きがわかる．

座標計算法を用いて，身体重心位置を求めるためには，前述したように身体各部分（たとえば頭部，体幹，両上腕・前腕・手，両大腿・下腿・足）の質量と重心位置があらかじめわかっていなければならない．といっても，死体を用いない限り，生身のヒトを関節で切断し身体各部分の質量や重心位置を実測することは不可能である．そこで，これらの身体各部分が固有の質量，質量中心位置（重心位置）を持つ物体すなわち**剛体**とみなして，学術文献上で報告されている値を用いることが多い．

[*6] この方法は，たとえば，X 軸方向についていえば，合成質量のモーメント（$\sum m_i x_i$）は個々の質量のモーメント（$m_i x_i$）の総和に等しいという関係を利用して求める方法である．

なお，身体各部分の質量，質量中心位置に加えて，後述する慣性モーメントを推定するための係数は**身体部分慣性係数**（BSP）と呼ばれる．身体部分慣性係数は単に身体重心位置を推定するためだけでなく，表2.2 (p.20) からわかるように，キネマティクス変量からキネティクス変量を求めるために用いられるため，身体運動のメカニズム（原因）を検討するためには欠かせないパラメータである[*7]．

*7 身体部分慣性係数の測定法については，本書の範囲を超えるので割愛する．興味のある読者はバイオメカニクス研究, 1, 51 (1997) の総説を参照してほしい．

例題 6.2

図 6.14 は 3 個の物体（大腿，下腿，足）がつながった一つのシステムを示したものである．各物体の質量がそれぞれ $m_1 = 9$ [kg]，$m_2 = 4$ [kg]，$m_3 = 1$ [kg]，各物体の重心の座標値が P_1 (0.75, 0.60) [m]，P_2 (0.50, 0.45) [m]，P_3 (0.22, 0.61) [m] であるとすると，このシステムの合成重心位置 G (X, Y) はどの位置にあるか．

解答

システムの合成重心の X 軸方向の位置は式 (6.6)，Y 軸方向の位置は式 (6.7) から求められるので，既知の値を代入し計算すると，以下のようにシステムの合成重心位置を求めることができる．

$$X = \frac{m_1 x_1 + m_2 x_2 + m_3 x_3}{m_1 + m_2 + m_3}$$
$$= \frac{9 \times 0.75 + 4 \times 0.50 + 1 \times 0.22}{9 + 4 + 1} = 0.64 \text{ [m]}$$

$$Y = \frac{m_1 y_1 + m_2 y_2 + m_3 y_3}{m_1 + m_2 + m_3}$$
$$= \frac{9 \times 0.60 + 4 \times 0.45 + 1 \times 0.61}{9 + 4 + 1} \fallingdotseq 0.56 \text{ [m]}$$

$$\therefore G (0.64, 0.56)$$

6　身体重心の性質

1 個の物体（剛体）の重心位置は特定の位置にあり変わることはない．

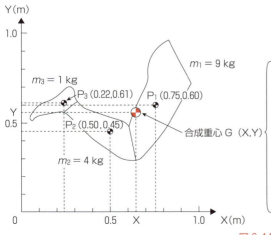

図 6.14　座標計算法

それに対して，身体の重心位置は姿勢を変えることによって変化する．また，大きく前かがむ，背筋を反るなど極端な姿勢を取れば，身体重心は身体外部へ移動する場合もある．これは重心位置が「質量の分布状態（形状，姿勢）」に依存しているためである．私たちの身体は複数の部分が関節でつながった構造を成しており，関節を動かすことによって姿勢を変えることができる．このために，身体重心はある範囲内で身体内外へ移動する．たとえば，直立姿勢において身体重心は身長の55％ほどの高さにあるが，この姿勢から両腕を上げると身長の約5％上がり，さらに片脚も上げると身長の約12％も上がる．

またスポーツでは，とくに空中局面において，身体の姿勢を変えることがパフォーマンスに直接関わる技術も多い．たとえば，図6.15（a）に示すバスケットボールのレイアップショット（シュート）において，シュートに入る直前に持ち上げた両脚や片側の腕を振り下ろせば，逆側の腕が上がり，相手よりも高い位置でシュートすることができる．また，走り高跳びにおいて，バーを跳び越えるときに身体を「弓なり」に大きく反る（手足を下げて腰を上げる）ことによって，重心の高さよりも高いバーを跳び越えることができる〔図6.15（b）〕．そのほか，サッカーのヘディングシュート時の両腕の振り下げ動作，バレエのグランジュテ（開脚しながら跳躍する動作）などの動作も同様である．3章において，跳び上がった直後の空中においては身体重心の軌道を変えることができないと述べたが，このように身体の一部の部位を下げると他の部位が上がる性質を利用して高いパフォーマンスを発揮することができる．

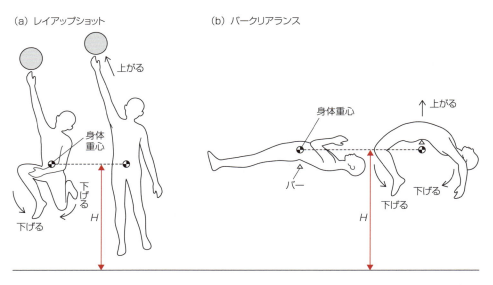
（a）レイアップショット　　（b）バークリアランス

7 姿勢の安定

体重の重い力士を押してもなかなか倒れない．また，逆立ちする体操選手も倒れそうで倒れない．力士にも体操選手にも何か倒れない共通の原理が働いていそうである．以下では，つり合いと重心の概念を拡張して，姿勢の安定について説明する．

結論を先に述べると，物体の姿勢を安定させる力学的条件は次の三つである．

（1）**基底面が広い**，（2）**重心が低い**，（3）**重い**．

ここで，**基底面**とは接地している足（倒立の場合は手）の位置によって決まる面である．たとえば，足を閉じた「気をつけ」姿勢よりも足を開いた「休め」姿勢のほうが基底面は広い．そして，この基底面上に重心がある，いい換えれば，重力線（物体の重心に作用する鉛直下向きの重力の作用線）が基底面内から外れない限り，物体は倒れない．以下，簡単な図を用いて説明する．

図 6.16（a）と（b）に示すように，密度は同じで形状の異なる二つの物体が床面に置いてある．図 6.16（a）は，どちらの物体も重心の高さが同じだが，基底面の広さ（幅）が異なることを示したものである．この二つの物体に右側から力 F を加えて支点となる O 点まわりに回転させると，基底面が広い物体は狭い物体よりも重心が基底面の外側へ移動するまでの振れ幅が大きいため倒れにくいことがわかる．一方，図 6.16（b）は，基底面の広さが同じで重心の高さが異なる場合である．この場合，重心の高さが低い物体は，高い物体よりも重心が基底面の外側へ移動するまでの振れ幅が大きくなるため倒れにくいことがわかる．

姿勢が安定する好例

立ち合いの力士の姿勢
①基底面が広い！ ②重心が低い！ ③重い！

「気をつけ」の姿勢　「休め」の姿勢

「休め」の姿勢は「気をつけ」の姿勢よりも基底面（赤色で囲んだ面積）が広い

◀図 6.15 空中局面の姿勢の変化と重心
（a）レイアップショット（バスケットボール），（b）バークリアランス（走高跳び）．離地後の空中局面において，（a）（b）のいずれの技術も身体重心の高さを変えることはできないが，姿勢を変える，つまり身体の一部を下げることによって他の部位を上げることができる．

さらに，二つの物体で基底面の広さと重心の高さが同じであれば，重い物体のほうが軽い物体よりも動かしにくいため倒れにくい．柔道家が足を広げて相手と組む，また力士が立ち会いのときに相手よりも腰を落とした姿勢で低く当たるなどは，姿勢の安定性に関わる力学的条件に適った攻防技術であるといえる．

8 回転運動における慣性量：回しにくさを表す量

（1）慣性モーメント

伸身で跳びあがった飛び込み選手が空中で膝を抱え込んだとき，また腕を広げて回転しているフィギュア選手が腕を真上にあげたときなどに見られるように，身体の姿勢を変えることによって選手の回転のスピード（角速度の大きさ）が急に速くなったり遅くなったりする．こうした現象に深く関わっている変量が「慣性モーメント」である．次に，慣性モーメントとは何かについて説明する．

5章で説明したように，質量 m は並進運動の慣性量，すなわち物体の「動かしにくさ」を表す指標であった．回転運動においてもそれに対応する慣性量があり，これを**慣性モーメント**（慣性能率）と呼ぶ．慣性モーメントは物体の**回しにくさ**を表す指標であり，記号は I で表し，単位は［$kg \cdot m^2$］である．

ところで，質量は一つの値しか持たないが，慣性モーメントは軸の取り方で無数に存在する．スポーツバイオメカニクスでは，通常，図 6.17 に示すように，物体の重心を原点とする座標系の各軸まわりに三つの慣

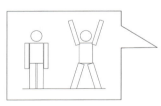

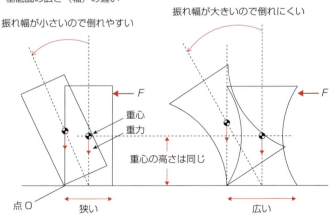

（a）基底面の広さ（幅）の違い

振れ幅が小さいので倒れやすい　　　振れ幅が大きいので倒れにくい

重心　重力　重心の高さは同じ

点O　狭い　広い

図 6.16 （a）姿勢の安定条件：基底面の広さ（幅）の違い

性モーメント（I_{CG_x}, I_{CG_y}, I_{CG_z}）[*8] を考えることが多い．慣性モーメント（I）は次式で定義される．

$$I_{CG\_j} = m_1 r_{1\_j}^2 + m_2 r_{2\_j}^2 + m_3 r_{3\_j}^2 + \cdots = \Sigma\, m_i r_{i\_j}^2 \tag{6.8}$$

ここで，左辺の I_{CG} は物体の重心まわりの慣性モーメント，下付の j は座標系の x, y, z 軸を示す．右辺の m は物体を構成する各質点 i（$i = 1, 2, 3\cdots$）の質量，r は各軸から各質点 i までのモーメントアームである．

式（6.8）からわかるように，慣性モーメントは物体を構成する質点の「質量とその分布状態」に依存することを示している．とくにモーメントアーム（r）はその 2 乗で，慣性モーメントの値に影響を及ぼすことに注意したい．

（2）平行軸の定理

さて，身体運動においては，肩や股関節点などの特定の点（P 点とする）まわりの上肢や下肢などの慣性モーメントを知りたいときがある．この場合は，**平行軸の定理**と呼ばれる定理を用いて求める．具体的には，以下の式から求められる．

$$I_{P\_j} = I_{CG\_j} + m d_j^2 \tag{6.9}$$

ここで，I_P は P 点まわりの部分の慣性モーメント，I_{CG} は部分の重心まわりの慣性モーメント，m は部分の質量，d は点 P から部分の重心までの距離である．

たとえば，図 6.18 に示すように，股関節まわりの下肢の慣性モーメントは，大腿，下腿および足部の重心まわりの慣性モーメントにそれぞ

[*8] 物体（剛体）の慣性モーメントは，一般に 3 行 3 列の対称行列（**慣性テンソル**と呼ぶ）で表されるが，対角成分以外の要素がゼロとなるような座標系（図 6.17 はイメージ図）を選ぶことができる．この座標系を**慣性主軸系**と呼び，慣性モーメントは対角成分要素（図 6.17 では I_{CG_x}, I_{CG_y}, I_{CG_z}）のみとなる．この慣性モーメントを**主慣性モーメント**と呼ぶ．

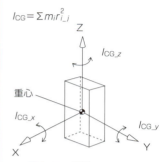

図 6.17　慣性モーメント
すなわち，慣性モーメント I は質量 m とその分布状態 r に依存する．

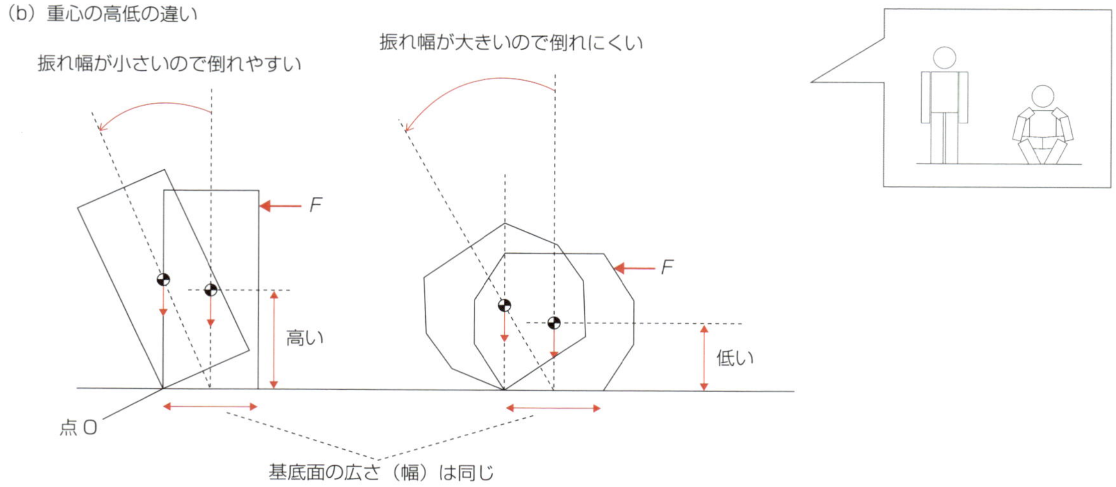

(b) 重心の高低の違い

図 6.16（b）姿勢の安定条件：重心の高低の違い

れの部分の質量と股関節から部分の重心までの距離の2乗を乗じた値を足して，さらに得られた三つの値を加えたものとなる．具体的に，股関節まわりの下肢の慣性モーメント（I_{leg_hip}）は，以下の式から求められる．

$$I_{leg\_hip} = I_{thigh\_hip} + I_{shank\_hip} + I_{foot\_hip} \tag{6.10}$$

ここで，

$$I_{thigh\_hip} = I_{thigh} + m_{thigh}\, d^2_{thigh}$$
$$I_{shank\_hip} = I_{shank} + m_{shank}\, d^2_{shank}$$
$$I_{foot\_hip} = I_{foot} + m_{foot}\, d^2_{foot}$$

である．

上記の三つの式において，左辺はそれぞれ股関節まわりの大腿（I_{thigh_hip}），下腿（I_{shank_hip}），足（I_{foot_hip}）の慣性モーメントである．右辺における I は各部分の重心まわりの慣性モーメント，m は各部分の質量，d は股関節から各部分の重心までの距離である．下付の thigh は大腿，shank は下腿，foot は足部を示す．

前に述べたように，股関節まわりの下肢の慣性モーメント（I_{leg_hip}）は平行軸の定理に基づいて大腿，下腿，足部の三つの部分の値を加えたものとなる．

平行軸の定理によれば，下肢の姿勢（関節角度）が変わると，股関節まわりの下肢の慣性モーメントも当然変わってくる．図6.18（a）は膝屈曲位，（b）は膝伸展位の姿勢である．図からわかるように，両姿勢において股関節から大腿の重心までの距離（d_{thigh}）は変わらないのに対して，屈曲位では膝から先の部分がお尻へ引き寄せられるため，伸展位に

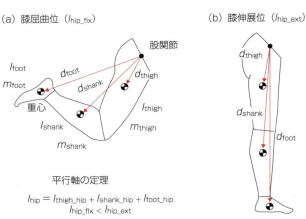

図6.18　股関節点まわりの下肢の慣性モーメント

比べて股関節から下腿と足部の重心までの距離（d_{shank}, d_{foot}）が小さくなっている．このように，膝屈曲位では股関節まわりの下肢の慣性モーメントが小さくなるため回しやすくなり，逆に膝伸展位では慣性モーメントが大きくなるため回しにくくなるのである（$I_{hip\_flx} < I_{hip\_ext}$）．

前に取りあげた飛び込みやフィギュア選手のように，身体全体の姿勢を変えるのではなく，身体の一部の姿勢だけを変えることもある．たとえば，走ったりボールをキックしたりするときに膝を曲げて脚を前へ振り出す動作や，またボールを投げたり打ったりするときに肘を折りたたんで腕を前へ振り出す動作は，身体の一部の姿勢だけを変えて，腰や肩関節まわりの慣性モーメントを小さくし回しやすくしているのである．このように，スポーツにおいて身体全体や一部の姿勢すなわち慣性モーメントを変えることでパフォーマンスを高めている例は，ほかにもたくさん見られる．なお，図6.19は，(a) 基本姿勢と (b) 伸身をはじめ，さまざまな姿勢を取ったときの慣性モーメントを比較して示したものである．

9　ニュートンの運動の三法則：回転運動の場合

大きさがなく重さだけを持つ質点の運動（並進運動）を考える場合は，5章で説明したニュートンの運動の三法則を使うことでキネティクス的分析を行うことが可能となる．しかし，身体運動はもちろんのこと，大きさも重さも持つ物体つまり剛体や剛体系の運動を考える場合は，並進運動だけでなく回転運動も考える必要がある．以下では，簡単な物体（剛体）の二次元運動を考え，ニュートンの運動の三法則を回転運動に

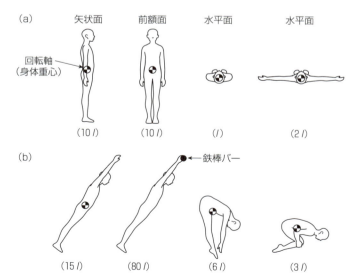

図6.19　さまざまな姿勢を取ったときの慣性モーメントの比較
(a) 基本姿勢，(b) 伸身や前屈．
カッコ内は，水平面における身体長軸まわりの慣性モーメント（I）を基準とした倍率で示す．

拡張した場合の諸法則と関連事項について説明する．

（1）角運動量と角運動量保存の法則

ニュートンの運動の三法則のうち，第一法則は「慣性の法則」と呼ばれる法則であった．この法則を物体の回転運動に適用すると，「物体の外部からその物体へ力のモーメント（外モーメントまたは外トルク）が作用しない限り，その物体は回転しないか，または一定の角運動量で回転する」といい表される．

ここで，**角運動量**とは「物体の回転運動の勢い」を表す変量であり，5章で説明した並進運動の運動量（並進運動の勢い）に相当する．物体の角運動量は次式で与えられる．

$$H = I\omega \tag{6.11}$$

式（6.11）において，H は角運動量，I は慣性モーメント[kg·m^2]，ω は角速度[rad/s]である．角運動量の単位は[kg·m^2/s]である[*9]．

たとえば，走り幅跳びや飛び込み選手が踏切で獲得した身体重心まわりの角運動量は，空中では身体へ外モーメントが作用しないため一定となる．これを**角運動量保存の法則**と呼ぶ．しかし，選手が空中に跳びあがったあと，手足を動かしたり，膝を抱え込んだりすれば，回転のスピードつまり角速度の大きさが変わるため，身体の角運動量も一定でなく変わるのではないかと疑問を持つ読者も多いだろう．次に，この点について説明する．

まず，5章で説明したように，並進運動において，身体の外部から身体へ力が作用しなければ，身体重心の運動量は変化しないため，重心速

---

*9 角運動量は慣性モーメントと角速度を乗じた変量であるため，角運動量の単位はkg·m^2·rad/sとなるが，2章で述べたように，ラジアンは無次元量（弧の長さを円の半径の長さで割った値）であるため，単位から消去することができる．

> 🔵 **知っておくと役に立つ！**
>
> 猫のひねり技：猫は角運動量保存の法則を知っている!?
> 図6.21 参照．

表6.2 身体運動における運動量と角運動量の対照表

並進運動	回転運動
外力 F がゼロであれば，運動量 p は一定である．つまり，速度 v は変わらない $$F = m\frac{\Delta v}{\Delta t} = ma$$	外モーメント N がゼロであれば，角運動量 H は一定である． $$N = I\frac{\Delta \omega}{\Delta t} = I\alpha$$ しかし， ① 慣性モーメント I が一定である場合，角速度 ω は一定である． ② 慣性モーメント I が一定でない場合，角速度 ω は一定でない．

度は一定で変わらなかった（表6.2左欄）．同様のことは回転運動についても当てはまり，身体へ外モーメントが作用しなければ，身体重心まわりの角運動量は一定となる（表6.2右欄）．

しかしながら，前節で述べたように，複数の部分が関節でつながった身体においては，その一部の姿勢を変えることができるため身体の慣性モーメントが変わる．このため，ある一定の角運動量を持って回転運動している身体へ外モーメントが作用しなくても，表6.2右欄に示す二つのケースを取り得る．すなわち，

① 身体の重心まわりの慣性モーメントが一定である（つまり姿勢を変えない）場合，そのまわりの角速度は変化しない．

② 身体の重心まわりの慣性モーメントが一定でない（姿勢を変える）場合，角速度は変化する．すなわち，身体の重心まわりの慣性モーメントが大きくなれば，そのまわりの角速度は小さくなり，逆に身体の重心まわりの慣性モーメントが小さくなれば，そのまわりの角速度は大きくなる．

このことを，摩擦のない回転板を用いて具体的に説明する．図6.20（a）に示すように，回転板上へ両腕を広げた姿勢で立ち，回転板へ外モーメントを加えて回転させると，一定の角速度，いい換えれば，角運動量を保持した状態で回転し続ける．そして，このときの角運動量 H_1 が 10 kg·m²/s，身体の長軸まわりの慣性モーメント I_1 が 2 kg·m²，角速度 ω_1 が 5 rad/s であったとする．この回転状態で，図6.20（b）のように広げた両腕を身体へすばやく引き寄せて，身体の長軸まわりの慣性モーメントを 2 kg·m²(I_1) から 1 kg·m²(I_2) へ変化させたとすると，角運動量 H_2 は保存されるため変わらないものの，角速度 ω は 5 rad/s

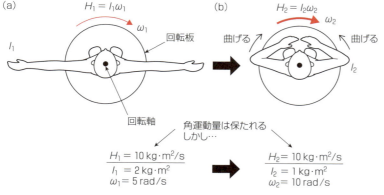

図6.20　回転板を用いた角運動量の保存

知っておくと役に立つ！

振り子運動における角運動量保存の法則のパラドックス

天井からつり下げた振り子をある高さから落とすと，重力によって左右に揺れる振り子運動を行う（図6.22（a））．この振り子を支点の真下（糸の長さの半分の位置とする：$\frac{l}{2}$）にピンを取りつけて，このピンへ衝突させると，角運動量保存の法則の関係（$H_{衝突前} = H_{衝突後}$）から，衝突の前後で振り子の角運動量が保存され，衝突後の重りの速度 v が2倍，振り子の角速度 ω が4倍に増えると考えがちであるが，これは誤りである．というのは，角運動量保存の法則は回転軸が変わらないことを前提として適用される原則であり，振り子の回転軸が天井に取り付けられた点からピンを軸とする点まわりに移ってしまう場合（図6.22（b））では，角運動量保存の法則はそもそも成り立たない．もし角運動量保存の法則が成り立つとすれば，振り子運動中に回転軸は変わらず，その回転軸から振り子の長さが変化する場合である．たとえば，これは，図6.20に示したように，特定の1軸まわりの角運動量が変わらない状態で身体の姿勢を変化させる場合に相当する．

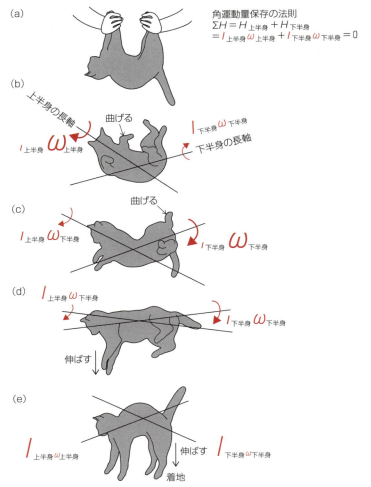

図6.21 猫のひねり技

全身の角運動量（$\Sigma H = H_{上半身} + H_{下半身} = 0$）はゼロであり，保存されている．猫の両脚を持って落とすと，見事にひるがえって着地できるのはなぜだろうか．まず9節で説明したことを以下におさらいしておく．

① 猫に力のモーメントを作用させないで落とすため，空中では猫の全角運動量 H はゼロ（$0\,\mathrm{kg \cdot m^2/s}$）である．

② 猫は空中で姿勢を変えることによって慣性モーメント（I）を調節できるため，角速度 ω を変えることができる．つまり，空中では猫の全角運動量はゼロであるとはいえ，身体の各部分の角運動量はそれぞれ別々に変えることができる．図に示すように，（a）猫の両脚を持って離すと，まず（b）猫は後ろ脚を伸ばしたまま，前脚をすばやく曲げて上半身の長軸に近づける．この動作によって，上半身の長軸まわりの慣性モーメントが下半身よりも小さくなり回しやすくなるため，（c）上半身を回転させて前脚を地面に向けることができる．次に（d）地面に向けた前脚をすばやく伸ばすことで，上半身の長軸まわりの慣性モーメントを大きくして回しにくくする．と同時に，さらに後ろ脚を下半身の長軸に近づけて回しやすくする．この動作によって下半身を回転させて後ろ脚を地面に向け，最後に（e）脚を伸ばして着地するのである．猫はだれに教わったわけでもなく，本能でこうしたひねり技ができる曲芸の名人（名猫！）なのである．

(ω_1) から 10 rad/s (ω_2) となり 2 倍大きくなる．フィギュアスケート選手が演技の終了に見せる低速からの高速スピンや，体操選手の回転スピードが空中で速くなったり遅くなったりするのは，身体の慣性モーメントを変えたからであるが，身体の角運動量は保持されている[*10]．

*10 厳密にいえば，フィギュア選手のスピンにおいては氷面とスケート靴のブレードの接触面において摩擦抵抗が生じるため，身体の角運動量は保持されず，ある程度減少する．

(2) 角加速度，角運動量の変化の法則

ニュートンの運動の三法則のうち，第二法則は**加速度の法則**，**運動量の変化の法則**などと呼ばれる法則であった．この法則は，物体の回転運動においては，**角加速度の法則**あるいは**角運動量の変化の法則**と呼ばれ，「力のモーメントが物体へ作用すれば，角加速度が生じる，または角運動量が変化する」といい表される．

この法則に基づいた**回転運動の運動方程式**は，5章で説明した並進運動の運動方程式 (5.1) ($\boldsymbol{F} = m\boldsymbol{a}$) に対応し，次式で与えられる．

$$N = I\alpha \tag{6.12}$$

ここで，N は力のモーメント [N·m]，I は慣性モーメント [kg·m^2]，α は角加速度 [rad/s^2] である．力のモーメントの単位は [N·m]（ニュートンメートル）である．

式 (6.12) は，角加速度は力のモーメントに比例し，慣性モーメントに反比例することを意味する．つまり，① 慣性モーメントが一定であれば，力のモーメントが大きいほど，角加速度は大きいこと，また ② 力のモーメントが一定であれば，慣性モーメントが大きいほど，角加速度は小さいことを意味する．

たとえば ② の点について，わかりやすい例をあげると，図 6.23 に示

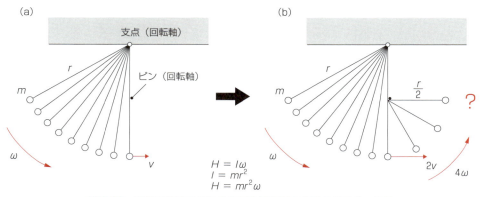

図 6.22 振り子運動における角運動量保存の法則のパラドックス

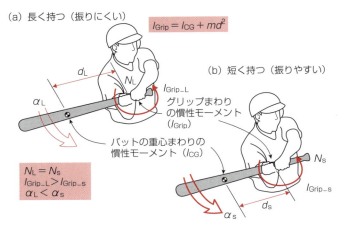

図 6.23 （a）バットを長くもつ場合と（b）短くもつ場合のバットの振りにくさと振りやすさ（平行軸の定理）

すように同じバット（同一の質量，長さおよび慣性モーメントを持つ）を同じ大きさの力のモーメントで振っても，（a）のようにバットを長く持つとグリップまわりの慣性モーメントが大きくなるためバットを振り（角加速し）にくく，逆に（b）のようにバットを短く持つとグリップまわりの慣性モーメントが小さくなるため振り（角加速し）やすくなる．これは 8 節の平行軸の定理で説明したように，バットを長く持つとグリップまわりの慣性モーメントが大きくなるためである．

式（6.12）は物体に作用する力のモーメントが一つだけの場合に限定して用いられたものであるが，複数の力のモーメントが作用する場合，回転運動の運動方程式は以下のようになる．

$$\sum N_i = I\alpha \tag{6.13}$$

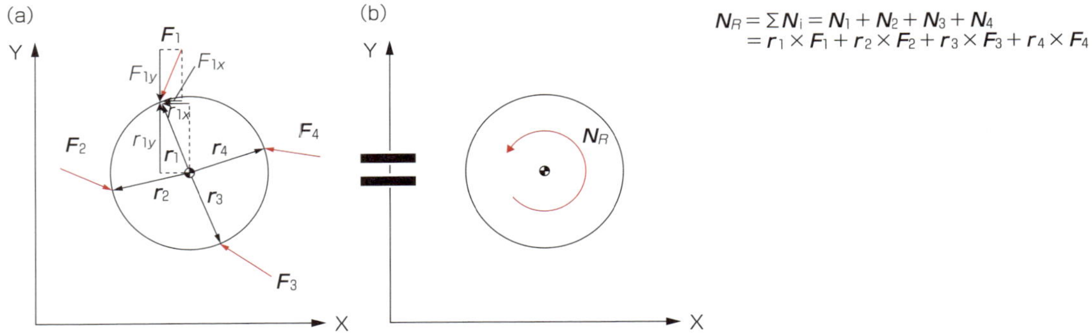

$$N_R = \sum N_i = N_1 + N_2 + N_3 + N_4$$
$$= r_1 \times F_1 + r_2 \times F_2 + r_3 \times F_3 + r_4 \times F_4$$

図 6.24 （a）複数の外力によるモーメントと（b）合モーメント
r_{1x}, r_{1y} と F_{1x}, F_{1y} はそれぞれ r_1 ベクトルと F_1 ベクトルを，それぞれ座標軸へ分解した成分である．

ここで，左辺の N_i は i 番目の力のモーメントである．したがって，ΣN_i は物体に作用する力のモーメントの総和（合モーメント）を意味する．

　以下では，合モーメントの計算式を導き出すために，図6.24に示す例を考えてみる．図6.24（a）は四つの力が物体へ作用し，かつそれらの力の作用線が物体の重心からいずれも外れていることを示しているが，これらの四つの力のモーメントは，図6.24（b）に示すように一つの合モーメント N_R に置き換えることができる（ダランベールの原理）．

ダランベールの原理
5章2節（2）参照．

　では，図6.24の例において合モーメントの計算式を導き出してみよう．まず，図に示すように物体の重心に回転の中心を置く．ここで，2章で説明したように，ベクトル同士（ここでは位置ベクトル r と力ベクトル F）の掛け算は外積であるため，原点から力の作用点までの位置ベクトル r_i と力ベクトル F_i を外積して求めた値が重心まわりに発生させるモーメントとなる．したがって，物体の重心まわりの合モーメントベクトル N_R は，個々の位置ベクトル（回転の中心から力の作用点までのベクトル）と力ベクトルを外積した値を，すべて足し合わすことにより求められる．すなわち，式で示すと，

$$N_R = \Sigma N_i = N_1 + N_2 + N_3 + N_4$$
$$= r_1 \times F_1 + r_2 \times F_2 + r_3 \times F_3 + r_4 \times F_4 \tag{6.14}$$

である．

　この式をそれぞれ位置ベクトルの成分（r_{ix}, r_{iy}）および力ベクトルの成分（F_{ix}, F_{iy}）に書き換えると，

$$N_R = \Sigma N_i = (r_{1x}F_{1y} - r_{1y}F_{1x}) + (r_{2x}F_{2y} - r_{2y}F_{2x})$$
$$+ (r_{3x}F_{3y} - r_{3y}F_{3x}) + (r_{4x}F_{4y} - r_{4y}F_{4x}) \tag{6.15}$$

となる.

式 (6.15) は，二次元運動つまり物体の重心を通り紙面に直交する 1 軸まわりにおける合モーメントの計算式であるが，三次元運動においても，同様にして他の 2 軸まわりの合モーメントを求めることができる.

なお，5 章で説明した式 (5.2) と式 (6.13) は，身体を剛体リンクモデルと仮定し，身体各部分の並進と回転の運動方程式を立てて関節力や関節トルクを求めるための基礎式となる.

例題 6.3

図 6.25 に示す例において，大きさと方向の異なる四つの力が静止している物体へ作用し，その作用点の座標値がそれぞれ与えられているとき，物体の重心まわりの合モーメント N_R の大きさはいくらか．また，どちらまわりに回転し始めるか．

解答

図に示されているように，個々の力の値と作用する方向（角度），またその作用点の座標値が与えられている．まず，三角法を使って個々の力（F_i）を座標成分ごとに分解した各分力（F_{ix}, F_{iy}）を以下のように求める.

$F_1 = (40\cos 80°, 40\sin 80°) = (6.9, 39.4)$
$F_2 = (20\cos 30°, 20\sin 30°) = (17.3, 10.0)$
$F_3 = (30\cos 0°, 30\sin 0°) = (30.0, 0.0)$
$F_4 = (80\cos 10°, 80\sin 10°) = (78.8, 13.9)$

そして，これらの各分力と作用点の座標値を式 (6.15) へ代入し，重心まわりの合モーメント N_R を求めると，

$$N_R = \Sigma N_i = \{-0.25 \times 39.4 - (-0.05 \times 6.9)\} + (0.05 \times 10.0 - 0.45 \times 17.3) + (0.25 \times 0.0 - 0.20 \times 30.0) + \{0.10 \times 13.9 - (-0.25 \times 78.8)\} \fallingdotseq -1.70\ [\text{N·m}]$$

となる.

したがって，物体の重心まわりに発生する合モーメントは右まわり（時計まわり CW）で，その大きさは 1.70 N·m である.

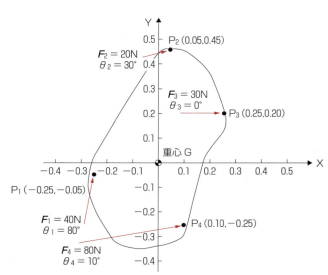

図 6.25 　合モーメントの計算

例題 6.4

5章5節において，図5.16（d）に示す右足部のフリーボディダイアグラムを例にして，並進運動の運動方程式の立て方を説明した．同様に，右足部の回転運動の運動方程式（三次元運動の場合とする）を立てなさい．

解答

9節で説明したように，複数の外力がシステム（ここでは右足部のみをフリーボディと考える）へ作用する場合，回転の運動方程式は式（6.13）で表される．

$$\Sigma N_i = I\alpha \tag{6.13}$$

ここで，左辺の外力によるモーメントは，右足部の重心まわりの地面反力によるモーメント N_1 および右下腿から受ける力によるモーメント N_2，右足関節まわりの関節トルク T_1，そして地面反力による鉛直軸まわりのモーメント N_F（フリーモーメントと呼ばれる）である．なお，右足部に作用する重力 W_F は足部の重心に作用し，そのまわりにモーメントを引き起こさないため考慮しなくてもよい．したがって，式（6.13）の左辺をこれらのモーメントに置き換えると，

$$N_1 + N_2 + T_1 + N_F = I\alpha \tag{6.16a}$$

となる．

ここで，I は右足部の主慣性モーメント，α は右足部の重心まわりの角加速度である．

上式の N_1 と N_2 は位置ベクトル r と外力ベクトル F の外積を取ったものであるため，以下のように書き換えられる．

$$r_1 \times F_1 + r_2 \times F_2 + T_1 + N_F = I\alpha \tag{6.16b}$$

ここで，r_1 と r_2 は，右足部の重心からそれぞれ地面反力 F_1 の作用点と右下腿から受ける力の作用点（右足関節）までの位置ベクトルである．式（6.16b）はベクトル方程式であるので，これを各軸（x, y, z 軸）の成分に分けて行列式で書き換えると，

$$\begin{pmatrix} r_{1y}F_{1z} - r_{1z}F_{1y} \\ r_{1z}F_{1x} - r_{1x}F_{1z} \\ r_{1x}F_{1y} - r_{1y}F_{1x} \end{pmatrix} + \begin{pmatrix} r_{2y}F_{2z} - r_{2z}F_{2y} \\ r_{2z}F_{2x} - r_{2x}F_{2z} \\ r_{2x}F_{2y} - r_{2y}F_{2x} \end{pmatrix} + \begin{pmatrix} T_x \\ T_y \\ T_z \end{pmatrix} + \begin{pmatrix} 0 \\ 0 \\ N_F \end{pmatrix}$$

$$= \begin{pmatrix} I_x & 0 & 0 \\ 0 & I_y & 0 \\ 0 & 0 & I_z \end{pmatrix} \begin{pmatrix} \alpha_x \\ \alpha_y \\ \alpha_z \end{pmatrix} \quad (6.16c)$$

となる．

したがって，式（6.16c）を成分ごとに分けて書くと，

$$(r_{1y}F_{1z} - r_{1z}F_{1y}) + (r_{2y}F_{2z} - r_{2z}F_{2y}) + T_x = I_x\alpha_x \quad (6.16d)$$

$$(r_{1z}F_{1x} - r_{1x}F_{1z}) + (r_{2z}F_{2x} - r_{2x}F_{2z}) + T_y = I_y\alpha_y \quad (6.16e)$$

$$(r_{1x}F_{1y} - r_{1y}F_{1x}) + (r_{2x}F_{2y} - r_{2y}F_{2x}) + T_z + N_F = I_z\alpha_z \quad (6.16f)$$

となる．

この式は1次方程式であるから，**T**, **r**, **F₁**, **F₂**, **I**, **α** のうち，いずれか一つのみが未知の場合は計算から求めることができる．なお，5章5節（3）で取りあげた二次元運動（XY面）の場合の回転運動の運動方程式の成分式は，式（6.16f）のみとなる．

（3）角運動量と角力積

角運動量は，9節で説明するように，物体の慣性モーメントと角速度の積〔式（6.11）〕として求められ，「物体の回転運動の勢い」を表す変量であった．ここでは，角運動量の変化量である角力積について説明したあと，角運動量と角力積の関係について説明する．なお，この関係は5章で説明した並進運動における運動量と力積の関係に相当するものである．表6.3は並進運動と回転運動における，これらの変量の関係を対比して示したものである．

① **角力積**

物体の角運動量を変化させるためには，物体に力のモーメントを加えればよい．加えた力のモーメントが大きいほど，角運動量の変化が大き

表6.3 並進運動の運動量—力積の関係公式および回転運動の角運動量—角力積の関係公式の対照表

式番号	並進運動の公式	回転運動の公式	式番号
(3.7)	$a = \dfrac{v_2 - v_1}{\Delta t}$	$\alpha = \dfrac{\omega_2 - \omega_1}{\Delta t}$	(4.4)
(5.1)	$a = \dfrac{F}{m}$	$\alpha = \dfrac{N}{I}$	(6.12)
(5.15b)	$F\Delta t = m\boldsymbol{v}_2 - m\boldsymbol{v}_1$	$N\Delta t = I\boldsymbol{\omega}_2 - I\boldsymbol{\omega}_1$	(6.19b)

くなる．また，同じ大きさの力のモーメントでも加える時間が長いほど，角運動量は大きく変化する．このように力のモーメントの大きさと力のモーメントが作用した時間は角運動量の変化に影響し，この両者の積を**角力積**と呼ぶ．

図6.26は，物体に作用する力のモーメントの変化を示したものである．（a）では時刻 t_1 から t_2 まで一定の力のモーメント N が作用している．このときの角力積は力のモーメント N と時間 Δt の積，すなわち赤色の部分の面積に相当し，以下の式で求められる．

$$J = N\Delta t \tag{6.17}$$

ここで，J は角力積［N・m・s］，N は力のモーメント［N・m］，Δt は時刻 t_1 から t_2 までの時間［s］である．角力積は力積と同様に大きさと向きの両方を持つベクトル量であり，一般的には物体に作用する力のモーメントは図6.26（b）のように時々刻々変化する．この場合の角力積は力のモーメントを時間で積分することで求められ，式（6.17）は以下の式のように表される．

$$J = \int_{t_1}^{t_2} N(t)\,dt \tag{6.18}$$

図6.26（b）においても，角力積は赤色の部分の面積に相当する．図からわかるように，ひと言でいえば，角力積は時間に伴う力のモーメントの効果を表すものである．

② 角運動量と角力積の関係

9節で角加速度の法則について説明したが，これを式に表したのが式

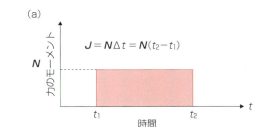

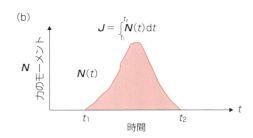

図6.26　角力積

知っておくと役に立つ！

並進運動から回転運動への変換

投手のピッチングや剣道の面打ち，テニスのフォアハンドストロークなどに見られるように，踏み出した足を着地させると，身体全体が並進から回転の運動へ突然変わることが観察される．これは手先や用具の先端の速度を増加させるための技術であり，力学的には運動量と力積の概念を使って説明されている．

たとえば，図 6.28 に示すように，質量が m，長さが l の一様な剛体棒（慣性モーメント $I=\frac{1}{12}ml^2$）を考える．この棒が v の速度で並進運動を行い，F 点で衝突し，B の速度 v_1 が力積 L を受けてゼロ（0 m/s）になったとする．この結果，棒は F 点を中心に角速度 ω の回転運動を行い，重心 G は v_1 から $v_2\left(=\frac{l}{2}\omega\right)$ へ減少し，A は v_1 から $l\omega$ へ増加する．そして，棒の持つ運動量の変化が力積 L に等しく，また角運動量の変化が重心 G に対する力積のモーメント（角力積）に等しいと考えると，図 6.28 の式が成り立つ．

(6.12) であった．

$$N = I\alpha \tag{6.12}$$

ここで，右辺の角加速度 α はある時刻 t_1 から別の時刻 t_2 までの角速度の変化を，時刻 t_1 から t_2 までの時間 Δt で割ったものであるから，

$$N = I\frac{\omega_2 - \omega_1}{\Delta t} \tag{6.19a}$$

と書き換えることができる．そして，この両辺に Δt を乗じると，

$$N\Delta t = I\omega_2 - I\omega_1 \tag{6.19b}$$

となる．

式（6.19b）の左辺は角力積，右辺は時刻 t_2 での角運動量と時刻 t_1 での角運動量の差である．このことは，時刻 t_1 から t_2 までに物体に与えられた角力積は，時刻 t_1 から t_2 までのその物体の角運動量の変化分に等しいことを意味する．

式（6.19b）をさらに変形させて，

$$I\omega_1 + N\Delta t = I\omega_2 \tag{6.19c}$$

とすれば，時刻 t_1 で物体が持っていた角運動量に角力積が加われば，時刻 t_2 ではその分だけ角運動量が変化することがわかる（図 6.27）．

式（6.19b），式（6.19c）は角運動量と角力積の関係について示しているが，これらはいずれも式（6.12）を変形したものに過ぎない．すなわち，「角運動量の変化は角力積に等しい」という角運動量と角力積の関係は，ニュートンの運動の第二法則をいい換えたものである．

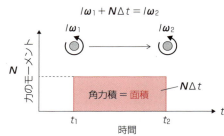

図 6.27 角運動量と角力積の関係

例題 6.5

図 6.29 に示すように，静止かつ摩擦のない回転板（慣性モーメント $I = 2.5$ [kg·m^2]，半径 $r = 0.5$ [m]）に対して 4 局面ごとの条件で，力のモーメントを作用させる．4 局面後の回転板の最終角速度はいくらか．次の二つのうち，解法①は角運動量と角力積の関係を使わない方法，解法②はその関係を使う方法である．どちらも答えは同じになる．

解答①

〔第 1 局面〕［条件：力 $F = 10$ [N]，作用時間 $\Delta t = 3$ [s]〕

$N = rF$ から，
 $N = 0.5 \times 10 = 5$ [N·m]
$\alpha = \dfrac{N}{I}$ から，
 $\alpha = \dfrac{5}{2.5} = 2$ [rad/s^2]
$\Delta \omega = \alpha \Delta t$ から，
 $\Delta \omega = 2 \times 3 = 6$ [rad/s]
$\omega_1 = \omega_0 + \Delta \omega$ から，
 $\omega_1 = 0 + 6 = 6$ [rad/s] ← 第 1 局面の条件で生じる角速度

〔第 2 局面〕［条件：$F = 0$ [N]，$\Delta t = 2$ [s]〕

$N = rF$ から，
 $N = 0.5 \times 0 = 0$ [N·m]
$\alpha = \dfrac{N}{I}$ から，
 $\alpha = \dfrac{0}{2.5} = 0$ [rad/s^2]
$\Delta \omega = \alpha \Delta t$ から，
 $\Delta \omega = 0 \times 2 = 0$ [rad/s]
$\omega_2 = \omega_1 + \Delta \omega$ から，
 $\omega_2 = 6 + 0 = 6$ [rad/s] ← 第 1 と 2 局面の条件で生じる角速度

〔第 3 局面〕［条件：$F = 6$ [N]，$\Delta t = 4$ [s]〕

$N = rF$ から，
 $N = 0.5 \times 6 = 3$ [N·m]
$\alpha = \dfrac{N}{I}$ から，
 $\alpha = \dfrac{3}{2.5} = 1.2$ [rad/s^2]
$\Delta \omega = \alpha \Delta t$ から，
 $\Delta \omega = 1.2 \times 4 = 4.8$ [rad/s]
$\omega_3 = \omega_2 + \Delta \omega$ から，
 $\omega_3 = 6 + 4.8 = 10.8$ [rad/s] ← 第 1 から 3 局面の条件で生じる角速度

〔第 4 局面〕［条件：$F = -8$ [N]，$\Delta t = 5$ [s]〕

$N = rF$ から，
 $N = 0.5 \times (-8) = -4$ [N·m]
$\alpha = \dfrac{N}{I}$ から，

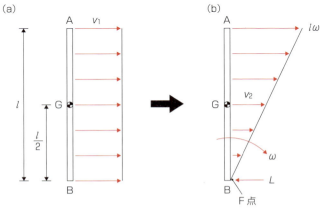

図 6.28 並進運動から回転運動への変換

$m(v_2 - v_1) = L$
 ［運動量と力積の関係から］
$\dfrac{1}{12} m l^2 \omega = \dfrac{L(-l)}{2}$
 ［角運動量と角力積の関係から］
これらの式から，
 $l\omega = \dfrac{3}{2} v_1,\ v_2 = \dfrac{3}{4} v_1,$
 $L = \dfrac{1}{4} m v_1$
が求められる．

このことから，棒の重心 G の速度 v_2 は 0.75 倍に減るが，先端の A の速度 $l\omega$ は 1.5 倍となり 50% 増える．

$$\alpha = \frac{-4}{2.5} = -1.6 \ [\text{rad/s}^2]$$

$\Delta \omega = \alpha \Delta t$ から,

$$\Delta \omega = -1.6 \times 5 = -8 \ [\text{rad/s}]$$

$\omega_4 = \omega_3 + \Delta \omega$ から,

$$\omega_4 = 10.8 + (-8) = 2.8 \ [\text{rad/s}] \quad \leftarrow \text{第1から4局面の条件で生じる最終角速度}$$

回転板は 2.8 rad/s の大きさで反時計まわりに回転する.(答)

解答②

式(6.16)に示す角運動量と力積の関係を使って,角力積を求めると,

$$\Sigma(N\Delta t) = 5 \times 3 + 0 \times 2 + 3 \times 4 + (-4) \times 5 = 7 \ [\text{N·m·s}]$$

である.

回転板は最初静止しているので ω_0 は 0 rad/s であることから,

$$\Sigma(N\Delta t) = I\omega_4 - I\omega_0 = I\omega_4$$

$$\omega_4 = \frac{\Sigma(N\Delta t)}{I} = \frac{7}{2.5} = 2.80 \ [\text{rad/s}]$$

回転板は 2.80 rad/s の大きさで反時計まわりに回転する.(答)

ところで,6章9節(1)において,角運動量保存の法則から,空中においては手足を動かしても身体の角運動量は保存されるため変えることができないことを述べた.そうすると,飛び込みやトランポリンの選手をはじめ,空中技がパフォーマンスを左右する競技選手はどこで身体の角運動量を獲得するのだろうか.これについては,跳び上がる前の踏切のときに,足から踏み切り板やスプリングマットに対して力(角力積)を作用させて跳びあがらなければならない.たとえば,図6.30(a)に示すように,空中において飛び込みの前方宙返りが生じる場合は,踏切中に選手は足から踏み切り板へ力を作用させることによって,逆に踏み切り板から足へ反力(反作用力 **F**)を受ける.この反力が身体重心の後方へ外れて右まわり(この場合,前まわり)のモーメント(角力積

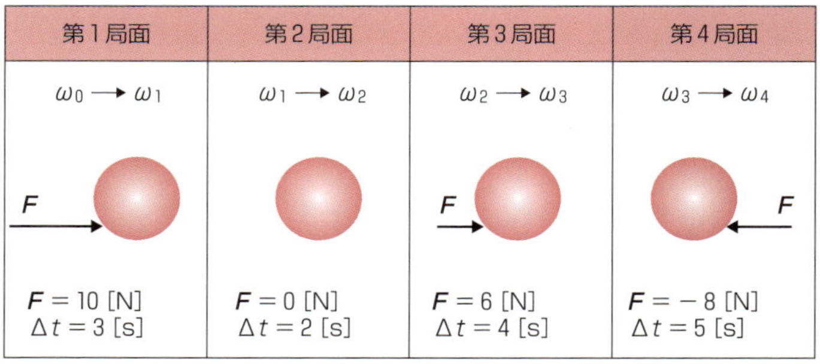

第1局面	第2局面	第3局面	第4局面
$\omega_0 \rightarrow \omega_1$	$\omega_1 \rightarrow \omega_2$	$\omega_2 \rightarrow \omega_3$	$\omega_3 \rightarrow \omega_4$
$F = 10$ [N] $\Delta t = 3$ [s]	$F = 0$ [N] $\Delta t = 2$ [s]	$F = 6$ [N] $\Delta t = 4$ [s]	$F = -8$ [N] $\Delta t = 5$ [s]

図6.29 角運動量と角力積の関係を使った角速度の計算

$\Sigma N\Delta t$）を生み出す．その結果として，選手の身体に前方宙返りの角運動量（H）が与えられる．後方宙返り〔図6.30（b）〕の場合も同様に，選手の足に作用する反力が身体重心の前方へ外れて左まわり（後ろまわり）の角力積を発生させる．

（4）作用・反作用の法則

ニュートンの運動の三法則のうち，第三法則は「作用・反作用の法則」と呼ばれる法則であった．この法則は，物体の回転運動においては，「接触している物体間に働く作用トルクおよび反作用トルクは，同じ大きさで，その向きは互いに反対である」といい表される．

たとえば，図6.31のように，反り跳びを用いる走り幅跳び選手の動作で示すと，走り幅跳び選手は，踏切で勢いよく跳びあがったあと，空中では後方へ反った身体を，股関節屈筋群による発揮張力によって上体から下肢に対して右まわりの作用トルク（$-T_1$）を発生させると同時に，逆向きの左まわりの反作用トルク（T_2）を下肢から上体へ発生させている．このように，反り跳びを用いる走り幅跳び選手は，後方へ反らした上体を前屈させることで下肢を前方へ振り出して跳躍距離を大きくしている．

復習トレーニング

■次の文章のカッコの部分に適切な言葉を入れなさい．

❶ 回転運動のキネティクス変量のうちベクトル量には，力のモーメント，（　　　），角力積がある．

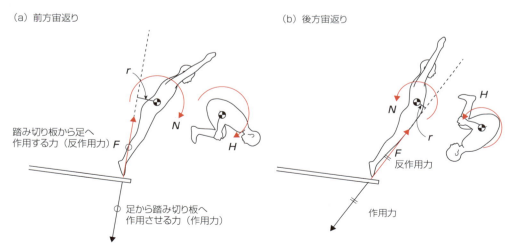

(a) 前方宙返り　　(b) 後方宙返り

図6.30 踏切局面における角運動量の発生

❷ 物体へ作用する力の作用線が重心から外れ，その力が作用し続けているとき，物体は（　　　）運動を行う．

❸ 力の腕の長さと作用の腕の長さがそれぞれ 7.5 cm と 42.5 cm を持つてこがある．このてこのてこ比は（　　　）である．小数点 2 桁以下は切り捨てよ．

❹ （　　　）とは物体を 1 点で支えたときにつり合う点である．

❺ 姿勢を安定させるための力学的 3 条件：（1）（　　　），（2）重心が低い，（3）重い．

❻ （　　　）は，物体の回しにくさを表す指標である．

❼ 角加速度は（　　　）に比例し，（　　　）に反比例する．

❽ 空中において身体の（　　　）は一定となるが，姿勢を変えれば，（　　　）が変わるため，（　　　）が変化する．

❾ （　　　）が物体へ作用すれば，角加速度が生じる，または（　　　）が変化する．

■次の文章で正しいものには○，誤っているものには×をつけなさい．

❿ [　　] 人体の筋骨格構造の多くは，いわば「力で損して動きで得する」てこである．

⓫ [　　] 紅白の手旗を持ち，あなたに正対して立っている少年が左腕を真上へあげながら右腕を水平にあげた．このときあなたから見て少年の身体重心は上方かつ右に動く．

⓬ [　　] 走り高跳び選手は空中において身体重心の軌道を変えることはできないが，肩の軌道を変えることはできる．

⓭ [　　] 空中局面において飛び込み選手が 8 rad/s の角速度で回転しており，そのときの身体の慣性モーメントが 15 kg·m² であった．その後，選手が姿勢を変えて身体の慣性モーメントが 5 kg·m² となった．このとき選手が 12 rad 回転するのに要する時間は 0.4 s である．

ヒント：角運動量保存の法則により，姿勢を変えた前後で角運動量は変わらないことを考えなさい．

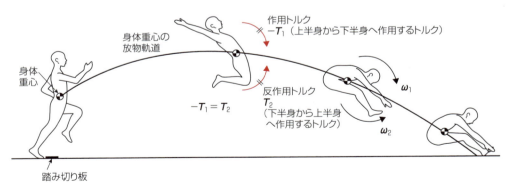

図 6.31　作用・反作用トルクの例（走り幅跳び）

7章 仕事, エネルギー, パワー

7章のポイント

　仕事, 力学的エネルギーおよびパワーはキネティクス領域の一部であるが, エネルギーに関わるため, **エナジェティクス** energetics と呼ばれる領域でもある. 7章では, 力学的エネルギーの概念やこれに関わる力学法則について学ぶ. 具体的には,

◆ 仕事, 力学的エネルギーおよびパワーの概念について学ぶ.
◆ 力学的エネルギーの保存と保存力について学ぶ.
◆ パワーの正負について学ぶ.
◆ 仕事, 力学的エネルギー, パワーの関係について学ぶ.
◆ エネルギー連鎖について学ぶ.
◆ 力学的効率の概念について学ぶ.

7章 仕事，エネルギー，パワー

エネルギーという用語はギリシャ語で仕事を意味する**エルゴン** ergon に由来し，物体が仕事を行う能力のことを指す．エネルギーは力学的エネルギー，熱エネルギー，電気エネルギー，核エネルギー，太陽エネルギー，光エネルギー，化学的エネルギーなどさまざまな形態をとる．このうち，物体や身体の運動に最も関わりが深いエネルギーは「力学的エネルギー」である．

この章では，物体や身体の運動を取り扱う際の重要な概念となる仕事，力学的エネルギー，パワーとその関連事項について学ぶ．

1 仕 事

（1）仕事と力

図 7.1 は，ヒトがトロッコを押しながら進むようすを示したものである．(a)では，ヒトはトロッコに対して右向きに $F = 300$ [N] の力を発揮し続けながらトロッコを $s = 5$ [m] 移動（変位）させた．このときの仕事は以下のように求められる．

$$W = \boldsymbol{F} \cdot \boldsymbol{s} = |\boldsymbol{F}||\boldsymbol{s}|\cos\theta \tag{7.1a}$$

ここで，W は仕事で単位は [J]（ジュール），$\boldsymbol{F}$ は力ベクトル [N]，$\boldsymbol{s}$ は変位ベクトル [m]，θ は力ベクトルと変位ベクトルのなす角度である．

このように，仕事は力ベクトルと変位ベクトルの内積（スカラー積）で与えられるスカラー量である[*1]．したがって向きを持たず，大きさだ

*1 内積については 2 章参照．

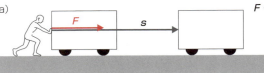
(a) $F = 300$ [N] $s = 5$ [m] $\theta = 0$ [°]
$\boldsymbol{F} \cdot \boldsymbol{s} = 300 \times 5 \times \cos 0° = 1500$ [J]

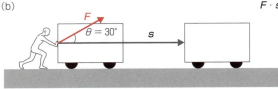
(b) $F = 300$ [N] $s = 5$ [m] $\theta = 30$ [°]
$\boldsymbol{F} \cdot \boldsymbol{s} = 300 \times 5 \times \cos 30° ≒ 1300$ [J]

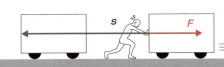
(c) $F = 300$ [N] $s = 5$ [m] $\theta = 180$ [°]
$\boldsymbol{F} \cdot \boldsymbol{s} = 300 \times 5 \times \cos 180° = -1500$ [J]

図 7.1 仕事と力

けを持つ量である．式（7.1a）から，仕事は，変位に変位と同じ方向の力を乗じることで得られる（もしくは，力に力と同じ方向の変位を乗じることで得られる）ことがわかる．また，仕事の単位［J］は［N・m］と等しいことがわかるが，この場合の［N・m］は力のモーメント（トルク）の単位である［N・m］とは意味が異なるので，注意が必要である．

図7.1（a）でヒトがトロッコに対してなした仕事は，式（7.1a）より，$W = 300 \times 5 = 1500$ ［J］である．力の向きと変位の向きが一致しているので，両者の大きさをそのまま掛ければよい（θ が $0°$ で $\cos\theta$ が 1 となるため）．ここでは，トロッコを押す力が一定であることを仮定しているが，一般的には力は絶えず変化する．力が一定でない場合の仕事は以下のように求まる．

$$W = \int \boldsymbol{F} \cdot d\boldsymbol{s} \tag{7.2a}$$

力が一定でない場合の仕事は力を変位で積分した値となる．このことは，仕事が微小な変位とその時々の力の内積を積算したものであることを意味している．

図7.1（b）のように力ベクトルと変位ベクトルの方向が異なる場合は，式（7.1a）より，両者の大きさと両者がなす角度の余弦を掛け合わせることで仕事が求まる．（a）の場合と同じ大きさの力でトロッコを押し，同じだけ変位させているが，両者の方向が異なるため，仕事は約 1300 J と（a）の場合よりも小さくなる．

図7.1（c）では，ヒトは（a）の場合と同じように 300 N でトロッコを押しているが，トロッコにモーターがついており，左向きに進んでくるため，トロッコの推進力に抗しきれず左に 5 m（すなわち－5 m）変

位しているようすが示されている．この場合の仕事は−1500 J となる．これも力ベクトルと変位ベクトルのなす角度が 180°と考えれば，cos 180°= −1 となり，(a), (b) の場合と同じように計算される．このように仕事は正負のいずれの値も取り得る．(c) のように仕事が負の場合，ヒトがトロッコの推進を妨げるように力を発揮したことを意味する．また，トロッコがまったく動かなかった場合，どんなに大きな力を発揮したとしても仕事はゼロである．あるいはトロッコに上向きの力を与えながらトロッコが右に変位した場合，力ベクトルと変位ベクトルのなす角度は 90°となり，cos 90°= 0 であるので，やはり仕事はゼロとなる．

また，回転運動の場合，式（7.1a），式（7.2a）は以下のようになる．

$$W = \boldsymbol{T}\cdot\boldsymbol{\theta} = |\boldsymbol{T}||\boldsymbol{\theta}|\cos\phi \tag{7.1b}$$

$$W = \int \boldsymbol{T}\cdot d\boldsymbol{\theta} \tag{7.2b}$$

ここで，$\boldsymbol{T}$ はトルクベクトル [N・m]，$\boldsymbol{\theta}$ は角変位ベクトル [rad]，ϕ はトルクベクトルと角変位ベクトルのなす角度である．

仕事はスカラー量であるから，並進運動における仕事と回転運動における仕事は由来が異なるだけで同じものである．並進運動と回転運動が複合された一般運動における仕事は，並進運動由来の仕事と回転運動由来の仕事の和となる．

（2）仕事と力学的エネルギー

7 章の冒頭で，エネルギーは仕事を行う能力のことであると述べたが，仕事とエネルギーはどのような関係にあるのだろうか．力学的エネルギ

ーの詳細は次節で説明するが，ここでは両者の関係について簡単に触れておく．

ある物体 A から別の物体 B に力学的エネルギーが移動したとき，すなわち，物体 A の力学的エネルギーが減り，その分だけ物体 B の力学的エネルギーが増えた場合，物体 A が物体 B に「仕事をした」という．一方，物体 A の力学的エネルギーが増え，その分だけ物体 B の力学的エネルギーが減った場合，物体 A が物体 B に「仕事をされた」という．物体 B のエネルギー変化に着目して，このことを式で表すと，

$$W = \Delta E = E_2 - E_1 \tag{7.3}$$

となる．

ここで，W は物体 B に対してなされた仕事 [J]，ΔE は物体 B の力学的エネルギーの変化分，E_1 および E_2 はそれぞれ時刻 t_1 および t_2 での物体 B の力学的エネルギー [J] である．右辺が正すなわち $E_2 > E_1$ の場合（すなわち，時刻 t_1 から t_2 までの間に物体 B の力学的エネルギーが増大した場合），物体 A が物体 B に仕事をした（正の仕事をした）ことになる．また，右辺が負すなわち $E_2 < E_1$ の場合（すなわち，時刻 t_1 から t_2 までの間に物体 B の力学的エネルギーが減少した場合），物体 A が物体 B から仕事をされた（＝物体 A が物体 B に対して負の仕事をした）ことになる．ピッチャーを物体 A，ピッチャーが投げるボールを物体 B と考えると，投球前（t_1）からリリース後（t_2）ではボールの力学的エネルギーが増大する．このことはボール（物体 B）がピッチャー（物体 A）から仕事をされたことを意味する（図7.2）．一方，ピッチャーから見ると，ボールに仕事をしたことになる．図7.1 の例では，仕事が力と変位の内

投球前（t_1）
ボールのエネルギー（E_1）小

リリース後（t_2）
ボールのエネルギー（E_2）大

図 7.2 仕事と力学的エネルギー
ピッチャーから見ると，ボールに仕事をした．
ボールから見ると，ピッチャーに仕事をされた．

積で定義できることを述べたが，このように仕事は力学的エネルギーの変化分でもある．また，このことは仕事と力学的エネルギーが力学的に等価であることを意味している．

2 力学的エネルギー

力学的エネルギーは位置エネルギーと運動エネルギーからなる．

（1）位置エネルギー

位置エネルギーはポテンシャルエネルギーともいわれ，物体がある位置にあることで蓄えられるエネルギーのことである．位置エネルギーには重力による位置エネルギー，弾性力（ばね）による位置エネルギー，電気的な位置エネルギーがある．しかし，通常の身体運動を質点または剛体の運動とみなして扱う場合には，弾性力による位置エネルギーや電気的な位置エネルギーが関わることはほとんどない．したがって，ここでは重力による位置エネルギー（以下，単に位置エネルギー）のみを扱う．

図 7.3 は身体質量 m [kg] の高飛び込みの選手が水面から h [m] 上方にいるようすを示したものである．この選手には重力 $W = mg$ [N] が作用しているため，選手が飛び込んで着水（すなわち h [m] 変位）した場合，重力がする仕事は式（7.1）より mgh となる．いい換えると，この選手は飛び板にいるときに mgh の仕事をする能力（ポテンシャル）を持っている．このように，重力がする仕事に相当するエネルギーのことを**位置エネルギー**（ポテンシャルエネルギー）と呼ぶ．

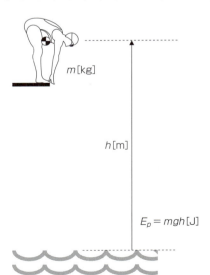

図 7.3 重力による位置エネルギー

このときの位置エネルギーは，

$$E_p = mgh \tag{7.4}$$

である．

ここで，E_p は位置エネルギー [J]，g は重力加速度（9.8 [m/s^2]）である．位置エネルギーは方向を持たず，大きさのみを持つスカラー量である．

先に述べたように，位置エネルギーは重力がする仕事のことである．基準面から物体をその位置まで持ちあげるのに必要とする仕事（エネルギー）と考えてもよい．もし，この選手を水面から h [m] だけ持ちあげるならば，$F = mg$ [N] の力を発揮しながら，h [m] 上方に変位させる必要がある．このときの仕事は mgh [J] となり，これが位置エネルギーの大きさである．位置エネルギーの大きさは基準面をどこにとるかで変化するが，通常は地面や水面を基準面（鉛直座標軸のゼロ）とする．物体が基準面より下に位置する場合，位置エネルギーは負となる．

（2）保存力と非保存力

図 7.4 はヒトがさまざまな方法で着水するようすを示している．（a）は飛び板から真下に飛び込む場合，（b）はスライダーを使用して斜面を滑り降りる場合である．この斜面に摩擦はないものとする．この二つの場合に重力 W がする仕事を計算してみよう．

式（7.1a）より，仕事は力と変位の内積であるから，（a）の場合は上述の通り mgh [J] となる．（b）の場合，ヒトは斜面の方向に変位するため，重力の斜面方向成分と斜面方向の変位の積が仕事となる．重力の

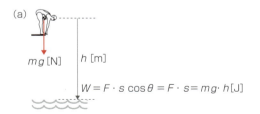
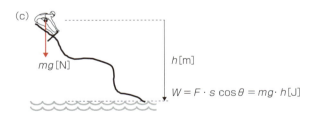
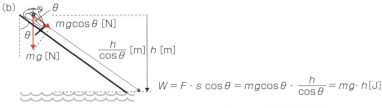

図 7.4 重力がする仕事

斜面方向成分は $mg\cos\theta$ である．斜面方向の変位を s とすると，三角関数より $\cos\theta = \dfrac{h}{s}$ であるから，$s = \dfrac{h}{\cos\theta}$ となる．結局，(b) の場合も重力がする仕事は mgh [J] となる．(c) は斜度が一定でない緩急があるスライダーを使用して滑り降りる場合であるが，この場合はどうだろうか．スライダーを微小な区間に区切っていくと，個々の微小区間では (b) と同様の考えが成り立つため，(c) の場合も重力がする仕事は mgh [J] となる．このように，質量 m [kg] の物体がある地点から別の地点まで移動するとき，この物体に対して重力がする仕事は経路によらず，始点と終点の高低差 h [m] のみで決まり，mgh [J] となる．

　始点と終点の位置が決まれば，それによって仕事も決まるような力のことを**保存力**と呼ぶ．図 7.4 で示したように重力は保存力の一つである．重力以外の保存力には，ばねの弾性力，磁気力などがあげられる．保存力による仕事が経路によらず，始点と終点の位置のみで決まるのに対し，経路が長くなれば仕事が増えるような力のことを**非保存力**と呼ぶ．摩擦力や流体の抵抗力などは非保存力である．

（3）運動エネルギー

　物体が運動しているときのエネルギーを**運動エネルギー**と呼ぶ．運動エネルギーはその運動を止めるために必要な仕事と等しい．

　図 7.5 は，ボールとバットの運動と運動エネルギーを示したものである．ここでは，ボールを質点，バットを剛体と考える．質点の場合，運動は並進運動のみである．質量 m [kg] の質点が速度 v [m/s] で運動しているとき〔図 7.5（a）〕の運動エネルギーは，

$$E_t = \frac{1}{2}mv^2 \tag{7.5}$$

である．E_t を並進運動エネルギーと呼び，単位は[J]である．

　剛体の場合も並進運動エネルギーは式（7.5）より求められる．剛体では，並進運動に加えて回転運動がある．重心まわりの慣性モーメントが I [kg·m^2] の剛体が角速度 ω [rad/s] で回転しているとき〔図7.5(b)〕，この回転により生じる運動エネルギーは，

$$E_r = \frac{1}{2}I\omega^2 \tag{7.6}$$

である．E_r を回転運動エネルギーと呼び，単位は[J]である．

　剛体の場合，並進運動エネルギーと回転運動エネルギーの和が運動エネルギーとなる．運動エネルギーは方向を持たず，大きさのみを持つスカラー量である．静止している物体の運動エネルギーはゼロである．また，運動エネルギーは速度や角速度の2乗に比例するため，運動エネルギーが負になることはない．

（4）力学的エネルギーの保存

　位置エネルギーと運動エネルギーの和を**力学的エネルギー**と呼ぶ．式で表すと以下のようになる．

$$E = E_p + E_t = mgh + \frac{1}{2}mv^2 \tag{7.7}$$

これは質点の場合で，剛体では回転運動エネルギーが加わり，

$$E = E_p + E_t + E_r = mgh + \frac{1}{2}mv^2 + \frac{1}{2}I\omega^2 \tag{7.8}$$

(a) 質点

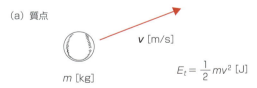

(b) 剛体

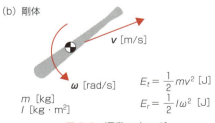

図7.5　運動エネルギー

となる.

ここで，E は力学的エネルギー [J] である．式（7.3）で力学的エネルギーは仕事と等価であると述べた．これは，E [J] の力学的エネルギーを持つ物体は E [J] の仕事を行える能力を持っているということでもある．

式（7.3）を変形すると，

$$E_1 + W = E_2 \tag{7.9}$$

となる．これに式（7.7）を代入すると，

$$E_{p1} + E_{t1} + W = E_{p2} + E_{t2} \tag{7.9a}$$

$$mgh_1 + \frac{1}{2}mv_1^2 + W = mgh_2 + \frac{1}{2}mv_2^2 \tag{7.9b}$$

となる．

ここで，W は仕事であるが，正しくは非保存力による仕事である．この式はある物体に非保存力が作用した場合，その仕事分だけエネルギーが増減することを意味している．一方，この物体に力が作用しない場合，力が作用しても仕事がゼロの場合，あるいは保存力しか作用しない場合は，力学的エネルギーは一定になる（変化しない）．すなわち，

$$mgh_1 + \frac{1}{2}mv_1^2 = mgh_2 + \frac{1}{2}mv_2^2 = 一定 \tag{7.10}$$

となる．このことを**力学的エネルギー保存の法則**と呼ぶ．

例として，自由落下運動における力学的エネルギーについて考えてみよう．図 7.6 は，図 7.3 の高飛び込みの選手が飛び板から自由落下して

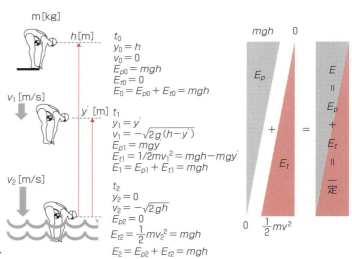

図 7.6 自由落下運動中の力学的エネルギー

着水するまでのようすを示している．ここで空気抵抗と着水時の水の抵抗は無視できるものとする．また，選手は静かに落下を開始し，着水まで姿勢が変わらないと仮定する．

まず，飛び板から離れる瞬間（t_0）について考える．水面から身体重心までの高さ（y_0）はh [m] であるから，このときの位置エネルギー（E_{p0}）は式（7.4）より，mgh [J] である．また，飛び板を離れた瞬間（時刻 t_0）の鉛直方向の速度（v_0）はゼロであるから，運動エネルギー（E_{t0}）はゼロである．したがって，このときの力学的エネルギー（位置エネルギーと運動エネルギーの和）は，

$$mgy_0 + \frac{1}{2}mv_0^2 = mgh + 0 = mgh \tag{7.11}$$

となる．

次に，落下中，身体重心が水面からy' [m] の高さを通過する時点（t_1）について考える．このときの位置エネルギー（E_{p1}）は式（7.4）より，mgy' [J] である．y' は h より小さい（落下開始時よりも低い位置にいる）ため，E_{p1} は E_{p0} より小さい．一方，鉛直下向きの速度は落下開始後に徐々に大きくなる．3章の式（3.14）に，$y = y_1 = y'$，$y_0 = h$，$v_{y0} = 0$ を代入すると，

$$y' = h - \frac{1}{2}gt^2 \tag{7.12a}$$

となり，t について解くと，

$$t = \sqrt{\frac{2(h-y')}{g}} \tag{7.12b}$$

自由落下する物体のある時刻 t での速度と位置
3章で説明．3章も参照．

となる．これを式（3.13）に代入して，

$$v_1 = -g\sqrt{\frac{2(h-y')}{g}} = -\sqrt{2g(h-y')} \tag{7.13}$$

となる．これを式（7.5）に代入して，

$$E_{t1} = \frac{1}{2}mv_1^2 = mgh - mgy' \tag{7.14}$$

となる．したがって，このときの力学的エネルギーは，

$$mgy_1 + \frac{1}{2}mv_1^2 = mgy' + mgh - mgy' = mgh \tag{7.15}$$

となる．

　最後に，身体重心が水面に到達した時点（t_2）について考える．このとき，身体重心は基準である水面にあるため，y_2 はゼロとなり，位置エネルギー（E_{p2}）はゼロである．一方，鉛直下向きの速度は時刻 t_1 の時点よりさらに大きくなる．3章の式（3.14）に，$y = y_2 = 0$，$y_0 = h$，$v_{y0} = 0$ を代入して，

$$0 = h - \frac{1}{2}gt^2 \tag{7.16a}$$

となり，t について解くと，

$$t = \sqrt{\frac{2h}{g}} \tag{7.16b}$$

となる．これを式（3.13）に代入して，

$$v_2 = -g\sqrt{\frac{2h}{g}} = -\sqrt{2gh} \tag{7.17}$$

となる．これを式（7.5）に代入して，

$$E_{t2} = \frac{1}{2}mv_2^2 = mgh \tag{7.18}$$

となる．したがって，このときの力学的エネルギーは，

$$mgy_2 + \frac{1}{2}mv_2^2 = 0 + mgh = mgh \tag{7.19}$$

となる．

　以上のように，保存力である重力のみが作用する自由落下運動では，位置エネルギーが徐々に減少し，運動エネルギーが徐々に増大するが，両者の和である力学的エネルギーは変化せず，一定のままであることがわかる．このとき，時々刻々の位置エネルギーの減少分は運動エネルギーの増大分と等しいため，位置エネルギーが運動エネルギーに変換されるともいえる．

例題 7.1

　式（7.3）は，仕事と力学的エネルギーが力学的に等価であることを意味している．仕事＝力学的エネルギーの変化分であれば，仕事の単位＝力学的エネルギーの単位とならなければならない．また，式（7.8）に示したように，力学的エネルギーは位置エネルギー，並進運動エネルギー，回転運動エネルギーの和であるから，これらの単位も等しくなければならない．これらの単位が一致することを証明せよ．

解答

　仕事は力 [N] と変位 [m] の内積であるから，単位は [N·m] であり，これを [J] と呼んでいる．したがって，位置エネルギー，並進運動エネルギー，回転運動エネルギーのそれぞれの単位が [N·m] と等しいことを示せばよい．

　位置エネルギーは mgh であるから，単位は $[kg·m/s^2·m]$ である．$[kg·m/s^2]$ は [N] と等しい（$\boldsymbol{F} = m\boldsymbol{a}$ より）ので，$[kg·m/s^2·m]$

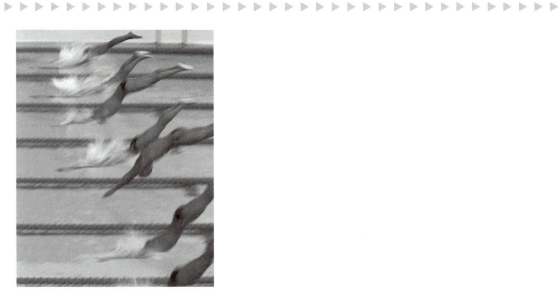

→ [N・m] → [J] となる.

並進運動エネルギーは $\frac{1}{2}mv^2$ であるから，単位は [kg・m/s・m/s] である．これを変形して，[kg・m/s・m/s] → [kg・m/s²・m] → [N・m] → [J] となる

回転運動エネルギーは $\frac{1}{2}I\omega^2$ であるから，単位は [kg・m²・rad/s・rad/s] である．これを変形して，
[kg・m²・rad/s・rad/s] → [kg・m²/s²・rad²]
→ [kg・m/s²・m・rad²] → [N・m・rad²].
ここで，[rad] は半径と円弧の長さの比率で角度を表す単位である（2章参照）から，[m/m]（すなわち比率）と等しい．よって，
[N・m・rad²] → [N・m] → [J] となる．

以上のことから，仕事と力学的エネルギー（位置エネルギー，並進運動エネルギー，回転運動エネルギー）の単位は [N・m]（[J]）であり，一致することが示された．

例題 7.2

身体質量 60 kg のヒトが垂直跳びを行った．離地した瞬間の重心の鉛直速度を 3 m/s とすると，跳躍高はいくらか．なお，ここでの跳躍高は，離地後の重心の上昇分，すなわち，重心の最高到達点と離地時の重心高の差とする．また，空気抵抗は無視できるものとし，重力加速度を 9.8 m/s² とする．

解法は，① 等加速度運動における時刻と速度および位置との関係を用いる方法と，② 力学的エネルギー保存の法則を用いる方法の二つがある．次に二つの解法を示すが，どちらも答えは同じとなる．

解答①

離地後に跳躍者に作用する力は重力のみであるから，重心の運動は重力加速度での等加速度運動（すなわち自由落下と同様の運動）である．まず，重心が最高到達点に達する時間を求める．最高到達点に達したときの重心速度はゼロであるから，式 (3.13) に，$v_y = 0$, $v_{y0} = 3$, $g = 9.8$ を代入して，

$$0 = 3 - 9.8\,t \tag{7.20}$$

これより，$t ≒ 0.306$ s．これと $y_0 = 0$（離地時の重心高をゼロとする），$v_{y0} = 3$, $g = 9.8$ を式

(3.14) に代入して，跳躍高は $y = 3 \times 0.306 - \frac{1}{2} \times 9.8 \times 0.306^2 \fallingdotseq 0.459$ [m] （答）

解答②

離地後に跳躍者に作用する力は重力のみ，すなわち，保存力だけが作用する．したがって，離地後の重心の力学的エネルギーは保存される．離地時（t_1）の重心高をゼロとすると，離地時の重心の位置エネルギーはゼロである．一方，最高到達点に達したとき（t_2）の重心速度はゼロであるから，このときの運動エネルギーはゼロである．したがって，離地時の運動エネルギー（E_{t1}）のすべてが最高到達点での位置エネルギー（E_{p2}）に変換されると考えてよい．

すなわち，$E_{p2} = E_{t1}$ より，$mgh_2 = \frac{1}{2}mv_1^2$．これより，

$$h_2 = \frac{v_1^2}{2g} = \frac{3^2}{2 \times 9.8} \fallingdotseq 0.459 \text{ [m]} \quad （答）$$

（5）衝突と力学的エネルギーの保存

図 7.7 は，ゴルフクラブのヘッドとボールの衝突を上から見たものである．衝突前のヘッドとボールの相対速度の大きさ（互いに近づく速さ）と衝突後のヘッドとボールの相対速度の大きさ（互いに遠ざかる速さ）の比のことを**反発係数**（はねかえり係数）と呼び，式で表すと以下のようになる．

$$e = \left|\frac{v_h' - v_b'}{v_h - v_b}\right| = -\frac{v_h' - v_b'}{v_h - v_b} \tag{7.21}$$

ここで，e は反発係数，v_h，v_b はそれぞれ衝突前のヘッドおよびボールの速度 [m/s]，v_h'，v_b' はそれぞれ衝突後のヘッドおよびボールの速度 [m/s] である．反発係数 e は $0 \leq e \leq 1$ の範囲の値をとり，速度と

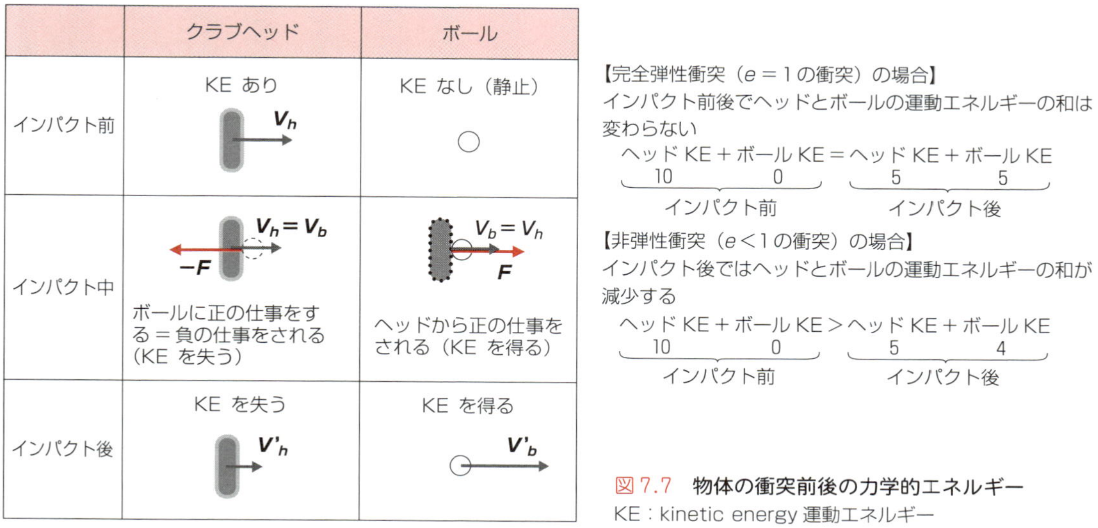

	クラブヘッド	ボール
インパクト前	KE あり V_h →	KE なし（静止）○
インパクト中	$V_h = V_b$ ← $-F$	$V_b = V_h$ F →
	ボールに正の仕事をする＝負の仕事をされる（KE を失う）	ヘッドから正の仕事をされる（KE を得る）
インパクト後	KE を失う V_h' →	KE を得る V_b' →

【完全弾性衝突（$e = 1$ の衝突）の場合】
インパクト前後でヘッドとボールの運動エネルギーの和は変わらない

$\underbrace{\text{ヘッド KE} + \text{ボール KE}}_{\text{インパクト前}} = \underbrace{\text{ヘッド KE} + \text{ボール KE}}_{\text{インパクト後}}$
$\quad\quad 10 \quad\quad\quad 0 \quad\quad\quad\quad\quad 5 \quad\quad\quad 5$

【非弾性衝突（$e < 1$ の衝突）の場合】
インパクト後ではヘッドとボールの運動エネルギーの和が減少する

$\underbrace{\text{ヘッド KE} + \text{ボール KE}}_{\text{インパクト前}} > \underbrace{\text{ヘッド KE} + \text{ボール KE}}_{\text{インパクト後}}$
$\quad\quad 10 \quad\quad\quad 0 \quad\quad\quad\quad\quad 5 \quad\quad\quad 4$

図 7.7 **物体の衝突前後の力学的エネルギー**
KE：kinetic energy 運動エネルギー

速度の比であるから単位はない．

ここでは，ヘッドとボールの衝突を上から見た平面内での運動とみなし，位置エネルギーを考えない．したがって，力学的エネルギーは運動エネルギーのみとなる．衝突の前後で，ヘッドとボールの運動量の和は一定となる（**運動量保存の法則**）が，運動エネルギーの和は一定になるとは限らない．二つの物体が衝突するとき，反発係数 e が1の場合は衝突の前後で力学的エネルギーの総和は保存され，一定のままである（これを**完全弾性衝突**と呼ぶ）．しかし，反発係数 e が1未満の場合，衝突後では力学的エネルギーが減少する（これを**非弾性衝突**と呼ぶ）．力学的エネルギーが減少するのは，非弾性衝突では運動エネルギーの一部が音や熱などの他の形態のエネルギーに変化するためである．二つの物体が固いほど反発係数 e は1に近くなるが，完全弾性衝突は衝突する二つの物体が理想的な剛体の場合に限られる．反発係数 e は衝突によって失われる力学的エネルギーの度合いを表す量ともいえ，失われる力学的エネルギーは反発係数が1に近いほど小さく，0に近いほど大きい．

3　パワー

（1）仕事とパワー

図7.1では，ヒトがトロッコに対して行う仕事を考えた．このとき，仕事は時間に関係なく，力と変位のみから求めることができた．たとえば，1500 J の仕事はその仕事を行うのに要した時間に関わらず1500 J である．しかし，この1500 J の仕事を1秒で行う場合と10秒で行う場合

3 パワー

では仕事の能率が異なる．この仕事の能率のことを**仕事率**または**パワー**と呼ぶ．パワーは以下の式で表される．

$$P_{avg} = \frac{W}{\Delta t} \tag{7.22}$$

ここで，P_{avg} はパワーで単位は［W］（ワット），W は仕事［J］，Δt は仕事を行うのに要した時間［s］である．

パワーは単位時間あたりの仕事のことであり，仕事がスカラー量であるから，パワーもスカラー量である．また，パワーの単位［W］は［J/s］と等しい[*2]．

ところで，式（7.22）は比較的長い時間間隔でのパワーの算出式である．通常，パワーは時々刻々変化しているため，さらに細かいパワーの変化パターンを知りたい．そのためには，時間間隔を短くして瞬間のパワーを求める必要がある．瞬間パワーは Δt をゼロに近づけたときの極限をとることによって定義され，次式で与えられる．

$$P = \lim_{\Delta t \to 0} \frac{W}{\Delta t} = \frac{dW}{dt} \tag{7.23a}$$

ここで，W は力ベクトル（$\boldsymbol{F}$）と変位ベクトル（$\boldsymbol{s}$）の内積であるから，式（7.23a）は以下のようにも表される．

$$P = \frac{dW}{dt} = \frac{d\boldsymbol{F} \cdot \boldsymbol{s}}{dt} = \boldsymbol{F} \cdot \frac{d\boldsymbol{s}}{dt} = \boldsymbol{F} \cdot \boldsymbol{v} = |\boldsymbol{F}||\boldsymbol{v}|\cos\theta \tag{7.23b}$$

ここで，$\boldsymbol{v}$ は速度ベクトル［m/s］である．すなわち，パワー P は力ベクトルと速度ベクトルの内積でもある．

また，回転運動の場合，式（7.23b）は以下のようになる．

[*2] 仕事を表す記号 W とパワーの単位であるワットの表記［W］はどちらもダブリューの大文字を使用することが多い．紛らわしいため注意が必要である．

$$P = \frac{dW}{dt} = \frac{d\boldsymbol{T}\cdot\boldsymbol{\theta}}{dt} = \boldsymbol{T}\cdot\frac{d\boldsymbol{\theta}}{dt} = \boldsymbol{T}\cdot\boldsymbol{\omega} = |\boldsymbol{T}||\boldsymbol{\omega}|\cos\phi \qquad (7.23\text{c})$$

ここで，$\boldsymbol{T}$ はトルクベクトル [N·m]，$\boldsymbol{\theta}$ は角変位ベクトル [rad]，$\boldsymbol{\omega}$ は角速度ベクトル [rad/s] である．

このように，回転運動におけるパワーはトルクベクトルと角変位ベクトルの内積で表すこともできる．パワーはスカラー量であるから，並進運動におけるパワーと回転運動におけるパワーは由来が異なるだけで同じものである．並進運動と回転運動が複合された一般運動におけるパワーは，並進運動由来のパワーと回転運動由来のパワーの和となる．

上述のように，パワーの単位である [W] は [J/s] と等しい．また，[J] は [N·m] と等しいので，[W] は [N·m/s] であることがわかる．このことから，1 W とは 1 J の仕事を 1 秒間で行うパワー（仕事率）に相当することが理解できる．また，同様に，1 J とは 1 N の力を発揮しながら物体を力の方向に 1 m 移動させる仕事に相当することがわかる．

例題 7.3

身体質量 70 kg のランナーが静止状態から走り出し，5 秒後に 7 m/s の速度に達した．このときになされた仕事と平均パワーを算出せよ．ただし，ランナーは水平な地面を走り，空気抵抗，回転運動エネルギーは無視する．

解答

このランナーの 5 秒後の運動エネルギーは，式（7.5）より $\frac{1}{2} \times 70 \times 7^2 = 1715$ [J] である．静止状態から走り始めたので，運動エネルギーは 5 秒の間に 1715 J 増大しており，このエネルギーの増大分がその間になされた仕事と等しい．また，平均パワーは仕事を仕事に要した時間で除すことで求められるため，$1715 \div 5 = 343$ [W] となる．したがって，仕事は 1715 J，平均パワーは 343 W である（答）．

（2）パワーと力学的エネルギー

式（7.3）より，式（7.23a）は以下のように表すこともできる．

$$P = \lim_{\Delta t \to 0} \frac{W}{\Delta t} = \lim_{\Delta t \to 0} \frac{\Delta E}{\Delta t} = \frac{dE}{dt} \tag{7.23d}$$

ここで，E は力学的エネルギー［J］である．

このことから，パワーは力学的エネルギーの時間微分，すなわち単位時間あたりの力学的エネルギーの変化であることがわかる．したがって，パワーが大きいことは一定時間内の力学的エネルギーの変化が大きいことを意味している．

（3）パワーの正負

図 7.8 は，図 7.1 にトロッコの速度を記したものである．図 7.1 では灰色の矢印が時間の経過に伴うトロッコの変位を表していたが，図 7.8 ではある瞬間のトロッコの速度を表している．式（7.23b）で示したように，パワーは力ベクトルと速度ベクトルの内積で求められる．このことは，仕事が力ベクトルと変位ベクトルの内積で得られることと同様である．したがって，力ベクトルと速度ベクトルのなす角度 θ が 90° より小さい（すなわち，$0° \leq \cos \theta < 90°$）場合，パワーは正となる〔図 7.8 (a)，(b)〕．前述のように，パワーは単位時間あたりの力学的エネルギーの変化に等しいので，正のパワーは，ヒトが正の仕事をして（力学的エネルギーを発生させて）トロッコの力学的エネルギーを増大させたことを意味している．また，パワーの大きさは力学的エネルギー発生（増

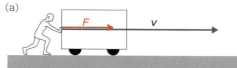

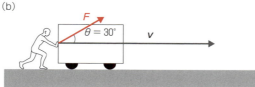

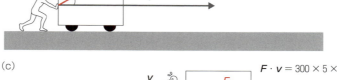

図 7.8　パワー

大）の速さを表す．

　一方，θ が 90°より大きい（すなわち 90°< cos θ ≦ 180°）場合，パワーは負となる〔図 7.8（c）〕．このように仕事と同様，パワーは正負いずれの値も取り得る．負のパワーは，ヒトが負の仕事をして（力学的エネルギーを吸収して）トロッコの力学的エネルギーを減少させたことを意味している．また，パワーの大きさは力学的エネルギーの吸収（減少）の速さを表す．

　また，トロッコがまったく動かず速度がゼロの場合，どんなに大きな力を発揮したとしてもパワーはゼロである．あるいはトロッコに上向きの力を与えながらトロッコが右に動いた場合，力ベクトルと速度ベクトルのなす角度は 90°となり，cos 90°= 0 であるので，やはりパワーはゼロとなる．

4　仕事，力学的エネルギー，パワーの関係

　ここまで，仕事，力学的エネルギー，パワーの定義と，この 3 変量が互いに関連することを述べてきた．この 3 変量の関係をまとめると以下のようになる．

$$W = \Delta E = E_2 - E_1 = \int P\, dt \tag{7.24a}$$

$$E_2 = E_1 + W = E_1 + \int P\, dt \tag{7.24b}$$

$$P = \frac{dE}{dt} = \frac{dW}{dt} \tag{7.24c}$$

ここで，W は仕事［J］，E_1 および E_2 は時刻 t_1 および t_2 における力学的エネルギー［J］，P はパワー［W］である．式（7.24）の意味は以下のようになる．

仕事は力学的エネルギーの変化分であり，パワーの時間積分である［式（7.24a）］．力学的エネルギーは仕事を行う能力であり，パワーの時間積分である［式（7.24b）］．パワーは仕事または力学的エネルギーの時間微分である［式（7.24c）］．

図7.9 は，図5.17 と同じ垂直跳びの踏切における鉛直地面反力と重心の力学量の変化について示したものである．このときの跳躍者の身体質量は 80 kg である．垂直跳びを例に仕事，力学的エネルギー，パワーの関係を見てみよう．鉛直地面反力は立位静止状態（①）では体重と同じ大きさを示し，反動動作開始後に体重以下に抜重し（②〜③），その後，体重以上の加重（③〜⑤の少し前）を経たのち急激に減少し，体重レベル（⑤）を下回り離地（⑥）でゼロになる（1段目）．地面反力から身体重量を引いた値を身体質量で除することで，重心の鉛直加速度が求められる［式（5.17b）］．加速度は地面反力とゼロレベルおよびスケールが異なるだけで，グラフ形状は同じになる．鉛直加速度を時間で積分すると鉛直速度が得られる（2段目）．地面反力は地面が跳躍者に加えた力であるから，この力と重心の鉛直速度の積がパワーである（3段目）．これは重心が受けたパワーで，反動動作を開始して重心が最下点に至るまでは負のパワー，それ以降離地までは正のパワーを受けていることがわかる．ここではパワーを身体質量あたり［W/kg］で示しているが，身体質量が 80 kg であるから，パワーの最大値は 4500 W 以上であることが読み取れる．このパワーを時間で積分すると仕事が得られる（4段目）．

7章 仕事，エネルギー，パワー

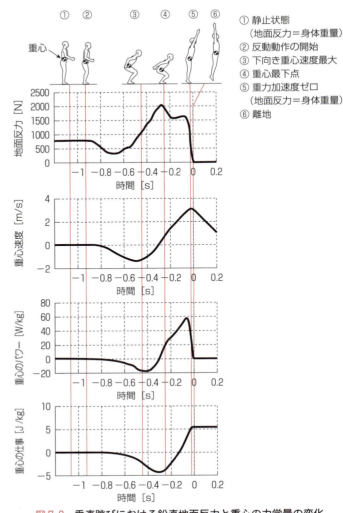

図 7.9 垂直跳びにおける鉛直地面反力と重心の力学量の変化

これは重心になされた仕事であり，踏切開始から離地までの間に約400 J（体重あたりでは約 5 J/kg）の仕事がなされたことがわかる．また，このことは，踏切開始から離地までの間に重心の力学的エネルギーが約400 J 増大したことを意味している．

5　エネルギーの変換

（1）エネルギー連鎖

7 章では，物体や身体の運動に最も関わり深い力学的エネルギーについて説明してきたが，冒頭で述べたように，エネルギーには力学的エネルギー以外にもさまざまな形態がある．システム内のエネルギーの総和はシステムの外から仕事をされない限り変化しないが，あるエネルギー形態から別のエネルギー形態へのエネルギーの変換が可能である．

エネルギーは生命の維持や身体運動に欠かせないものである．その根源となっているのは太陽エネルギーである．太陽の熱が気象変化や水の循環を引き起こす．また，太陽の光が地球上の植物や動物を介してエネルギーを循環（変換）させる．このようなエネルギー変換のつながりを**エネルギー連鎖** energy chain と呼ぶ．図 7.10 はエネルギー連鎖を模式的に示したものである．

太陽の光（光エネルギー）は植物によって地上に固定される．緑色植物は太陽の光を浴びると，水と二酸化炭素から炭水化物と酸素をつくり出す．これを**光合成**と呼ぶ．光合成によりつくり出された炭水化物は，化学的エネルギーに分類される．すなわち，植物は光合成によって光エ

エネルギー
光エネルギー
light energy（LE）
化学的エネルギー
chemical energy（CE）
熱エネルギー
heat energy（HE）
音エネルギー
sound energy（SE）
振動エネルギー
vibration energy（VE）

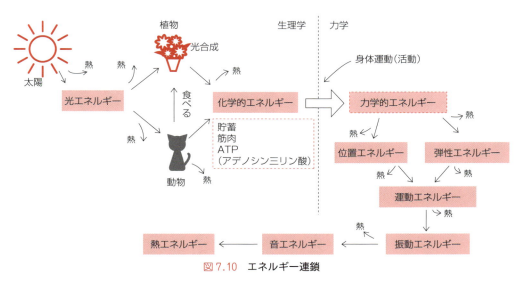

図 7.10　エネルギー連鎖

ネルギーを化学的エネルギーに変換している．このようなエネルギーの変換過程においては，ある量のエネルギー損失が生じる．このエネルギー損失の大部分は熱である．

ヒトを含む動物は光合成を行うことができないため，化学的エネルギーを自らつくり出すことはできない．そのため，植物や動物を食べることで動植物が蓄えた化学的エネルギーを体内に取り込んでいる．私たちが骨格筋を収縮させて手足を動かすとき，骨格筋の収縮には化学的エネルギーが必要である．すなわち，骨格筋は筋収縮により化学的エネルギー（アデノシン三リン酸　ATP）を力学的エネルギーに変換している．

筋収縮により生じた筋の長さ変化は，骨格を介して身体運動となる．この過程では関節内や結合組織間の摩擦により，熱，振動，音などによるエネルギー損失が生じる．

（2）力学的効率

あるシステムによってなされた仕事の量とシステムに供給されたエネルギー（エネルギーコスト）の比のことを，**力学的効率**（または機械的効率）と呼ぶ．力学的効率は入力パワーに対する出力パワーの比とも定義され，式で表すと以下のようになる．

$$\eta = \frac{W_{output}}{W_{input}} \times 100 = \frac{P_{output}}{P_{input}} \times 100 \tag{7.25}$$

ここで，η（イータ）は力学的効率 [%]，W_{input} は供給されたエネルギー（エネルギーコスト），W_{output} はなされた仕事，P_{input} は入力パワー，P_{output} は出力パワーである．

ATP
adenosine triphosphate

> ● 知っておくと役に立つ！
>
> **力学的効率の不思議—どうすれば，効率が良くなる？**
>
> 一般に「効率の良い動き」とは，無駄の少ない合理的な動きのことを指す．身体運動の力学的効率を高め，発揮された力学的エネルギーを運動課題に応じて有効に使うために留意すべきこととして，以下の五つがあげられている．
> ① 最適な方向に力を作用させる
> ② 経済速度や最適条件を選択する
> ③ 伸張-短縮サイクルを利用する
> ④ 位置エネルギーを利用する
> ⑤ 身体部分間のエネルギーの流れを利用する
>
> 阿江と藤井（2002）．

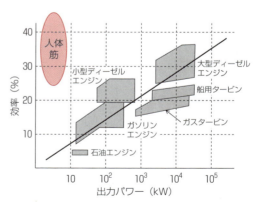

図 7.11　各種熱機関および人体筋の出力パワーと効率の比較

資料：森康夫，一色尚次，塩田進共著，『エネルギー変換工学』，コロナ社，(1974)，金子公宥，『パワーアップの科学：人体エンジンのパワーと効率』，朝倉書店 (1988)，p. 171.

車などのエンジンでは，ガソリンなどの燃料を空気と混合して燃焼，膨張させ，動力となるピストンの動きを生み出している．このときの燃料から得られる化学的エネルギーとピストンがなした仕事の比が，力学的効率である．私たちが持つさまざまな器官のうち，骨格筋は身体運動を生み出す唯一の動力源である．すなわち，骨格筋は車などにおけるエンジンの役割を果たしている．骨格筋はATPの化学的エネルギーによって収縮する．このときのATPのエネルギーと骨格筋の収縮力による仕事の比が，個々の筋の力学的効率である．図7.11は各種熱機関の効率と人体筋の効率について，出力パワーと効率の関係を示したものである．これを見ると，人体筋は低出力であるが各種熱機関と同等以上の効率を有することがわかる．人体筋の効率に25〜50%と幅があるのは，短縮性収縮の場合と伸張性収縮の場合で効率が異なるためである．

ヒトの身体運動全体では，糖や脂質の代謝によるエネルギー（仕事のために消費された生理的エネルギー）に対して全身がなした仕事の比を力学的効率と考える．このエネルギー変換におけるエネルギーの損失は，熱放散，安静時代謝，仕事を生じない筋収縮（等尺性収縮），主働筋と拮抗筋の共収縮などによるものである．身体運動における力学的効率の計算結果は，仕事に使われた生理的エネルギーをどう見積もるか（安静時代謝をどう扱うか，四肢の運動に必要な消費エネルギーをどう扱うかなど），全身がなした仕事をどう見積もるか（仕事をどのようなモデルで算出するか）によって大きく異なるため，効率計算に用いた生理的エネルギーおよび仕事の定義を明らかにしておくことが重要である．

> **知っておくと役に立つ！**
>
> **カンガルーのホッピングと弾性エネルギーの利用**
>
> 図7.12はカンガルーの移動速度とエネルギー消費量（単位時間あたり，体重あたりの酸素摂取量）（上段），ステップ頻度（中段），ステップ長（下段）の関係を示したものである．上段図中の点線のように，通常，動物の移動においては，消費エネルギーは移動速度に比例して増大する．カンガルーの場合，6km/時くらいまでは4本の脚と尻尾を用いた「五足歩行」といわれる移動を行い，五足歩行中は消費エネルギーが速度に対して直線的に増大する．もっと速い移動になると，カンガルーは「ホッピング」で移動を行う．このホッピングでは，移動速度が高くなるとエネルギー消費はむしろ小さくなる．このことは，速い跳躍での移動であるほど，燃費が良くなることを示している．これは，着地時に伸張されるアキレス腱がばねのように弾性エネルギーを蓄え，このエネルギーが移動に再利用され筋のエネルギー消費が節約されるためであり，力学的効率がきわめて高くなると考えられている．

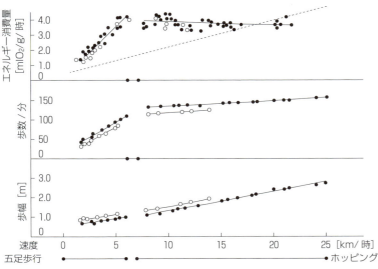

図7.12 カンガルーのホッピングにおけるエネルギー消費
黒丸…体重18kg メス
白丸…体重28kg メス
T. Dawson, R. Taylor, Energetic Cost of Locomotion in Kangaroos, *Nature* **246**, 313 (1973). を改変．

復習トレーニング

■次の文章のカッコの部分に適切な言葉を入れなさい．

1. 仕事は力ベクトルと（　　）の内積である．また，（　　）の変化分でもあり，単位は（　　）である．
2. 力学的エネルギーとは（　　）と（　　）の和のことである．
3. 保存力とは始点と終点の（　　）が決まれば，それによって（　　）が決まるような力のことである．
4. パワーとは単位時間あたりの（　　）のことで，（　　）とも呼ぶ．また，（　　）の時間微分でもあり，単位は（　　）である．
5. 骨格筋の筋収縮では（　　）を（　　）に変換している．
6. システムによってなされた仕事の量とシステムに供給されたエネルギーコストの比を（　　）と呼ぶ．

■次の文章で正しいものには○，誤っているものには×をつけなさい．

7. [　　] 仕事，力学的エネルギー，パワーは大きさと方向を持つベクトル量である．
8. [　　] 仕事やパワーがゼロになることはあるが，負になることはない．
9. [　　] 位置エネルギーは負になることがあるが，運動エネルギーが負になることはない．
10. [　　] 物体に作用する力が保存力のみの場合，力学的エネルギーは変化しない．
11. [　　] 二つの物体の衝突前後では，力学的エネルギーの総和は変化しない．
12. [　　] 身体質量 70 kg のヒトが階段を上り，10 m の高さまで達した．このときのエネルギー消費（生理的エネルギー）が 25000 J だったとすると，このときの力学的効率は 25％より大きい．ただし，重力加速度を 9.8 m/s^2 とし，重心の運動のみを考えることとする．

8章 流体力：空気や水による力

8章のポイント

　身体に力や力のモーメントが作用することで身体運動が発生することは，すでに学んだ．8章では，空気や水による力の作用を学ぶ．具体的には，

◆ アルキメデスの原理について学ぶ．
◆ 浮力と浮心について学ぶ．
◆ 抗力と揚力について学ぶ．
◆ ベルヌーイの定理について学ぶ．
◆ マグヌス効果，マグヌス力について学ぶ．

1 物質の3態

物質には，**固体** solid，**液体** liquid，**気体** gas の3態が存在する．たとえば，水は，温度が下がれば氷という固体になり，温度が上がれば沸騰して水蒸気という気体になる．また，空気の成分の約80％を占める窒素も，温度が下がれば液体窒素という液体の状態になる．さらに，金属である鉄でも，温度を上げれば溶けて液体になる．

このように物質には3態が存在するが，状態や温度によって密度も変化する．**密度**とは，物質 $1\,\mathrm{m}^3$（1000リットル）あたりの質量で表される．すなわち密度 D は，式(8.1)で表されるように質量 m を体積 V で割った値である．

$$D = \frac{m}{V} \quad [\mathrm{kg/m^3}] \tag{8.1}$$

一般に，固体の密度が最も大きく，液体，気体になるにつれて密度は小さくなる．

密度に似たパラメータとして「比重」がある．**比重**とは，固体と液体の場合には，同じ体積の水（ただし4℃）の質量に対する物質の質量の比率，気体の場合には，同じ温度と同じ圧力の空気との質量の比率で表されるパラメータである．常温での固体や液体の場合には，比重の値は密度の値とほとんど同じであり，比重には単位がない（無次元である）ことが特徴である．

前章までの説明では，質点にしても剛体にしても固体を対象にしたものである．そして，実際の競技環境には，水泳では水という液体が，陸上で行われる競技では空気という気体が存在する．このような液体や気

表8.1 ヒトが水に浮く条件

		性別	
		男	女
肺の空気	無（息を吐ききる）	全員沈む	ほとんどのヒトが沈む
	有（息を目いっぱい吸い込む）	ほとんどのヒトが浮く	全員浮く

体の中で行う競技では，前章までで述べた力学・バイオメカニクスだけでは説明できないさまざまな現象が起こる．次に，液体である水や気体である空気が運動に及ぼす影響を説明していく．

2 アルキメデスの原理

アルキメデスの原理とは，「流体の中にある物体は，その流体が押しのけた流体の重量（質量×重力加速度）に等しい大きさの浮力を，鉛直上向きに受ける」というものである．

ヒトが水に浮くかどうかを考えてみよう．ヒトの骨，筋，脂肪の比重は，それぞれ約1.5〜2.0，約1.1，約0.9といわれている（骨の比重は個人差が大きい）．また身体全体の平均的な比重は1.0前後で，個人差がある．ヒトが水に浮くためには，身体全体の比重が1.0以下でなければならない．脂肪が多ければ身体全体の比重が1.0より小さくなり，水に浮きやすくなる．一方，筋力トレーニングをして筋量が増えれば，身体全体の比重が1.0より大きくなり，水に沈みやすくなる．しかし，大きく空気を吸って身体の体積を大きくすれば，身体質量はほとんど変わらなくても比重が小さくなり，水に浮くことができる．

表8.1は，ヒトが水に浮く条件を男女別に表したものである．男性は女性に比べて身体の密度が高いため，空気を吸っても浮くことができないヒトが多いが，女性は空気を吸えばほぼ全員が水に浮くことができる．なお，浮くことができないヒトでも，巻き足をすれば沈むことはない．

巻き足
立ち泳ぎをするときの足の動き．

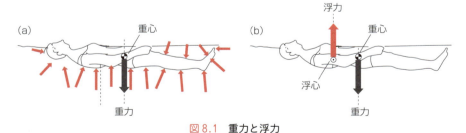

図8.1 **重力と浮力**

3 浮力と浮心

前節で示したように，多くのヒトが水に浮くことができる．これは，アルキメデスの原理に従って，ヒトに「浮力」が作用しているからである．**浮力**とは，図 8.1 に示すような分布力で，水面下にある身体表面に作用する．この分布力を合計した力の大きさは，アルキメデスの原理より水面下にある部分（水没している部分）の体積と水の重量を掛けた大きさに等しい．そして，この分布力である浮力を一つの力として表した際の作用点を**浮心**と呼ぶ．浮心の位置は，密度が一定であると仮定した場合に水面下にある身体部分の重心にある[*1]．

*1 身体全体の重心位置は，身体部分の密度も考慮して算出するが，浮心は密度を考慮しないため，身体を完全に水に沈めた場合でも身体重心と浮心の位置は異なる．

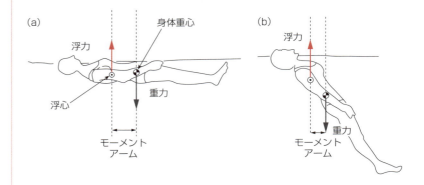

図 8.2 浮き身のコントロール
（a）（b）（c）：足先が沈むことでモーメントアームが短くなり，浮心と重心が鉛直に並んだところ（モーメントアーム＝ 0）で安定する．（d）：両腕を上げることで浮き身をコントロールできる．
資料：阿江通良，藤井範久，『スポーツバイオメカニクス 20 講』，朝倉書店（2002），p.106.

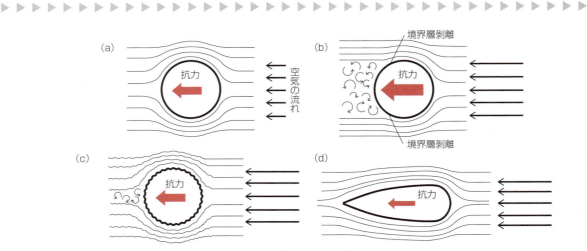

図 8.3 物体周辺の空気の流れ
（a）流速が小さい場合は層流になる．（b）流速が大きくなると層流境界層が剥離する．（c）流速が大きくても乱流境界層は剥離しにくい．（d）流線型の物体では境界層が剥離しにくい．

ヒトが水の上に仰向けになって浮くことを，**浮き身**と呼ぶ．一般に，ヒトの肺の中には多くの空気があるため，体を伸ばした状態で浮き身をすると，重心より浮心の方が頭側にある．その結果，体を伸ばした状態では，図8.2（a）に示すように，浮力による力のモーメントは足が沈む方向に作用する．その結果，図8.2（b）に示すように足先が沈んでいくのと同時にモーメントアームが短くなる．そして，図8.2（c）に示すように浮心と重心が鉛直線上に並んだ状態で安定する．そこで図8.2（d）に示すように，両腕を頭上で水から出すと，重心の位置が頭の方に近づいて，浮心と重心が鉛直線上で並び，浮き身をコントロールできる（浮き身のコントロールの方法には，他にもさまざまなものが存在

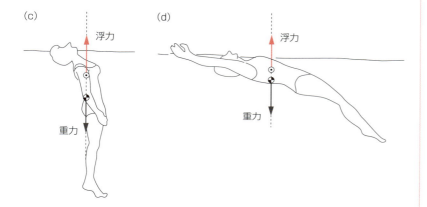

> **知っておくと役に立つ！**
>
> **水泳競技のS字プルとI字プル**
> 水泳競技のクロールの腕や手先の動きは，入水後に手先を体の外側方向に動かし，プル中盤では体の内側方向に動かす**S字プル**と，入水後に手先が直線的に移動する**I字プル**がある（図8.5）．S字プルは手の揚力と抗力を推進力としているのに対して，I字プルでは抗力を推進力としていると考えられる．

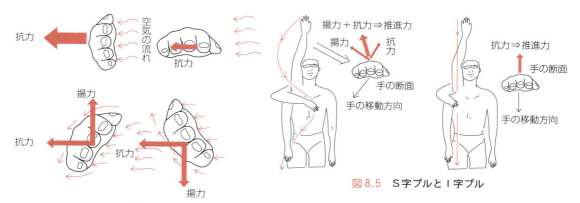

図8.4 **抗力と揚力**

図8.5 **S字プルとI字プル**

4 流体力

（1）層流と乱流

物体のまわりを流体（気体や液体）が流れると，物体の形状，表面の粗さ，運動状態（回転），流速により，さまざまな流れに変化する．球体のまわりを空気が流れる場合，図8.3（a）に示すように流速が小さいときには物体の表面が滑らかな方が流れに乱れが少なく（**層流**），後述する抗力は小さい．そして，流速が大きくなると，表面が滑らかな球の場合には図8.3（b）に示すように層流の**境界層剥離**[*2]が起こり，圧力が小さく，かつ逆流や渦が発生しやすい後流領域が大きくなる．一方，表面に小さな凹凸がある場合には，図8.3（c）に示すように流れは乱流になりやすいが，乱流は境界層の剥離現象が発生しにくく，剥離点が後退して後流領域が小さくなるため全体としての抗力は小さくなる．なお，図8.3（d）に示すように流線型にすることでも層流の境界層剥離を抑えることができ，抗力を小さくすることができる．

（2）抗力と揚力

物体が流体の中を移動する際には，移動方向とは反対方向の力である**抗力**と，それに直交する方向の力である**揚力**が発生する（図8.4）．抗力は，台風の強風によって歩くのも困難な場合を想像すればよい．揚力は，飛行機を持ち上げる力が代表的である．

> **知っておくと役に立つ！**
>
> **層流と乱流**
>
> 水や空気がそろった状態で流れている場合を**層流**，その言葉のとおり流れが乱れている場合を**乱流**と呼ぶ．流れが層流か乱流になるかは，**レイノルズ数**と呼ばれるパラメータでおおよそ判断できる．レイノルズ数は，流体力学において**慣性力**と**粘性力**との比に基づいて定義される無次元数である．粘性力の影響が大きいとレイノルズ数は小さく，層流になりやすい．一方，慣性力の影響が大きいとレイノルズ数が大きくなり，乱流になりやすい．

[*2] 「境界層」とは，流体の粘性の影響を強く受けている領域のことであり，物体の表面に近いほど粘性の影響により流速が小さくなる．「境界層剥離」とは，境界層が物体から急激に離れていくように見える現象のことである．

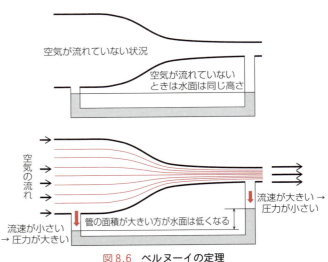

図8.6 ベルヌーイの定理

抗力や揚力の大きさは，物体の形状や傾き角度，表面の粗さによって変化するが，一般的に以下の式（8.2）と（8.3）でそれぞれ表すことができる．

$$抗力：F_D = \frac{1}{2}\rho C_D S V^2 \tag{8.2}$$

$$揚力：F_L = \frac{1}{2}\rho C_L S V^2 \tag{8.3}$$

C_D：抗力係数，C_L：揚力係数，ρ：流体の密度，S：投影面積（流れに直交する面で測った物体の断面積），V：物体と流体の相対速度．

すなわち，揚力や抗力は抗力係数や揚力係数，投影面積に比例して増加するが，相対速度については相対速度の2乗に比例して揚力や抗力が増加する．しかし，抗力係数や揚力係数は厳密には一定ではなく，流速や物体表面の粗さによって大きく変化する．

（3）ベルヌーイの定理−非回転物体に作用する流体力

流体に関する法則や定理を理解するのは難しい．しかし，基本的な定理として，「ベルヌーイの定理」については理解しておくべきであろう．**ベルヌーイの定理**は，非粘性の流体（完全流体）において，流体の速度と圧力の関係を示したものであり，式（8.4）で表される．

$$\frac{V^2}{2} + \frac{P}{\rho} + gh = const \tag{8.4}$$

V：流体の速度，ρ：密度，P：静圧（圧力），g：重力加速度，h：流体が流れている高さ．

知っておくと役に立つ！
ゴルフボールのディンプルの効果
ゴルフボールの表面にある「ディンプル（くぼみ）」は，ボール表面の空気の流れを乱流にしやすくする．しかし，乱流は層流に比べると境界層剥離が発生しにくく，ボールの後方に渦が発生しにくい．その結果，抗力が小さく，ボールをより遠くへ飛ばすのに役立つ．

知っておくと役に立つ！
陸上競技の追い風参考記録
陸上競技の100 m走では，追い風によって記録が向上するが，追い風が2 m/sを超えると公認記録として認められない．Ward-Smith（1984, 1985）は，1 m/s, 3 m/s, 5 m/sの追い風は，それぞれ0.10 s, 0.34 s, 0.62 sの100 m走の記録向上につながり，向かい風の場合はそれぞれ0.09 s, 0.26 s, 0.38 sの記録低下につながると報告している．

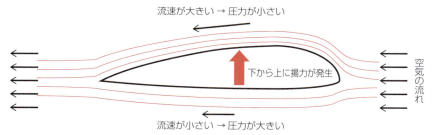

図8.7　翼まわりの空気の流れ
ベルヌーイの定理を用いると，揚力発生の原理を理解できる．

ベルヌーイの定理は，完全流体では，速度が2倍になれば，静圧は1/4になることで表している．たとえば，図8.6に示すように，断面積が変化するガラス管を別の管でつなぎ水をためておく．空気を流していないとき，水面の高さは同じである．この管に空気を流すと，断面積が大きな左端では流速は小さいが圧力は大きく，断面積が小さい右端では流速は大きいが静圧は小さくなる．その結果，水面は，断面積が小さな右端の方が高くなる．

ここで流速が大きいほど大きな抗力が発生するため，静圧が大きくなると考えてはいけない．抗力を「流速をゼロにするために必要な力」と見ると，流速が大きくなればなるほど運動量が大きくなり，それを受け止めて運動量をゼロにするため必要な力（動圧）は大きくなる（受け止めるのに要する時間は一定と考える）．しかし，流速がゼロの場合でも静圧はゼロにはならない（静圧と動圧を合わせて「全圧」と呼ぶ）．

次に，翼に揚力が発生する理由をベルヌーイの定理に基づいて説明する．図8.7に翼まわりの空気の流れを示す．翼の先端にぶつかった空気は，上下に分かれて流れて翼の後端で合流する．翼の上面では下面より流れる距離が長いため，流れが速くなる必要がある．ここでベルヌーイの定理を適用すると，翼上面の静圧は翼下面の静圧より小さくなり，圧力差によって上向きの揚力が発生すると理解できる（空気の場合には，ベルヌーイの定理における重力項 gh は無視できる）．

（4）マグヌス効果：回転物体の場合

野球のピッチャーがボールに回転を掛けて変化球を投げることは，よく知られている．ボールが放物運動とは異なる軌道を描くのは，抗力と

> **知っておくと役に立つ！**
>
> **ヨットはなぜ風上に進めるのか**
> 図8.8に示すように，風上に向けて帆を張り，船の方向をさらに角度をつけておく．このとき，ヨットの帆は，飛行機の翼と同じ原理で揚力を発生させる．この揚力は，ヨットを前方に進める力と横方向に押す力に分解できるが，ヨットは構造上，横方向には大きな抵抗があるため横には進まない．したがって，ヨットは風上に向かってまっすぐ進むことはできないが，風上に対して角度をつけて，斜め方向に進むことはできる．そこで途中で進行方向を変えてジグザグに進めば，最終的には風上に向かって進むことができる．なお，ヨットや帆の角度を間違えると，揚力が小さく，抗力が大きくなり，ヨットのスピードを上げることができない．

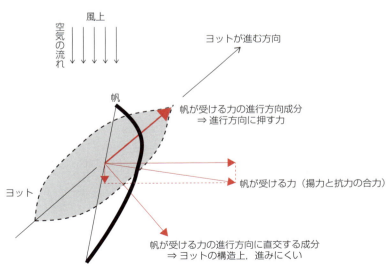

図8.8 ヨットが風上にも進める原理

重力のほかに「マグヌス力」と呼ばれる力が作用しているからである．

図8.9（a）に示すように回転していないボールに低速の空気がぶつかると，空気はボールの右端で上下に分かれて左端で合流する（実際には上下だけでなく左右方向に分かれて，すなわち全円周方向に分かれて流れる）．このとき，空気は上下に対称に流れているため，ベルヌーイの定理を適用すると，ボールに作用する力（静圧）は上下方向に等しい．

次に，図8.9（b）に示すようにボールが空気の流れに対して下から上に回転している，いわゆるバックスピンしている場合を考える．図のようにボールが回転していると，ボールの回転に引っ張られてボールの上側では流速が大きくなり，ボールの下側では流速が小さくなる．このときベルヌーイの定理を適用すると，流速が大きいボールの上側の静圧は小さくなり，流速が小さいボールの下側の静圧は大きくなる．その結果，下から上に向かう力が作用することになる．

このように，回転している物体に対して流れに直交する方向に力が作用することを**マグヌス効果**，その力を**マグヌス力**と呼ぶ．バックスピンの回転速度の大きい速球が打者から伸びるように見えるのは，下から上へマグヌス力が作用するため，予想（放物線）よりも上方にボールの軌跡があるためである．また，ボールの回転軸の違いや回転速度の違いによって，カーブやスライダーなどの変化球を投げ分けることができるが，カーブやスライダーもマグヌス力によって軌道が変化している．

> **知っておくと役に立つ！**
>
> **無回転ボールはなぜ揺れるのか**
>
> 「ナックルボール」「無回転シュート」などと呼ばれるボールは，不規則に揺れながら飛んでいくように見えるが，不規則な運動の要因を「マグヌス力」で説明するのは難しい．流体力学の研究が進んだ現在でも，ボールが揺れるように見える要因を詳細に説明するのは難しいが，ボールの縫い目や貼り合わせの溝によって，ボールの後方に渦状の流れが不規則に発生するためであると考えられている．

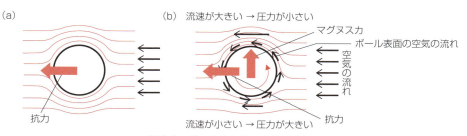

図8.9 ボールまわりの空気の流れ
（a）回転していないボール：上下対称に空気が流れる．（b）回転しているボール：この場合，下から上にマグヌス力が発生する．

復習トレーニング

■次の文章のカッコの部分に適切な言葉を入れなさい．

❶ 浮き身姿勢をとる際にうまく浮くためには，重心と（　　）の位置関係を考慮しなければならない．

❷ バックスピンをしながら飛んでいるボールには，下から上へ（　　）力が作用する．

■次の文章で正しいものには○，誤っているものには×をつけなさい．

❸ [　　] 浮力は物体の全体積に比例する．

❹ [　　] 流体の中を移動する物体に働く抗力は，物体と流体の相対速度の2乗に比例する．

❺ [　　] 流速が大きくなると，流体の静圧（圧力）は低下する．

9章

筋収縮の力学

9章のポイント

　身体運動の原動力は骨格筋の収縮（筋活動）によって生じた筋張力である．9章では，骨格筋の収縮特性，関節の回転運動の発生，身体外部の物体へ発揮する力などについて学ぶ．具体的には，
◆ 筋の種類と構造・機能，収縮特性について学ぶ．
◆ 筋収縮モデル，筋張力と関節モーメントの発生について学ぶ．
◆ 身体外部の物体へ発揮する力の伝達と筋張力の増大要因について学ぶ．

知っておくと役に立つ！

筋収縮

筋が縮み（短縮し）ながら張力を発揮することを意味するが，常にこのことが起こるとは限らない．筋は短縮するとき（短縮性収縮）だけでなく，その長さが変わらないとき（等尺性収縮）や，引き伸ばされるとき（伸張性収縮）も張力を発揮する．こうした混乱を避けるため，筋収縮よりも**筋活動** muscle action ということばが用いられることもある．

　身体運動の原動力は骨格筋であるといわれるが，骨格筋の収縮（筋収縮）によって生じた張力（筋張力）そのものが，直接身体外部の物体へ作用し仕事をするわけではない．その過程は，① 中枢神経系による運動指令（神経刺激）→② 骨格筋の収縮による筋張力の発生→③ てこ作用による関節の回転運動（関節モーメントまたは関節トルク）の発生→④ 末端部の手足などを介した身体外部の物体（地面，用具，相手など）への力の伝達，という段階を経る．

　9章では，筋の構造や収縮特性の基本を学習したあとで，筋張力がどのように関節の回転運動を生み出し身体外部の物体へ力を伝えるのか，さらに筋張力の計算と筋張力増大に関わる要因について学ぶ．

1　筋の種類と構造・機能

（1）筋の種類

　筋は，組織学上，横縞模様がある**横紋筋**と横縞模様がない**平滑筋**に大別される（図9.1）．横紋筋は**骨格筋**と**心筋**に見られ，平滑筋は**内臓筋**や**血管筋**などに見られる．

　骨格筋は中枢・体性神経系（脳・脊髄-運動・感覚神経）によって支配されており，通常意志によってコントロールできるため**随意筋**と呼ばれる．それに対して，内臓筋は中枢・自律神経系（脳・脊髄-交感・副交感神経）によって支配され，意志によってコントロールできないため**不随意筋**と呼ばれる．不随意筋である心筋は内臓にあるが，唯一骨格筋と同様の横紋構造を持っている．次に，身体運動の原動力である骨格筋

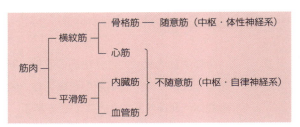

図9.1　筋肉の種類

に着目して，その種類および構造・機能の基本について説明する．

（2）骨格筋の種類

　骨格筋は人体に小さいものから大きいものまで600個ほどあり，体重の約40％を占める．骨格筋の種類は，組織化学，形態学および機能的にさまざまに分類される．

　組織化学的には，骨格筋の筋線維は**遅筋線維（Ⅰ型線維）**と**速筋線維（Ⅱ型線維）**に大別される．遅筋線維は収縮速度が小さく疲労しにくい．それに対して，速筋線維は収縮速度が大きく疲労しやすい特性を持つ．一般に持久能力の高い陸上競技の長距離走選手などは筋線維に占める遅筋線維の割合が高く，瞬発的能力に優れた短距離走や跳躍の選手などは速筋線維の割合が高い．そのほか，遅筋線維と速筋線維の中間の性質を合わせ持つ速筋線維が存在し，持久的能力とスピードを兼ね備えた中距離走選手などにその割合が高い．

　形態学的には，骨格筋は**二頭筋**，**三頭筋**，**四頭筋**，**多腹筋**，**多裂筋**，**板状筋**，**輪状筋**などさまざまな形態を持っている．しかし筋線維配列（走行）に着目すれば，これらの筋は**紡錘状筋（平行筋）**と**羽状筋**のいずれかに分類される．たとえば，上腕二頭筋などは紡錘状筋であり，大腿四頭筋や下腿三頭筋などは羽状筋に属する．紡錘状筋の筋線維の走行は骨の長軸方向に対して比較的並行に走っているが，羽状筋の走行は斜め方向に5～25°の傾斜角（**羽状角**と呼ぶ）で走っている．後述するように，紡錘状筋と羽状筋の筋線維走行の違いは骨格筋の力発揮特性に影響を及ぼす要因の一つである．

　関節運動（回転）に着目すると，骨格筋は解剖学的な関節運動の表記

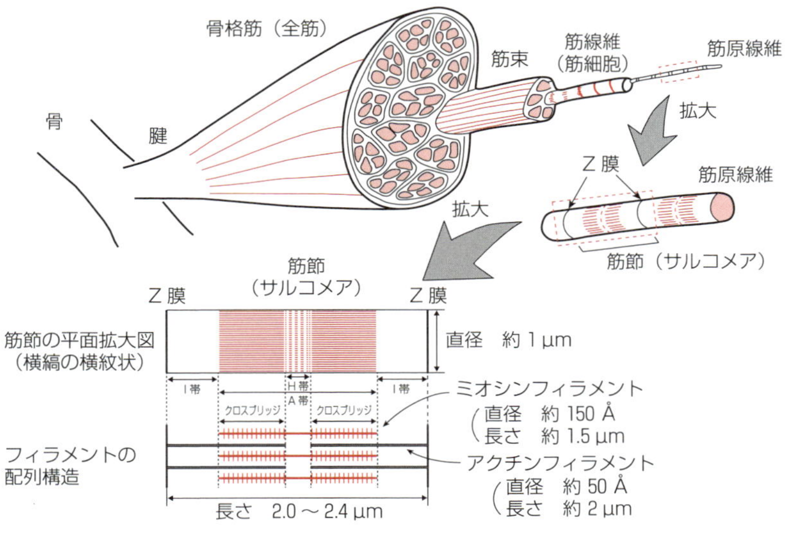

図9.2　骨格筋の解剖学的構造
筋節（サルコメア）は筋収縮の最小機能単位である．筋の収縮（短縮）は「細い」アクチンフィラメントが「太い」ミオシンフィラメントの中へ滑り込むことによって行われる．これを「フィラメント滑走説」と呼ぶ．クロスブリッジ（図9.3）参照．
川上泰雄，筋出力の推定，『スポーツバイオメカニクス』，深代ら編，朝倉書店（2000），pp.126～130より一部改変．

に基づいて**屈筋**と**伸筋**，**内転筋**と**外転筋**，**内旋筋**と**外旋筋**などに分類される．また関節を目的とする方向へ回転させるとき，その回転をおもに引き起こす筋を**主働筋**と呼び，その回転に抵抗する筋を**拮抗筋**と呼ぶ．

たとえば，肘を曲げるとき，上腕二頭筋が主働筋となり，上腕三頭筋が拮抗筋となる．逆に肘を伸ばすときは上腕三頭筋が主働筋となり，上腕二頭筋が拮抗筋となる．なお，肘屈曲において主働筋である上腕二頭筋とともに働く筋を**協働筋**と呼び，上腕筋や腕橈骨筋がこれに当たる．

そのほか，骨格筋を，一つの関節をまたぐ**単関節筋**，二つの関節をまたぐ**二関節筋**，多数の関節をまたぐ**多関節筋**に分けたり，皮膚上から触指可能な**表層（浅層）筋**と困難な**深層筋**などに分類したりする．前述した紡錘状筋は身体の表層に配置された二関節筋に多く見られるのに対して，羽状筋は骨にへばりつくように深層に配置された単関節筋に多く観察される．

（3）骨格筋の構造と機能

① 解剖学的構造

骨格筋（全筋）は 1 本の直径が 10〜150 μm（ヒトの髪の毛の太さ），長さが 1 mm〜30 cm に及ぶ多数の筋線維の束（**筋束**と呼ぶ）からなり，筋線維そのものは筋原線維からなる（図 9.2）．筋原線維（直径約 1 μm，長さ 2.0〜2.4 μm）はその長軸方向に Z 膜で区切られた**筋節（サルコメア）**が直列に並んでいる．筋節は筋収縮の最小機能単位である．筋節の横断面で見ると，筋節は Z 膜と Z 膜の間に**ミオシンフィラメント**（太いフィラメント）と**アクチンフィラメント**（細いフィラメント）が六角格子状に規則的に配列された構造となっている．筋節内のミオシンフィラ

> **知っておくと役に立つ！**
>
> **フィラメント滑走説**
> 1954 年に 2 人のイギリス人（A. F. Huxley と H. E. Huxley）がそれぞれ独立の研究で同時に提出した説．A. F. Huxley の説は「首振り説」と呼ばれる．現在では，柳田敏雄ら（大阪大学）の研究グループによって提唱された「滑り説」が首振り説に代わる筋収縮のメカニズムの有力な候補の一つにあげられている．

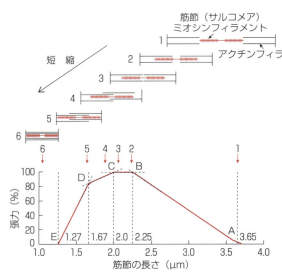

図 9.3 フィラメントの滑走による筋収縮と筋節の張力-長さ関係
筋節が収縮（短縮-伸長）すると，張力を発生する．筋節の力-長さ変化はミオシンフィラメントとアクチンフィラメントの重なり具合（架橋：クロスブリッジ）や収縮速度などに影響を受け，右に広がった上に凸の二次曲線状となる．
A. M. Gordon, A. F. Huxley, F. J. Julian, The variation in isometric tension with sarcomere length in vertebrate muscle fibres, *Journal of Physiology*, 184, 170 (1966) より一部改変．

メントとアクチンフィラメントが重なる部分を **A帯**，その中央部のミオシンフィラメントのみが重なる部分を **H帯**，そして両端のアクチンフィラメントのみが重なる部分を **I帯** と呼ぶ．筋の収縮は，アクチンフィラメントがミオシンフィラメントの中へ滑り込むことによって行われる．この説は**フィラメント滑走説**と呼ばれている．

② **力-長さ関係**

筋節が収縮（短縮）すると，その長さに応じた張力を発揮する．この関係を筋節の**力-長さ関係**と呼ぶ（図9.3）．筋節の力-長さ変化はミオシンフィラメントとアクチンフィラメントの重なり具合（**架橋：クロスブリッジ**の数）や収縮速度などに影響を受け，右に広がった上に凸の曲線を示す．最大張力（100%）を発揮する筋節の長さ（至適長）は 2.0〜2.25 μm であり，ほぼ静止長（2.0〜2.4 μm）に相当する．至適長よりも筋節が短くても長くても発揮張力は小さくなる．また，筋線維レベルで見たとき（図9.4），長い筋線維は短い筋線維よりも直列する筋節数が多いため収縮速度が大きく，それに対して太い筋線維は細い筋線維よりも筋原線維が太く数が多い（すなわち，並列するクロスブリッジの数が多い）ため発揮張力が大きいという特性を持っている．性別に関わらず，筋の最大発揮張力は筋断面積あたり約 6.5 kgf/cm^2 であり，最大短縮速度（無負荷時）は筋長1cmあたり約4cm/秒とされている．

筋線維やその束から構成される筋（全筋）は多数の筋節の集合体であるため，筋節の力発揮特性を反映する．つまり上述の筋節レベルの力-長さ曲線（関係）は，腱の力-長さ曲線や筋モーメントアーム長などに影響を受けるものの，一般に関節角度-トルク曲線と似通うことが多い．たとえば，等尺性収縮（後述）時において，肘関節屈曲および伸展時

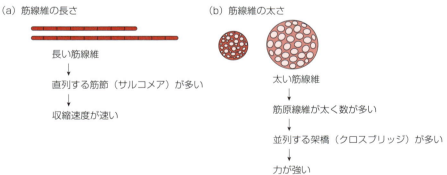

図9.4　筋線維の長さと太さ

福永哲夫，筋組織のバイオメカニクス，金子・福永 編，『バイオメカニクス—身体運動の科学的基礎—』，杏林書院（2004），p.38，図3.5．

(0°：完全伸展位）ではどちらも 90°，膝関節屈曲および伸展時ではそれぞれ 20°と 70°の関節角度において，いずれも関節トルクが最大となると報告されている．

③ 筋の収縮様式

筋の収縮様式は大きく三つある．図 9.5 に示すように，上腕二頭筋の筋力トレーニングの一つで鉄アレイを使ったカール運動（肘屈伸）を例に説明すると，負荷（鉄アレイの重さ）が筋力よりも小さく，筋が縮みながら力を発揮する収縮を**短縮性収縮（コンセントリック収縮）**，また負荷が筋力と等しく，筋の長さが変わらないで力を発揮する収縮を**等尺性収縮（アイソメトリック収縮）**，そして，負荷が筋力よりも大きく，筋が引き伸ばされながら力を発揮する収縮を**伸張性収縮（エキセントリック収縮）**と呼ぶ．なお，これらのことばは，いずれもヒルをはじめとする筋生理学者によって見出された骨格筋の力発揮（収縮）特性に基づく術語である．

④ 力-速度関係と力-パワー関係

筋線維はその収縮速度に応じて最大張力が決定される．この関係を筋の**力-速度関係**と呼ぶ〔図 9.6（a）〕．ヒルは，カエルの縫工筋を使ってさまざまな負荷条件で筋を短縮させた実験を行い，この負荷と短縮速度の関係が以下の式（ヒルの特性式）で表されることを示した．

$$(F + a)(V + b) = (F_0 + a)b$$

F：筋張力（荷重），V：短縮速度，F_0：等尺性最大筋力，a と b：定数．式から明らかなように，この関係は $F = -a$，$V = -b$ を漸近線とする直角双曲線となる．

> **等尺性収縮**
> 「等尺性収縮」とは，文字どおり，腱を含めた筋全体（**筋腱複合体**と呼ぶ）の長さが変わらないことを意味する．しかし，見かけ上，関節角度が変わらない場合においても，筋や腱の長さは力の発揮水準の変化に応じて変わることが知られている．

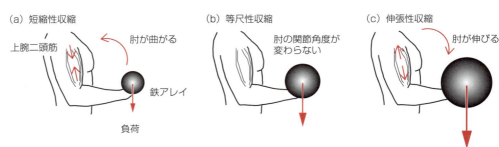

図 9.5 筋の収縮様式（例，上腕二頭筋）
（a）短縮性収縮（コンセントリック），（b）等尺性収縮（アイソメトリック），（c）伸張性収縮（エキセントリック）．

図9.6（a）に示すように，筋の力-速度変化は短縮性収縮（正の領域）において反比例関係にある．つまり，筋線維が短縮しながら発揮する最大張力は，短縮速度が大きくなればなるほど小さくなり，反対に短縮速度が小さくなればなるほど大きくなる．そして張力がゼロのときに短縮速度が最大となり，短縮速度がゼロのときに張力が最大となる．この短縮速度がゼロのときの収縮を**等尺性収縮**と呼び，その最大張力（100％）を**等尺性最大筋力**（または単に最大筋力）と呼ぶ．一方，伸張性収縮（負の領域）において，力-速度変化は立ち上がりが急な左肩上がりの曲線を示す．すなわち，伸張速度が大きくなればなるほど筋線維が発揮する張力は大きくなる．そして伸張性最大筋力は等尺性最大筋力の130〜140％に達するとされる．

筋の力-速度関係は，多関節運動であるヒトの運動（筋活動）にそのまま当てはめることは難しいが，たとえば，自転車の漕ぎはじめにはペダルに大きな力を加えることができるのに対して，自転車のスピードが上がってくると，ペダルに大きな力を加えることができないことを示したものである．また，走高跳びや走幅跳びの踏切脚の膝屈曲動作や野球の投球腕の肩外旋動作などに見られるように，一度目的とする方向とは逆方向の動作が行われる．このような動作では，動作に関与する筋が引き伸ばされ伸張性収縮を行いながら張力を発揮している．筋線維レベルの研究から，活動状態にある筋を強制的に引き伸ばしたあとにすばやく短縮させたときと，そうさせないときでは，強制的に引き伸ばした方が筋張力による力学的仕事（またはパワー）が増加することが知られている．こうした利点を使った動作はスポーツにおいて随所に見られ，**伸張-短縮サイクル運動** stretch-shortening cycle movement（SSC運動）

アーチボルド・ヒル
Archibald V. Hill（1886〜1977年）
イギリス人．生理学者・生物物理学者．1922年ノーベル生理学・医学賞受賞．

ヒルは，「筋活動を開始する最初のエネルギーは，無酸素のもとでグリコーゲンを分解し乳酸を産生する過程（解糖）からもたらされる」という説を発表し，その功績によりノーベル生理学・医学賞を受賞した．また，ヒルは，動物の骨格筋を扱った基礎的な研究からヒトのスプリント走などの応用的な研究まで幅広く行い，「最大酸素摂取量」「酸素負債」など数々のことばを生み出し，今日のスポーツ科学（とりわけバイオメカニクス，運動生理学）の基礎を築いたことから，「スポーツ科学の祖」といわれている．

アーチボルド・ヒル

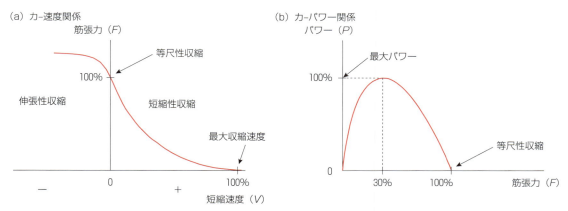

図9.6 骨格筋の（a）力-速度関係と（b）力-パワー関係

川上泰雄，筋出力の推定，『スポーツバイオメカニクス』，深代ら編，朝倉書店（2000），pp.126〜130 より一部改変．

9章　筋収縮の力学

> **知っておくと役に立つ！**
>
> **羽状筋：〝筋肉を太くする〟＝〝最大筋力の増加〟ではない場合**
>
> 最大筋力は一般に解剖学的筋横断面積（ACSA）に比例するが，羽状筋の場合，羽状角（筋の力発揮方向に対する筋束の傾斜角：一般人では5～25°の範囲）が生じるため，腱に伝達される張力（腱張力）は以下の式で求められる（図参照）．
>
> $$F_t = F_m \cos\theta$$
>
> ここで，F_tは腱張力，F_mは筋張力，θは羽状角である．
>
> 筋線維から腱への力の伝達は羽状角が大きいほど不利である．一方，筋の体積が同じ場合は，羽状角が大きいほど筋線維の数が多く，生理学的筋横断面積（PCSA）が増大するため，F_mの増加には有利である．この両者の二律背反関係で全筋の最大筋力が決定される．そうすると，45°までの羽状角では羽状角増大によるメリットがデメリットを上回って最大筋力が大きくなる．ところが，45°以上の羽状角では力伝達率の低下によって羽状角増大によるデメリットがメリットを上回って逆に最大筋力が小さくなる．筋肉の太さ（筋量増加）を競う鍛錬されたボディビ

と呼ばれている．反動を使った垂直跳びや前例にあげた走高跳びの踏切脚の膝屈伸動作，野球の投球肩の外内旋動作などがその代表例である．

力×速度はパワーを意味するため，筋の力–速度曲線から「力–パワー曲線（関係）」を求めることができる〔図9.6（b）〕．図に示すように，力–パワー変化は短縮性収縮において上に凸の曲線となり，発揮筋力が等尺性最大筋力の約30％時において短縮性最大パワー（または単に最大パワー）が生じる．力–パワー関係は力–速度曲線から計算上得られる関係であるため，最大パワーを大きくするためには力と速度のいずれか，あるいはその両方を大きくしなければならない．

⑤ 紡錘状筋と羽状筋の力発揮特性

筋線維はその長さの約半分（50％）まで短縮でき，その発揮張力は**生理学的筋横断面積**（筋線維の走行に対して垂直に切った筋の横断面積の総和）に比例する．筋線維の長さは最大短縮速度を，太さは最大張力を決定する．つまり長い筋線維は短縮速度が大きく，太い筋線維は発揮張力が大きい．

前に述べたように，筋の形態はさまざまであるが，大別すると紡錘状筋と羽状筋の二つに分類される．これらの筋はその形態に応じた固有の力発揮特性を持っている．図9.7（a）に模式的に示すように，紡錘状筋の筋線維は骨の長軸方向に沿って走行しているため，紡錘状筋の生理学的筋横断面積は**解剖学的筋横断面積**（骨の長軸に垂直に切った筋の横断面積の総和）とほぼ一致する．それに対して，羽状筋の筋線維は骨の長軸に対して斜めに走行しているため，羽状筋の生理学的筋横断面積は解剖学的筋横断面積よりも大きい．つまり，羽状筋は紡錘状筋よりも大きな張力を発揮できる．

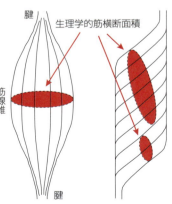

図9.7 紡錘状筋と羽状筋の（a）走行と生理学的筋横断面積，（b）短縮量の比較

(a) 生理学的筋横断面積　紡錘状筋　羽状筋
生理学的筋横断面積：紡錘状筋＜羽状筋

(b) 短縮量　紡錘状筋　羽状筋　約50％短縮
短縮量：紡錘状筋＞羽状筋

一方，筋の短縮量から見ると，図9.7（b）に示すように，紡錘状筋の筋線維は羽状筋よりも長いため，紡錘状筋は羽状筋よりも大きな幅で，かつ大きい速度で短縮できる．このため，紡錘状筋は骨格を大きな動きですばやく動かす必要のある部位に配置され，羽状筋は小さな動きで大きな力を発揮する必要のある部位に配置されている．

（4）骨格筋の力学モデル：筋収縮モデル

筋の力の発揮特性を考えるとき，骨格筋を力学的にモデル化して単純に表すと理解しやすい．図9.8は最も基本的な骨格筋の力学モデルである．このモデルは前に紹介したヒルが考案したことから，ヒルの筋収縮モデルと呼ばれる．すなわち，筋線維を**収縮要素**（CC），筋線維に連なって骨に接続する腱組織を**直列弾性要素**（SEC），筋線維や腱組織に並列に走行する結合組織を**並列弾性要素**（PEC）とみなす三要素モデルである．収縮要素は自ら張力を発揮するため**能動要素**とも呼ばれ，また，直列弾性要素や並列弾性要素は収縮要素の発揮張力や外力によって伸長されて弾性力（または復原力，元に戻ろうとする力）を発揮するため，**受動要素**とも呼ばれる．

図9.9の上段はヒルの筋収縮モデルを用いた骨格筋の力–長さ関係を示し，下段は①不活動状態と②活動状態における筋の長さ変化に伴う発揮張力を模式的に示したものである．まず能動要素（収縮要素）において，筋の力–長さ関係は筋節レベルの力–長さ関係（図9.3上段）と同様に上に凸の曲線となる．筋は至適長（l_0）のときに収縮要素が短縮性最大張力（F_3）を発揮し，至適長より短くても長くても張力は小さくなる．そして至適長の約半分の長さ $\left(\dfrac{l_0}{2}\right)$ に縮むか，あるいは約1.5倍（l_2）

ルダーの筋では50°を超える羽状角が観察されており，筋線維が発揮した力（F_m）に対して F_t が小さくなり，最大筋力の点で不利である．とはいえ，筋線維による最大筋力は一般人よりもボディビルダーのほうが圧倒的に強く，羽状角増大による力伝達率の低下を考慮しても F_t が大きいため，たとえば，腕相撲で一般人がボディビルダーに勝てる見込みはほとんどない．

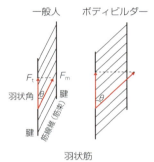

CC：contractile component
SEC：series elastic component
PEC：parallel elastic component

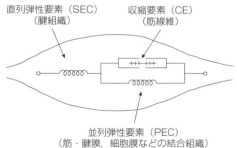

図9.8 骨格筋の力学モデル（ヒルの筋収縮モデル）

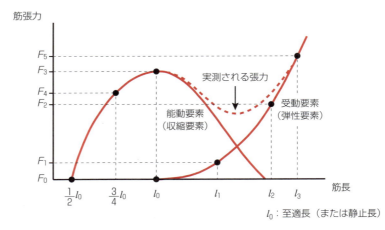

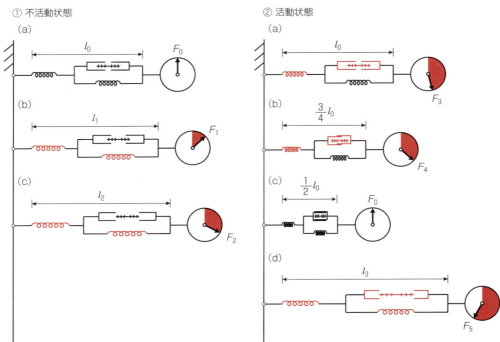

＊赤色は張力発揮に関与する要素，黒色は関与しない要素を示す．
図9.9 骨格筋の力学モデル（ヒルの筋収縮モデル）による力–長さ特性

まで伸びると，もはや収縮要素は張力を発揮しない．

一方，受動要素（弾性要素）において，筋の力-長さ変化は**フックの法則**に従わず，指数関数的に増加する．つまり，筋を至適長（l_0）から徐々に伸張させていくと，張力（弾性力）が急激に大きくなる．筋の伸びの量が大きい前半の領域においては，筋は「やわらかいばね」，伸びの量が小さい後半の領域では「かたいばね」のようにふるまう．これは，筋が不活動の状態（下段①）において，前半では並列弾性要素によってゆるやかな張力（F_1）が発生するが，後半ではその張力に加え直列弾性要素によるやや強い張力（F_2）が発生するためである．さらに筋が活動している状態（下段②）においては，収縮要素がさらに直列弾性要素を伸張させて最大の伸張性張力（F_5）が発揮される．なお，至適長よりも長い場合において実測される筋の張力は，能動要素と受動要素による二つの張力を足し合わせた点線の曲線となる．

2　身体外部の物体へ発揮する力

前節において，骨格筋の構造や機能および収縮特性などについて学んできたが，骨格筋は自分自身で力を出して縮み，脱力して弛緩するという単純な働きしかしない．骨格筋の収縮によって生じた力を具体的な運動（関節の回転運動）に変え，身体外部の物体へ伝える重要な役割を担うのが骨格である．骨格は大小 200 個余りの骨からなる多数のてこの集合体である．通常，筋が腱を通して骨に付着する点がてこの力点，関節中心（回転中心となる）が支点，動かされる骨の先端が作用点となっている．

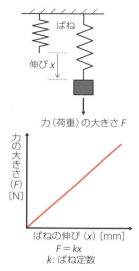

フックの法則

弾性限度以下の力（荷重）F の大きさとばねの伸び x が線形的に正比例することを示した法則（「弾性の法則」とも呼ぶ：下図）であり，ロバート・フック（Robert Hooke, 1635〜1703 年）によって発見された．そのほか，フックはニュートンとの「重力の法則」の先取権争い，ニュートンの光の「粒子説」に対して「波動説」の提唱，生体の最小単位を "cell"（細胞）と名づけたことなどで知られている．

$F = kx$
k：ばね定数

ばねの伸びと力（荷重）の大きさの関係（フックの法則）

ここでは，関節の回転運動（関節モーメント）の発生，身体外部の物体への力の伝達，さらに筋張力の計算とその増大に関わる要因などについて説明する．

（1）関節の回転運動：関節モーメントの発生

6章4節において学んだように，てこの原理に基づいて身体の関節の回転運動が発生するが，具体的に関節レベルで見ると，関節中心を支点として骨格筋によって生じた張力が腱を通して骨の付着部（力点）に作用し，関節中心まわりに**関節モーメント**（または**関節トルク**）を発生させている．

図9.10（a）（b）の模式図に示すように，筋が不活動から活動状態に入ると，収縮要素である筋が短縮することにより弾性要素である腱を引き伸ばす．この過程で生じた**筋張力** F_m が骨の付着部（力点）に作用することで関節モーメント N を発生させ，関節が回転する〔図9.10（c）〕．ここで，関節中心から骨の付着部までのモーメントアームを**筋モーメントアーム** r_m と呼ぶ．なお，図からわかるように，筋は必ず関節中心から外れて骨に付着し，また骨を引きつけながら張力を発揮する．

式で示すと，関節モーメント N は，以下の式で求められる．

$$N = r_m \times F_m$$

N：関節モーメント [N・m]，r_m：筋モーメントアーム [m]，F_m：筋張力 [N]．関節モーメントの単位は [N・m] である．

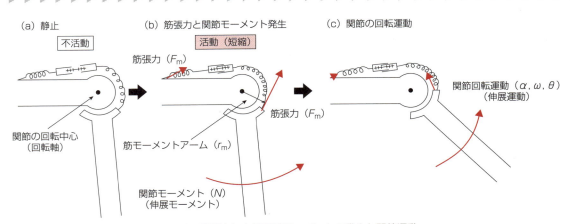

図9.10 筋張力による関節モーメントの発生と関節運動

例題 9.1

重さ 10 kg の鉄アレイを使って上腕屈筋の筋力トレーニングを行っている選手がいる（図 9.11）．肘関節を 90°に保った静止姿勢で上腕屈筋が 500 N の張力を発揮したとすると，肘関節まわりの合モーメントはいくらになるか．ただし，肘関節（支点）から鉄アレイを持っている手（作用点）までのモーメントアームを 30 cm，肘関節から上腕屈筋の付着部（力点）までの筋モーメントアームを 5 cm とする．また，前腕・手の重量は無視する．なお，肘関節に作用する関節力は，関節を回転させない成分であるので図示していない．

解答

6 章で説明したてこの原理と力のモーメントのつり合い式（6.2）（符号を考慮する）から，肘関節まわりの合モーメント（ΣN_j）は以下のように求められる．

$$\Sigma N_j = N_m + N_d = r_m \times F_m - r_d \times F_d$$
$$= 0.05 \times 500 - 0.3 \times 10 \times 9.8$$
$$= 25.0 - 29.4 = -4.4 \, [\text{N·m}] \quad \text{（答）}$$

N_m：上腕屈筋によるモーメント，N_d は鉄アレイの重力によるモーメント．

したがって，この姿勢・条件では肘関節まわりに 4.4 N·m の大きさの合モーメントが発生し，時計まわりに回転する．つまり，上腕屈筋は鉄アレイの重さに耐えられず，下向きに鉄アレイが動くので伸張性収縮を行うことになる．

（2）筋張力の計算と外的てこ

身体の骨格をてことして筋が発揮する張力は運動技術やトレーニングの評価はもちろんのこと，直接的にパフォーマンスの向上や傷害予防を考える上で示唆に富む情報を与えてくれる．

6 章で説明した力のモーメントのつり合い式（6.2）を身体運動に適用すると，筋張力が求められる．たとえば，図 9.12（a）に示すように，

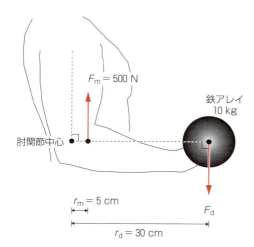

図 9.11 鉄アレイを保持した姿勢での肘関節まわりの合モーメントを計算するためのフリーボディダイアグラム

砲丸を右手で持っている選手を考える．図9.12（a）の右腕を曲げた姿勢において，選手が砲丸を落とさないで保持するためには，肩関節の筋群はどのくらいの張力を発揮しなければならないだろうか．

まずフリーボディダイアグラムを描くために，右腕に着目したシステムを考える．外力は砲丸と右腕の重力（それぞれ F_s, F_a），それに肩関節の筋張力 F_m である．ただし，支点となる肩関節中心にも力（関節力）が作用するが，この力は肩関節まわりにモーメントを引き起こさないため図示していない．砲丸を保持するためには，肩関節を支点として砲丸と右腕の重力による反時計まわりのモーメント（それぞれ N_s, N_a）が肩関節の筋張力による時計まわりのモーメント N_m とつり合わなければならない．したがって，肩関節まわりの力のモーメントのつり合い式を立てると，以下のようになる．

$$\Sigma N_j = N_s + N_a + N_m = r_s \times F_s + r_a \times F_a - r_m \times F_m = 0 \ [\text{N} \cdot \text{m}]$$

ここで，図に示すように，砲丸と右腕の質量をそれぞれ 7 kg，16 kg，肩関節から砲丸の重心と右腕の重心のモーメントアーム（r_s, r_a）をそれぞれ 20 cm，10 cm，肩関節の筋モーメントアーム r_m を 5 cm とし，重力加速度は 9.8 m/s² とする．上式を筋張力について解き，これらの値を代入すると，

$$F_m = \frac{r_s \times F_s + r_a \times F_a}{r_m}$$

$$F_m = \frac{0.20 \times 7 \times 9.8 + 0.10 \times 16 \times 9.8}{0.05} = 588 \ [\text{N}]$$

である．したがって，選手が砲丸を落とさないで保持するためには，肩

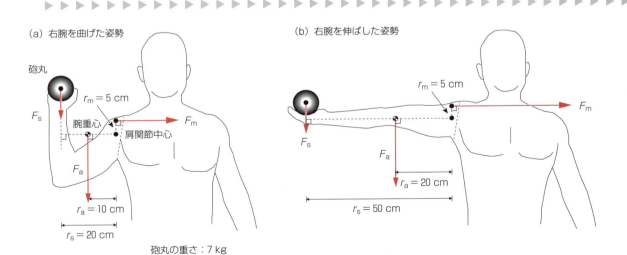

(a) 右腕を曲げた姿勢　　　　　　　　　(b) 右腕を伸ばした姿勢

砲丸の重さ：7 kg
右腕の重さ：16 kg

図9.12　砲丸を保持した姿勢における肩関節の筋張力の計算

関節の筋群は砲丸と右腕の重さの約 2.6 倍の力を発揮する必要がある．

一方，図 9.12（b）の右腕を伸ばした姿勢において，肩関節の筋群はどれくらいの張力を発揮する必要があるのだろうか．

上記と同じ条件でモーメントアームのみが変わるとして計算すると，

$$F_\mathrm{m} = \frac{0.50 \times 7 \times 9.8 + 0.20 \times 16 \times 9.8}{0.05} = 1313 \,[\mathrm{N}]$$

である．

つまり，砲丸をもつ選手は右腕を伸ばした姿勢では曲げた姿勢よりも 2 倍以上の筋張力を発揮しなければならない．

このように，身体外部の物体へ発揮する力と身体の姿勢との関係で決まるてこを**外的てこ**と呼ぶ．上の例から明らかなように，図 9.12（a）は身体への負荷が小さい外的てこ，（b）は負荷が大きい外的てこの例である．このように，身体外部の物体へ発揮する力（負荷）が一定の場合，（a）の例に示すように，外的てこのてこ比を小さくすると，出力する筋張力は小さくて済むため，効率的でしかも傷害予防に良い．一方，出力する筋張力が一定の場合，てこ比が小さければ，物体へ発揮する力をより大きくすることが可能となり，効果的に高いパフォーマンスを発揮できることがわかる．

例題 9.2

図 9.13（a）はバーベルを持ち上げてデッドリフトをしている選手を示したものである．図の姿勢を保持するために背筋（脊柱起立筋群）が発揮する張力はいくらとなるか．

解答

まず図 9.13（b）に示すように上体に着目したシステムを考え，フリーボディダイアグラムを描く．そして腰椎関節を支点として力のモーメントのつり合い式を立て，F_m について解くと，

$$\Sigma N_j = N_b + N_h + N_m = -r_b \times F_b - r_h \times F_h + r_m \times F_m = 0 \ [\text{N·m}]$$

$$F_m = \frac{r_b \times F_b + r_h \times F_h}{r_m}$$

である．

図に示すバーベルの重力やモーメントアームなどの数値をそれぞれ上式に代入すれば，

$$F_m = \frac{0.30 \times 785 + 0.20 \times 440}{0.05} = 6470 \ [\text{N}]$$

（答）

である．

このように背筋は重さにして 660 kgf の力を発揮しなければならない．なお，仮に筋モーメントアームが 4 cm だとして他の条件が変わらないとすると，わずか 1 cm 短くなっただけで 825 kgf（1.25 倍）の力を発揮しなければならない．

（3）筋発揮張力増大に関わる要因

身体内部で生じた筋張力がてこを通して骨に作用し，その力が手足を介して身体外部の物体（地面，用具，相手など）へ伝えられ仕事がなされる．このようにして私たちは物を運んだり，持ち上げたり，また歩いたりすることができる．しかし，走・跳・投をはじめとするスポーツの運動において，最大限のパフォーマンスを引き出すためには，身体外部の物体へできるだけ大きな力（仕事）を発揮しなければならない．

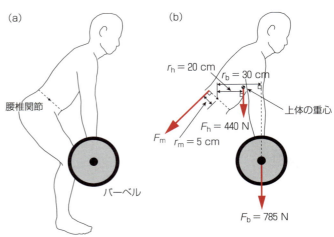

図 9.13 （a）デッドリフトの姿勢と（b）腰関節の筋張力の計算に用いるフリーボディダイアグラム

図9.14は身体外部の物体へ発揮する力に関わる要因を構造的に示したものである．9章の最後に，これらの要因について説明する．

前節において，物体へ大きな力を発揮するための前提条件として，物体に対して力を発揮する姿勢（構え），つまり，外的てこのてこ比を小さくしなければならないと述べた．前節で取りあげた砲丸を持つ姿勢〔図9.13（a）〕や，柔道の組み手争いで相手を自分に引き寄せる姿勢などがその例である．このように外的てこのてこ比が小さいという条件のもとで，物体へ大きな力を発揮するために最も重要なことは，関節モーメントの出力をできるだけ大きくすることである．前述したように，関節モーメントは筋モーメントアームと筋張力を掛け合わせた変量である．しかし，人体において，筋モーメントアームの長さは，通常，外科的処置でも施さない限り変えることはできないし，そもそもそのような処置は現実的ではない．それに対して，筋張力の方は日々のトレーニングによってその出力を大きく変えることができる．このように，身体外部の物体へ大きな力を発揮するためには，筋張力を増大させなければならない．

では，筋張力の増大に関わっている要因とは何だろうか．これらの要因の一つとして，すでに9章1節において，筋の力発揮特性は解剖学的構造に影響を受け，細い筋よりも太い筋が，また紡錘状筋よりも羽状筋が大きな張力を発揮するために有利であることを述べた．一方，こうした解剖学的要因とは別に，筋の発揮張力の増大には次の五つの要因が密接に関係している．すなわち，① 中枢神経系の興奮水準，② 力–速度関係，③ 力–長さ関係，④ 伸張反射，⑤ 予備緊張，である．強いていえば，① が生理–心理学的要因であり，② 以下が力学的要因である．また，上

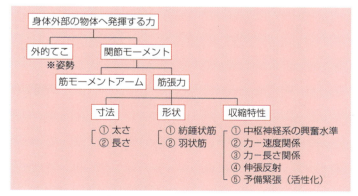

図9.14　身体外部の物体へ発揮する力に及ぼす要因

述の解剖学的要因が先天的要因であるとすれば，これらの五つの要因は後天的要因であるともいえる．なお，②と③の要因はすでに1節において詳しく扱った．次に，これらの要因について説明する．

① **中枢神経系の興奮水準**

自分の意志のもとで発揮できる随意最大筋力（**心理的限界**と呼ぶ）は，中枢神経系の興奮水準による影響を受けているためばらつきがあり，骨格筋が本来持つ生理学的横断面積に比例した最大発揮張力（**生理的限界**と呼ぶ）を上回ることはない．電気刺激をすると骨格筋は収縮するが，電気刺激をして出した力は随意収縮による力よりも約30％も大きいことが知られている．これは筋損傷を防ぐために，中枢神経系（大脳運動野）が筋張力の発揮レベルを生理的限界内で調節し抑制しているからである．

ところが，非日常的生活において，大声を出したり，大きな力を発揮したりするときは，中枢神経系の興奮水準が高まり，この抑制が外れ，心理的限界が生理的限界へ近づく（図9.15）．たとえば，火事や地震などに遭遇した際に身の安全を守るために信じられない力を出せる，いわゆる「火事場の馬鹿力」といわれている現象である．こうした生理-心理学的要因に起因して筋の発揮張力を高めることができる．

② **力-速度関係**

この要因は，1節（3）④において述べた筋の力-速度関係に基づくものである．つまり，力-速度関係〔図9.6（a）〕によれば，短縮性収縮においては短縮させる筋の速度をできるだけ小さくした方が，また伸張性収縮においては引き伸ばす筋の速度をできるだけ大きくした方が筋の発揮張力を増大させることができる．

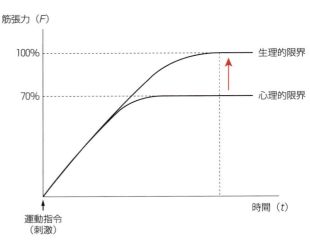

図9.15 生理的限界と心理的限界の最大筋張力発揮の違いを示す模式図

③ 力-長さ関係

この要因は，1節（3）②において述べた筋の力-長さ関係（図9.9）に基づくものであり，収縮要素と弾性要素における力発揮特性に起因するものである．収縮要素である筋の力-長さ関係によれば（図9.9上段，能動要素），活動筋が短縮するときに発揮できる最大張力は筋を至適な長さ（至適長，l_0　図9.9参照）に保ったときに出現する．ヒトの関節角度においては，肘屈曲90°，膝伸展70°に保ったときにそれぞれ肘屈筋群と膝伸筋群の発揮張力が最大となる．

一方，弾性要素である腱や結合組織の力-長さ関係によれば（図9.9上段，受動要素），ばねとしての性質を持つ筋を強制的に引き伸ばすと，筋張力（弾性力）が指数関数的に増大する．不活動状態では筋膜などの結合組織（並列弾性要素）から生じた弾性力によって張力が発生し（図9.9① b，c），また活動状態では筋の短縮によって引き伸ばされた腱（直列弾性要素）から生じた弾性力も加わり張力が急増する（図9.9② d）．弾性要素自体の張力発生は筋（至適長）の引き伸ばしと同時に起こるが，収縮要素も含めた筋全体（全筋）の張力発生は，刺激によって筋膜面に活動電位が発生してから約2 ms（ミリ秒）後に起こる．

④ 伸張反射

この要因は，**伸張反射**による張力の発生である．骨格筋のほとんどにこの反射が備わっており，身近な例に膝蓋腱反射がある．この反射は，図9.16に示すように，膝蓋腱を叩き大腿四頭筋を伸張させると，筋内にある筋紡錘が興奮して求心性インパルス（神経刺激）を脊髄へ伝え，脳を介さず即座にその筋へ遠心性インパルスを送り，引き伸ばされた大腿四頭筋を短縮し張力を発生させて膝を伸展させるものである．この反

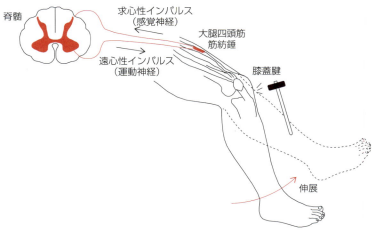

図9.16　伸張反射による筋張力の発生

射による張力発生は脊髄神経回路を介すため，刺激から約 30 ms 以内に起こる．

⑤ 予備緊張（活性化）

この要因は，目的とする動作を起こす前にあらかじめ筋の活動水準（予備張力）を高めておくこと（**活性化**と呼ぶ）で脳からの運動指令直後の張力の立ち上がりを急峻にし，最大張力到達時間を 0.2 秒ほど短縮させ張力を大きくするものである（図 9.17）．張力の立ち上がりの早さは，速筋型の運動単位の参画・同期化，神経刺激（インパルス）の発射頻度の増加，伸張反射の促通などが関係しているとされている．野球の野手が投手の投球モーションとともに中腰に構えたり，テニスの選手が小刻みにフットワークしたりするのは，相手からの打球に備えてすばやく反応するために下肢の筋群を活性化して筋の発揮張力の立ち上がりを早くしている例である．

復習トレーニング

■ 次の文章のカッコの部分に適切な言葉を入れなさい．

① 筋は，横縞模様がある横紋筋とそれがない（　　　）に大別される．
② 人体の骨格筋数は約（　　　）個であり，骨の数は約（　　　）個である．
③ 筋の収縮の最小機能単位を（　　　）と呼ぶ．
④ 筋の収縮は（　　　）フィラメントが（　　　）フィラメントの中へ滑り込むことによって行われる．
⑤ 骨格筋は大きく紡錘状筋と（　　　）に分類される．

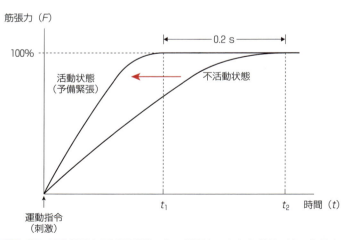

図 9.17　活動状態と不活動状態にある筋張力の立ち上がりの違いを示す模式図

❻ 膝関節を伸ばすとき，大腿四頭筋が主働筋となり，大腿二頭筋，半膜様筋，半腱様筋が（　　　）となる．

❼ 骨格筋の最大発揮張力は（　　　）面積に，最大短縮量は（　　　）に比例する．つまり，（　　　）筋線維は発揮張力が大きく，（　　　）筋線維は短縮速度が大きい．

❽ 外力が骨格筋の発揮張力より大きく，引き伸ばされながら収縮する様式を（　　　）収縮と呼ぶ

❾ 人体の筋骨格構造は多数のてこの集合体から成り，「（　　　）よりも（　　　）の拡大」を重視した第（　　　）種のてこが多い．

❿ 出力する筋張力が一定の場合，外的てこのてこ比が（　　　）ければ，身体外部の物体へ発揮する力をより大きくすることができる．

⓫ 筋張力の増大には次の五つの要因が関係している：中枢神経系の興奮水準，（　　　），力-長さ関係，（　　　），予備緊張．

■次の文章で正しいものには○，誤っているものには×をつけなさい．

⓬ ［　］骨格筋の力-速度関係に基づくと，短縮性収縮においては筋の発揮張力が大きいほど，収縮速度は大きくなる．

⓭ ［　］筋は短縮する方向にも，伸長する方向にも力を発揮することができる．

⓮ ［　］筋を伸長させる前にいったん短縮させる運動を「伸張-短縮サイクル運動」と呼び，骨格筋のなす力学的仕事を増大させる要素のひとつである．

⓯ ［　］いわゆる「火事場の馬鹿力」とは，筋力が生理的限界を超え心理的限界に近づくことをいう．

参考文献 (順不同)

第1章

金子公宥, 『スポーツ・バイオメカニクス入門 (第3版)』, 杏林書院 (2006).

金子公宥, キネシオロジー20年の回顧と展望, 体育学研究, **20**, 28 (1970).

宮下充正, キネシオロジーからバイオメカニクスへ, 体育の科学, **29**, 752 (1979).

松井秀治, 国際バイオメカニクス学会とその研究の動向, 体育の科学, **29**, 792 (1979).

松井秀治, バイオメカニクス研究の歩み, 体育の科学, **40**, 18 (1990).

金子公宥, 伊藤 章, 淵本隆文, 淵本恭子, 日本と世界におけるバイオメカニクス研究の動向, *Japanese Journal of Sports Sciences*, **12**, 398 (1993).

金子公宥, バイオメカニクスからみた21世紀のスポーツ科学, 体育の科学, **51**, 6 (2001).

金子公宥, バイオメカニクス50年の回顧と展望, 体育学研究, **50**, 61 (2005).

宮西智久, 学部生に力学のどこまでを理解してもらうか, 体育の科学, **49**, 709 (1999).

宮西智久, 動作指導のための3DCGアニメーション, 体育の科学, **56**, 866 (2006).

(社) 日本体育学会監修, 『最新スポーツ科学事典』, 平凡社 (2006).

D. G. E. Robertson, "Introduction to biomechanics for human motion analysis (2nd Ed.)", Waterloo Biomechanics (2004).

J. G. Hay 著, 植屋清見 総監修, 阿江通良, 丸山剛生 監修, 吉田康行 編集, 『スポーツ技術のバイオメカニクス』, ブックハウス・エイチディ (2011).

F. P. Beer, E. R. Johnston 著, 長谷川節 訳, 『工学のための力学〈上・下〉(第3版)』, ブレイン図書出版 (1988).

F. B. ギブニー 編, 『ブリタニカ国際大百科事典 4 (第2版改訂)』, ティビーエス・ブリタニカ (1994).

辻 哲夫, 『物理学史への道』, こぶし書房 (2011).

A. N. Atwater, Kinesiology/Biomechanics: Perspectives and Trends, *Research Quarterly for Exercise & Sport*, **51**, 193 (1980).

R. F. Zernicke, The Emergence of Human Biomechanics, In G. A. Brooks, Ed., "Perspectives on the Academic Discipline of Physical Education", Human Kinetics (1981), p. 125〜136.

A. Cappozzo, M. Marchetti, Borelli's Heritage, In A. Cappozzo, M. Marchetti, V. Tosi, Eds., "Biolocomotion: A Century of Research using Moving Pictures", Promograph (1992), p. 33〜47.

V. Tosi, Marey and Muybridge, How Modern Biolocomotion Analysis Started, In A. Cappozzo, M. Marchetti, V. Tosi, Eds., "Biolocomotion: A Century of Research using Moving Pictures", Promograph (1992), p. 51〜69.

S. Bouisset, Etienne Jules Marey, or when Motion Biomechanics Emerged as a Science, In A. Cappozzo, M. Marchetti, V. Tosi, Eds., "Biolocomotion: A Century of Research using Moving Pictures", Promograph (1992), p. 71〜87.

J. Z. Ostarello, ISBS: The Evolution of a Revolution, In Y. H. Kwon, J. Shim, J. K. Shim, I. S. Shin, Eds., *The proceeding of the 26th International Conference on Biomechanics in Sports* (2008), p. 2〜16.

参考文献

E. Muybridge, "The Human Figure in Motion", Dover Publications（1955）．

M. Frizot, "Etienne Jules Marey Chronophotographe", NATHAN/delpire（2001）．

第6章

阿江通良，Kinematics と Kinetics をつなぐ身体部分慣性係数―その測定法と係数の比較―，バイオメカニクス研究，**1**，51（1997）．

渋川侃二，バッティングにおけるリストターンの力学的説明について，キネシオロジー研究会編，ひろば，**69**，3（1966）．

第8章

A. J. Ward-Smith, Air resistance and its influence on the biomechanics and energetics of sprinting at sea level and at altitude, *Journal of Biomechanics*, **17**, 339（1984）．

A. J. Ward-Smith, A mathematical analysis of the influence of adverse and favourable winds on sprinting, *Journal of Biomechanics*, **18**, 351（1985）．

第9章

福永哲夫 編，『筋の科学事典』，朝倉書店（2002）．

金子公宥，『パワーアップの科学』，朝倉書店（1988）．

金子公宥，福永哲夫 編，『バイオメカニクス―身体運動の科学的基礎―』，杏林書院（2004）．

金子公宥，『スポーツ・エネルギー学序説』，杏林書院（2011）．

深代千之，桜井伸二，平野裕一，阿江通良 編，『スポーツバイオメカニクス』，朝倉書店（2000）．

R. Wirhed 著，金子公宥，松本迪子 訳，『目でみる動きの解剖学―スポーツにおける運動と身体のメカニズム』，大修館書店（1999）．

猪飼道夫 編，『身体運動の生理学』，杏林書院（1973）．

A. M. Gordon, A. F. Huxley, F. J. Julian, The variation in isometric tension with sarcomere length in vertebrate muscle fibres, *Journal of Physiology*, **184**, 170（1966）．

J. J. Knapik, J. E. Wright, R. H. Mawdsley, J. Braun, Isometric, isotonic, and isokinetic torque variations in four muscle groups through a range of joint motion, *Physical Therapy*, **63**, 938（1983）．

A. V. Hill, The heat of shortening and the dynamic constants of muscle, *Proceedings of the Royal Society of London, Series B, Biological Sciences*, **126**, 136（1938）．

A. V. Hill 著，若林 勲，真島英信 訳，『筋収縮力学の実験―A. V. Hill 教授の歩んだ道―』，医学書院（1972）．

R. M. Enoka, "Neuromechanics of human movement (3rd Ed.)", Human Kinetics（2002）．

阿江通良，渋川侃二，金原 勇，大きな力やパワーの要求される身体運動の生力学的基礎要因に関する研究―予備緊張が瞬発的に発揮し得る等尺性筋収縮による力におよぼす影響―，体育学研究，**23**，321（1979）．

山田 茂，福永哲夫 編，『骨格筋：運動による機能と形態の変化』，ナップ（1997）．

D. G. Sale, Neural adaptation to resistance training, *Medicine & Science in Sports & Exercise*, 20 (Suppl), S135（1988）．

推薦図書 (順不同)

【バイオメカニクス関係】

宮西智久,『スポーツバイオメカニクス完全準拠ワークブック』,化学同人（2020）.

金子公宥,『スポーツ・バイオメカニクス入門（第3版）』,杏林書院（2006）.

深代千之,桜井伸二,平野裕一,阿江通良 編,『スポーツバイオメカニクス』,朝倉書店（2000）.

阿江通良,藤井範久,『スポーツバイオメカニクス20講』,朝倉書店（2002）.

金子公宥,福永哲夫 編,『バイオメカニクス—身体運動の科学的基礎—』,杏林書院（2004）.

金子公宥,『スポーツ・エネルギー学序説』,杏林書院（2011）.

深代千之,川本竜史,石毛勇介,若山章信,『スポーツ動作の科学—バイオメカニクスで読み解く』,東京大学出版会（2010）.

深代千之,内海良子,『身体と動きで学ぶスポーツ科学—運動生理学とバイオメカニクスがパフォーマンスを変える』,東京大学出版会（2018）.

宮畑虎彦,高木公三郎,小林一敏,『スポーツとキネシオロジー』,大修館書店（1987）.

浅見俊雄 編,『スポーツとパワー』,大修館書店（1987）.

金子公宥,『パワーアップの科学』,朝倉書店（1988）.

吉福康郎,『スポーツ上達の科学 強くなる・うまくなるバイオメカニクス』,講談社（1990）.

小林一敏,『スポーツの達人になる方法』,オーム社（1999）.

山田憲政,『トップアスリートの動きは何が違うのか—スポーツ科学でわかる一流選手の秘密』,化学同人（2011）.

R. Wirhed 著,金子公宥,松本迪子 訳,『目でみる動きの解剖学—スポーツにおける運動と身体のメカニズム』,大修館書店（1999）.

山田 茂,福永哲夫 編,『骨格筋 運動による機能と形態の変化』,ナップ（1997）.

福永哲夫 編,『筋の科学事典』,朝倉書店（2002）.

猪飼道夫 編,『身体運動の生理学』,杏林書院（1973）.

真島英信,『生理学』,文光堂（1990）.

杉 晴夫 編,『人体機能生理学』,南江堂（2012）.

（社）日本体育学会 監,『最新スポーツ科学事典』,平凡社（2006）.

G. H. G. Dyson 著,金原 勇,渋川侃二,古藤高良 訳,『陸上競技の力学』,大修館書店（1972）.

G. Hochmuth 著,遠藤萬里 訳,『スポーツ運動のバイオメカニクス』,新体育社（1981）,

I. W. Griffths 著,石毛勇介 監訳,川本竜史 訳,『バイオメカニクスと動作分析の原理』,ナップ（2008）.

D. G. E. Robertson, G. E. Caldwell, J. Hamill, G. Kamen, S. N. Whittlesey 著,阿江通良 監訳,宮西智久,榎本靖士,岡田英孝,川上泰雄,木塚朝博,藤井範久,森丘保典 訳,『身体運動のバイオメカニクス研究法』,大修館書店（2008）.

J. G. Hay 著,植屋清見 総監修,阿江通良,丸山剛生 監修,吉田康行 編集,『スポーツ技術のバイオメカニクス』,ブックハウス・エイチディ（2011）.

D. A. Winter 著,長野明紀,吉岡伸輔 訳,『バイオメカニクス—人体運動の力学と制御（第4版）』,ラウンドフラット（2011）.

D. I. Miller, R. C. Nelson, "Biomechanics of sport", Lea & Febiger (1973).

B. J. Hopper, "The mechanics of human movement", American Elsevier (1973).

推薦図書

E. Kreighbaum, K. M. Barthels, "Biomechanics: A qualitative approach for studying human movement (4th Ed.)", Allyn and Bacon (1996).

B. M. Nigg, W. Herzog Eds., "Biomechanics of the musculo-skeletal system (2nd Ed.)", John Wiley & Sons (1999).

R. M. Enoka, "Neuromechanics of human movement (3rd Ed.)", Human Kinetics (2002).

D. G. E. Robertson, "Introduction to biomechanics for human motion analysis (2nd Ed.)", Waterloo Biomechanics (2004).

【力学関係】

F. P. Beer, E. R. Johnston 著, 長谷川節 訳, 『工学のための力学〈上・下〉（第3版）』, ブレイン図書出版（1988）.

渋川侃二, 『運動力学』, 大修館書店（1980）.

原 康夫, 『ワンフレーズ力学』, 学術図書出版社（2008）.

D. Halliday, R, Resnick, J. Walker 著, 野崎光昭 監訳, 川越清以ほか訳, 『物理学の基礎 ［1］力学（第6版）』, 培風館（2002）.

森口繁一, 『初等力学』, 培風館（1959）.

P. G. Hewitt, J. Suchocki, L. A. Hewitt 著, 小出昭一郎 監, 吉田義久 訳, 『力と運動』, 共立出版（1997）.

堀口 剛, 『力学の基礎』, 技術評論社（2011）.

小峯龍男, 『カラー図解でわかる力学「超」入門』, SB クリエイティブ（2014）.

【科学史・科学哲学関係その他】

F. B. ギブニー 編, 『ブリタニカ国際大百科事典4（第2版改訂)』, ティビーエス・ブリタニカ（1994）.

伊東俊太郎, 『近代科学の源流』, 中公文庫（2007）.

伊東俊太郎, 広重 徹, 村上陽一郎, 『思想史のなかの科学』, 平凡社（2002）.

H. バターフィールド, 渡辺正雄 訳, 『近代科学の誕生（上・下）』（1978）.

湯川秀樹, 梅棹忠夫, 『人間にとって科学とは何か』, 中公新書（1967）.

朝永振一郎, 『物理学とは何だろうか（上・下）』, 岩波新書（1979）.

中谷宇吉郎, 『科学の方法』, 岩波新書（1958）.

村上陽一郎, 『新しい科学論』, 講談社（1979）.

酒井邦嘉, 『科学者という仕事』, 中公新書（2007）.

内井惣七, 『科学哲学入門』, 世界思想社（1995）.

伊藤公一, 『科学哲学』, 放送大学教育振興会（1992）.

小林道夫, 『科学哲学』, 産業図書（1996）.

野家啓一, 『科学の解釈学』, 新曜社（1993）.

伊勢田哲治, 『疑似科学と科学の哲学』, 名古屋大学出版会（2003）.

森田邦久, 『理系人に役立つ科学哲学』, 化学同人（2010）.

小山慶太, 『物理学史』, 裳華房（2008）.

戸田山和久, 『科学哲学の冒険』, 日本放送出版協会（2005）.

吉伸正和, 『力学的世界の創造』, 中公新書（1979）.

用語解説

カッコ内に関連するページを示す．

バイオメカニクス　biomechanics（p. 2）
力学を基盤にして，生物におけるあらゆる生命活動を解明するための学際的応用科学分野の一つ．生物力学．

スポーツバイオメカニクス　sport biomechanics（p. 2）
バイオメカニクス領域の一つで，スポーツの運動を対象として，ヒトの身体（用具含む）へ作用する力学的な力（「外力」および「内力」）が身体とその運動に及ぼす影響を研究する科学．スポーツ生体力学．

力学モデル　mechanical model（p. 4）
物体を数学的に記述できるように単純化したモデル．「質点」「質点系（変形体）」「剛体」などがある．

静力学　statics（p. 4）
平衡状態（力がつり合っている状態）にある構造物の力学的挙動を解析する力学領域の一つ．

動力学　dynamics（p. 4）
非平衡状態にある物体の運動を記述し，その原因を明らかにする力学領域の一つ．

運動学（キネマティクス）　kinematics（p. 5）
時間に伴う運動の幾何学を扱う動力学領域の一つ．わが国では「運動学」という用語は他の学問分野でも使用されていることから，混同を避けるため，「キネマティクス」とカタカナ表記することが多い．

運動力学（キネティクス）　kinetics（p. 5）
時間に伴って運動が変化する原因（因果関係，メカニズム）を扱う動力学領域の一つ．

キネシオロジー　kinesiology, human movement science（p. 8）
バイオメカニクス・解剖生理学・神経科学・学習理論などを総合した運動学（身体運動学）．身体運動科学．

ハイパフォーマンス　high performance（p. 14）
スポーツパフォーマンスを決定するとされる「意欲」「技術」「体力」の三つの要素を目的に応じて最大化することにより，最高のパフォーマンスを実現している状態，もしくはそれを発現させることを意味する．

質点　particle（p. 18）
大きさを持たず，質量のみを持つ仮想的な点．

質点系　particle system（p. 18）
複数の質点が互いに影響を及ぼし合っているシステム．

剛体　rigid body（p. 18）
力を加えても変形しない（ひずまない）仮想的な物体．固有の「質量」「質量中心位置（重心位置）」「慣性モーメント」を持つ．

剛体系　rigid body system（p. 18）
複数の剛体が互いに影響を及ぼし合っているシステム．

剛体リンクモデルまたはリンクセグメントモデル　rigid link model, link segment model（p. 18）
身体の各部分を剛体と仮定し，多数の部分が関節で連結されたシステム（剛体系）とみなすモデル．

筋骨格モデル　musculo-skeletal model（p. 18）
剛体リンクモデルにおける関節モーメント（トルク）を，個々の筋張力のモーメントに置き換えたモデル．

並進運動　linear motion, translational motion（p. 19）
剛体の向き（姿勢）が変化しない運動．直線的に運動するだけでなく，曲線的に運動する場合もある．

回転運動　angular motion, rotational motion（p. 19）
剛体の向き（姿勢）が変化する運動．

一般運動　general motion（p. 19）
並進運動と回転運動が同時に起こっている運動．

キネマティクス変量　kinematics variable（p. 20）
重心位置，関節角度，ピッチ，ストライドなど，運動状態を表す変量．

等角速度運動　uniform angular motion（p. 20）
時間に伴って角速度が変化しない運動．外モーメントが作用しない運動．

角加速度運動　accelerated angular motion（p. 20）
角速度が一定ではない回転運動．角加速度がゼロではない回転運動．

キネティクス変量　kinetics variable（p. 21）
力，関節モーメント（トルク），運動量など，運動の発生や運動の変化の原因を表す変量．

二次元運動　two dimensional motion（p. 21）
一つの平面内で行われている運動．身体運動の場合には，「矢状面」「前額面（前頭面）」「水平面」のいずれかで運動していると仮定する場合が多い．

三次元運動　three dimensional motion（p. 21）
すべての方向（上下，左右，前後方向）を考慮した運動．

用語解説

直交座標系 Cartesian coordinate system, rectangular coordinate system (p. 22, 44)
二次元の場合には二つの座標軸（一般にはX-Y軸）が，三次元の場合には三つの座標軸（一般にはX-Y-Z軸）が互いに直交している座標系．

極座標系 polar coordinate system (p. 22)
一つの動径（原点からの距離）と複数の角度を用いる座標系．二次元平面の場合には円座標系となり，動径とX軸からの角度を用いることが多い．

スカラー量 scalar quantity (p. 23)
時間，質量，パワー，温度，面積など，大きさのみを持つ物理量．

ベクトル量 vector quantity (p. 23)
位置，速度，運動量，力，力のモーメントなど，大きさと方向を持つ物理量．

内積 scalar product, inner product, dot product (p. 27)
ベクトル量同士の掛け算の一つであり，スカラー量となる．

外積 vector product, outer product, cross product (p. 27)
ベクトル量同士の掛け算の一つであり，ベクトル量となる．

三角関数 trigonometric function (p. 28)
正弦関数（sin関数），余弦関数（cos関数）をはじめ，角の大きさ（角度）と線分の長さの関係を表す関数の総称．

微分法 differentiation, derivation (p. 36)
変量の変化率（グラフの曲線の傾き）を算出する演算の総称．積分法の逆演算．

積分法 integration (p. 37)
変量の変化率（グラフの曲線の傾き）の関数から，元の変量の変化を算出する演算の総称．微分法の逆演算．

位置 position (p. 42)
物体がある場所のこと．座標系を用いて表される．慣習的に右方向を正，左方向を負と定めている．

変位 displacement (p. 45)
位置の変化．記号はx, y, z, r, sなど．単位は[m]（メートル）．大きさと向きを持つベクトル量で途中の経路によらない．

距離 distance (p. 45)
ある2点間に対して測定した長さ．記号はd, h, l, x, y, z, r, sなど．単位は[m]．大きさのみを持つスカラー量で2点間の経路によって増減する．

速度（線速度，並進速度） velocity (linear velocity, translational velocity) (p. 47)
単位時間あたりの位置の変化．記号はv．単位は[m/s]．変位の1階微分値．

速さ（スピード） speed (p. 47)
単位時間あたりの距離の変化．記号はv．単位は[m/s]．距離の1階微分値．

平均速度 average velocity (p. 47)
比較的時間間隔が長い測定時間内の速度．速度-時間図（v-t図）は凹凸状のパターンを示す．

瞬間速度 instantaneous velocity (p. 47)
測定時間内の時間間隔を限りなくゼロに近づけたときの速度．速度-時間図（v-t図）は曲線状のパターンを示す．

加速度（線加速度，並進加速度） acceleration (linear acceleration, translational acceleration) (p. 48)
単位時間あたりの速度の変化．記号はa．単位は[m/s^2]．速度の1階微分値．変位の2階微分値．

平均加速度 average acceleration (p. 48)
比較的時間間隔が長い測定時間内の加速度．加速度-時間図（a-t図）は凹凸状のパターンを示す．

瞬間加速度 instantaneous acceleration (p. 49)
測定時間内の時間間隔を限りなくゼロに近づけたときの加速度．加速度-時間図（a-t図）は曲線状のパターンを示す．

等速度運動 uniform linear motion (p. 20, p. 55)
時間に伴って速度が変化しない運動．外力が作用しない運動．等速度とは速度の大きさと向きが変化しないことを示すため，等速度運動は必ず直線運動になる．

加速度運動 accelerated linear motion (p. 20)
速度が一定ではない並進運動．加速度がゼロではない並進運動．

等加速度運動 uniformly accelerated linear motion (p. 20, p. 56)
時間に伴って加速度が変化しない運動．外力が変化しない運動．自由落下運動はその一例である．

自由落下運動 free-fall motion (p. 56)
重力以外の外力が作用しない状況での運動．重力加速度（$g ≒ 9.8$ m/s^2）での等加速度運動となる．

放物運動 projectile motion (p. 57)
水平方向の等速度運動と鉛直方向の等加速度運動を組み合わせた運動．

重ね合わせの原理 superposition principle (p. 59)
物体に複数の力が作用するとき，これらの力の合力が物体に及ぼす効果は，個々の力の効果の足し合わせに等しいという原理．

用語解説

角度 angle (angular position) (p. 64)
角の大きさ（度）．記号は θ（シータ）．単位は［rad］（ラジアン）または［deg，°］．360 度は 2π rad．1 rad は約 57.3°．

時計まわり clockwise (CW) (p. 64)
角度を測るための方向であり，慣習的に時計まわりを負と定めている．右まわり．

反時計まわり counter-clockwise (CCW) (p. 64)
角度を測るための方向であり，慣習的に反時計まわりを正と定めている．左まわり．

回転軸 axis of rotation (p. 64)
物体が回転運動を行う軸（点）．

角変位 angular displacement (p. 65)
角度の変化．記号は θ．単位は［rad］または［deg，°］．

角速度（回転速度） angular velocity (rotational velocity) (p. 65)
単位時間あたりの角度の変化．記号は ω（オメガ）．単位は［rad/s］または［deg/s，°/s］．角変位の 1 階微分値．

平均角速度 average angular velocity (p. 65)
比較的時間間隔が長い測定時間内の角速度．角速度-時間図（ω-t 図）は凹凸状のパターンを示す．

角加速度（回転加速度） angular acceleration (rotational acceleration) (p. 66)
単位時間あたりの角速度の変化．記号は α（アルファ）．単位は［rad/s^2］または［deg/s^2，°/s^2］．角速度の 1 階微分値．角変位の 2 階微分値．

平均角加速度 average angular acceleration (p. 66)
比較的時間間隔が長い測定時間内の角加速度．角加速度-時間図（α-t 図）は凹凸状のパターンを示す．

瞬間角速度 instantaneous angular velocity (p. 67)
測定時間内の時間間隔を限りなくゼロに近づけたときの角速度．角速度-時間図（ω-t 図）は曲線状のパターンを示す．

瞬間角加速度 instantaneous angular acceleration (p. 71)
測定時間内の時間間隔を限りなくゼロに近づけたときの角加速度．角加速度-時間図（α-t 図）は曲線状のパターンを示す．

右手の規則 right hand rule，**右ねじの規則** screwdriver rule (p. 75)
回転運動の力学変量のうち，大きさと方向を持つベクトル量（角速度，力のモーメントなど）の方向を決定するための規則．

等速円運動 uniform circular motion (p. 80)
円周上を一定の速さで周回する運動または時間に伴って角速度が変化しない運動．速度の大きさは変わらないのに対して，その向きが「向心加速度（向心力）」によって時々刻々変化する．

等角加速度運動 uniformly accelerated angular motion (p. 20, p. 82)
時間に伴って角加速度が変化しない運動．

力 force (p. 86)
物体を変形させたり，並進運動を変化させたりする原因となるベクトル量．記号は F．単位は［N］（ニュートン）．

合力 resultant force (p. 87)
複数の力と同じ効果を与えるように合成された一つの力．

分力 component of force (p. 87)
一つの力と同じ効果を与えるように分解された複数の力．

慣性 inertia (p. 88)
物体が運動状態（速度）を保とうとする性質．

質量（慣性質量） mass (p. 88)
並進運動の変化に対する抵抗（動かしにくさ）の大きさを表す物理量．記号は m．単位は［kg］．

慣性力 inertial force (p. 90)
加速度運動をしている座標系で，運動方程式を記述する際に現れる「見かけの力」．質量が慣性を持つために現れる「見かけの力」．

ニュートンの運動方程式 Newton's equation of motion (p. 89)
ニュートンの運動の第二法則を定式化した方程式．

ダランベールの原理 d'Alembert's principle (p. 90)
「見かけの力」を仮定することで運動の問題を力のつり合い（平衡）の問題に帰着させること．フランスの数学者ダランベールが発表した原理．

作用 action (p. 91)
ある物体が他の物体に及ぼす効果．

反作用 reaction (p. 91)
作用と大きさが同じで向きが反対の効果．

万有引力 universal gravitation (p. 92)
質量を持つすべての物体間に働く引力．

万有引力の法則 law of universal gravitation (p. 93)
「二つの物体の間には万有引力が働き，万有引力の強さは物体の質量に比例し，物体間の距離の 2 乗に反比例する」という法則．

万有引力定数または重力定数 gravitational constant (p. 93)
万有引力の法則を表す式における比例定数で，約 6.673

用語解説

$\times 10^{-11}$ m³/(kg·s²) とされる．記号は G．

重力　gravity（p. 93）
きわめて大きな質量を持つ物体から受ける万有引力．

重力加速度　gravitational acceleration（p. 94）
重力によって生じる加速度．記号は g．単位は [m/s²]．地球上では $g ≒ 9.80665$ m/s²．

標準重力加速度　standard gravity（p. 94）
地表近くの真空にある物体が受ける名目重力加速度．1901 年の第 3 回国際度量衡総会で 9.80665 m/s² と決められた．

垂直抗力　normal force（p. 96）
二つの物体が接触しているとき，一方の物体から他方の物体に対して接触面に垂直に作用する力．記号は F_N．単位は [N]．

摩擦力　friction（p. 96）
二つの物体が接触しているとき，接触面に沿って互いに他方の物体の運動に抵抗するように作用する力．

静止摩擦力　static friction（p. 96）
静止している物体を動かそうとして，実際には動かない場合に作用する摩擦力．

最大静止摩擦力　maximum static friction（p. 97）
静止している物体を動かそうとして，物体が動き始める直前，すなわち静止している限界で作用する静止摩擦力．

静止摩擦係数　coefficient of static friction（p. 97）
最大静止摩擦力は垂直抗力の大きさに比例するが，このときの比例定数．記号は μ（ミュー）．

動摩擦力　kinetic friction（p. 97）
動いている物体の運動に抵抗するように作用する摩擦力．

動摩擦係数　coefficient of kinetic friction（p. 98）
動摩擦力は垂直抗力の大きさに比例するが，このときの比例定数．記号は μ'．

内力　internal force（p. 99）
対象とするシステムや単一の物体もしくは物体の一部の内部で作用する力．

外力　external force（p. 99）
対象とするシステムや単一の物体もしくは物体の一部の外部から作用する力．

運動量　linear momentum（p. 100）
質量と速度の積（$p = mv$）．記号は p．単位は [kg·m/s]．「並進運動の勢い」を表す．

力積　linear impulse（p. 101）
外力の時間積分値．記号は L．単位は [N·s]．

運動量保存の法則　law of conservation of momentum（p. 105）
「外力が作用しない限り，物体の運動量は変化せず，一定に保たれる」という法則．運動の第一法則（「慣性の法則」）を言い換えたもの．

システム（系）　system（p. 106）
複数の物体のグループ（あるいは単一の物体）を指す．

フリーボディ（自由物体）　free-body（p. 106）
解析や興味の対象となるシステム，単一の物体もしくは物体の一部．他の物体から思考的に切り離したもの．

フリーボディダイアグラム（自由物体図）　free-body diagram（FBD）（p. 107）
外部の物体からフリーボディへ作用する外力や外トルクを矢印などで描いた図．

力のモーメントまたはトルク　moment of force, torque（p. 118）
物体の回転運動を変化させる原因となるベクトル量．記号は N または T．単位は [N·m]（ニュートンメートル）．単にモーメントともいう．回転力．

モーメントアームまたはレバーアーム　moment arm, lever arm（p. 119）
回転軸から力の作用線までの垂直距離．記号は r．単位は [m]．

偶力　couple（p. 119）
大きさが等しく，向きが反対で同一線上にない二つの平行力．

力の三要素　three elements of force（p. 121）
力の「大きさ」「方向」「作用点」．

支点　fulcrum（p. 121）
物体を支える固定点で，つり合いを取ったり，回転の中心となったりする点．

てこ　lever（p. 124）
支点（または軸）のまわりを自由に回転でき，小さな力や動きを大きな力や動きに変えるための変換棒（レバー）．「第一種」「第二種」「第三種」のてこがある．

基底面　basal plane（p. 123, 133）
物体を地面や床に置いたときの接触面（外輪郭の内面）．基底面が広いと倒れにくい．「支持基底面」ともいう．

重心または質量中心　center of gravity（CG），center of mass（CM）（p. 127）
その点で物体を支えると，拮抗する重力のモーメントが打ち消されてゼロとなり（$\Sigma N = 0$），つり合う点．

身体重心　center of gravity of whole body（p. 126）
身体の重心．

比重心高　percentage of height of center of gravity relative to body height（p. 129）
身長に対する身体の重心高の比 [%]．

用語解説

身体部分慣性係数　body segment inertial parameters (BSP) (p. 131)
身体各部分の「質量」「質量中心（重心）位置」「慣性モーメント」などのパラメータ．

慣性モーメント　moment of inertia (p. 134)
回転運動の変化に対する抵抗（回しにくさ）の大きさを表す物理量．記号は I．単位は $[kg \cdot m^2]$．慣性能率．並進運動における質量に相当する．

平行軸の定理（ホイヘンス-シュタイナーの定理）parallel axis theorem, Huygens-Stainer theorem (p. 135)
物体の重心まわりの慣性モーメントが既知の場合，その軸に平行な任意の軸まわりの慣性モーメントを求めるための定理．

外モーメントまたは外トルク　external moment of force, external torque (p. 138)
物体の外部から作用する力のモーメントまたはトルク．

角運動量（運動量のモーメント）angular momentum, moment of linear momentum (p. 138)
慣性モーメントと角速度の積（$H = I\omega$）．記号は H．単位は $[kg \cdot m^2/s]$．「回転運動の勢い」を表す．運動量のモーメントともいう．

角運動量保存の法則　law of conservation of angular momentum (p. 138)
「外モーメントや外トルクが作用しない限り，物体の角運動量は変化せず，一定に保たれる」という法則．

合モーメントまたは合トルク　resultant moment of force（または resultant moment），resultant torque (p. 143)
物体の外部から作用する複数の外モーメントと外トルクの総和（ΣN_i）．

角力積　angular impulse (p. 147)
外モーメントや外トルクの時間積分値．記号は J．単位は $[N \cdot m \cdot s]$．

作用トルク・反作用トルク　action torque and reaction torque (p. 151)
外トルクが作用するときに必ず生じる一対の外トルクであり，互いに大きさが等しく，向きが反対のトルク．

仕事　work (p. 154)
力学的エネルギーの変化分．記号は W．単位は $[J]$（ジュール）．大きさのみを持つスカラー量である．

力学的エネルギー　mechanical energy (p. 158)
仕事をする能力．記号は E．単位は $[J]$．位置エネルギーと運動エネルギーを合わせたエネルギー．

位置エネルギー　potential energy (p. 158)
物体がある位置にあることで蓄えられるエネルギー．記号は E_p．単位は $[J]$．

運動エネルギー　kinetic energy (p. 160)
物体の運動に伴うエネルギー．記号は E_k．単位は $[J]$．並進運動エネルギーと回転運動エネルギーがある．

並進運動エネルギー　translational kinetic energy (p. 161)
物体の並進運動に伴うエネルギー．記号は E_t．単位は $[J]$．

回転運動エネルギー　rotational kinetic energy (p. 161)
物体の回転運動に伴うエネルギー．記号は E_r．単位は $[J]$．

保存力　conservative force (p. 162)
経路によらず，始点と終点が決まれば仕事が決まるような力．

非保存力　nonconservative force (p. 162)
経路が長くなれば仕事が大きくなるような力．

力学的エネルギー保存の法則　law of conservation of mechanical energy (p. 162)
「物体に力が作用しない場合，力が作用しても仕事がゼロの場合，作用する力が保存力のみの場合，力学的エネルギーは変化せず一定に保たれる」という法則．

反発係数　coefficient of restitution (p. 167)
二つの物体の衝突において，衝突前後の相対速度の大きさの比．記号は e．$0 \leq e \leq 1$ の範囲の値を取る．

完全弾性衝突　perfectly elastic collision (p. 168)
反発係数が 1 の衝突．衝突前後で力学的エネルギーが保存される．

非弾性衝突　inelastic collision (p. 168)
反発係数が 1 未満の衝突．衝突後の力学的エネルギーは減少する．

パワー　power (p. 169)
単位時間あたりの仕事．仕事率ともいう．記号は P．単位は $[W]$（ワット）．

力学的効率または機械的効率　mechanical efficiency (p. 176)
あるシステムによってなされた仕事とシステムに供給されたエネルギーの比 [%]．記号は η（イータ）．

弾性エネルギー　elastic energy (p. 177)
ばねやゴムなどの弾性を持つ物体が変形するときに持つエネルギー．記号は E_e．単位は $[J]$．

アルキメデスの原理　Archimedes' principle (p. 181)
流体の中にある物体には，その物体が押しのけた流体の

用語解説

重量に等しい浮力が作用するという原理．
浮力　buoyant force（p. 182）
流体内で重力とは反対方向に作用する力．
浮心　center of buoyancy（p. 182）
浮力の作用点．
層流　laminar flow（p. 184）
境界面（パイプの内面など）に沿って流れる流体の流れ．
乱流　turbulence（p. 184）
境界面（パイプの内面など）の方向とは異なる方向の流体の流れ．
抗力　drag force（p. 184）
流体内で物体が運動する際，運動の方向とは逆方向に作用する力．
揚力　lift force（p. 184）
流体内で物体が運動する際，運動の方向と直交する方向に作用する力．
抗力係数　drag coefficient（p. 185）
抗力の大きさを算出する際に，物体の形状によって決まる係数．記号は C_D．
揚力係数　lift coefficient（p. 185）
揚力の大きさを算出する際に，物体の形状によって決まる係数．記号は C_L．
ベルヌーイの定理　Bernoulli's principle, Bernoulli's theorem（p. 185）
流体の流速，圧力，高さの関係を表す定理．
マグヌス効果　Magnus effect（p. 187）
回転する円柱や球を流体の中に置くと，流れの方向に直交する力（マグヌス力）が作用する現象．
横紋筋　striated muscle（p. 190）
筋線維の長軸方向に筋節が配置される構造を持つ横縞状の筋．骨格筋と心筋．
平滑筋　smooth muscle（p. 190）
明らかな横縞を持たない紡錘状の細胞からなる筋であり，心筋を除く内臓や血管の筋に見られる．
随意筋　voluntary muscle（p. 190）
中枢・体性神経系に属し，意識的にコントロールされる骨格筋．
不随意筋　involuntary muscle（p. 190）
中枢・自律神経系に属し，自動的にコントロールされる内臓筋（心筋含む）など．
紡錘状筋　fusiform muscle（p. 191）
筋線維の走行が骨の長軸方向に対して比較的平行に近い筋．短縮量が大きい．上腕二頭筋，腹直筋など．
羽状筋　pennate muscle（p. 191）
筋線維の走行が骨の長軸方向に対して傾斜している筋.

発揮張力が大きい．大腿四頭筋，下腿三頭筋など．
羽状角　pennate angle（p.191）
羽状筋における筋の力発揮方向に対する筋束の傾斜角度．5～25°の範囲にあるとされる．
主働（動）筋　agonist（p.192）
目的とする方向へ関節を回転させる筋．
拮抗筋　antagonist（p.192）
主働筋の働きに対して抵抗して働く筋．
協働（共働）筋　synergist（p.192）
主働筋（または拮抗筋）とともに働く筋．
単関節筋　uniarticular muscle, single-joint muscle（p.192）
一つの関節をまたいで骨に付着する筋．上腕筋，大臀筋など．
二関節筋　biarticular muscle, two-joint muscle（p.192）
二つの関節をまたいで骨に付着する筋．上腕二頭筋，腓腹筋など．
多関節筋　multiarticular muscle, multi-joint muscle（p.192）
多数の関節をまたいで骨に付着する筋．腹直筋，浅指屈筋，長指伸筋など．
筋線維　muscle fiber（p.191）
横紋状を成す単一多角細胞．「遅筋線維（Ⅰ型線維）」と「速筋線維（Ⅱ型線維）」に大別される．遅筋線維は持続的に小さな張力を発揮でき，速筋線維は瞬発的に大きな張力を発揮できる．
筋束　muscle bundle, fascicle（p.192）
筋線維束．「筋周膜」と呼ばれる結合組織の鞘で区切られた，多数の筋線維の集合体．
筋原線維　myofibril（p.192）
筋線維の全長にわたって走行する円柱状の束で，直列に筋節が並ぶ．
筋節（サルコメア）　sarcomere（p.192）
筋収縮の最小機能単位．Z膜とZ膜で区切られ，太い「ミオシンフィラメント」と細い「アクチンフィラメント」が六角格子状に規則的に配列されている．
架橋（クロスブリッジ）　cross bridge（p.193）
ミオシンフィラメントとアクチンフィラメントの重なる領域．収縮によって重なる領域が変化する．
フィラメント滑走説　sliding theory（p. 193）
筋収縮のメカニズムを説明する理論．
力-長さ関係　force-length relationship（p. 193）
筋の長さに応じた張力の発揮特性．ミオシンフィラメントとアクチンフィラメントの重なり具合や収縮速度など

に影響を受ける．

力-速度関係　force-velocity relationship（p. 194）
筋の収縮速度に応じた張力の発揮特性．

力-パワー関係　force-power relationship（p. 194）
力-速度関係から導き出される筋の力-パワー発揮特性．

短縮性収縮（コンセントリック収縮）　concentric contraction（p. 194）
負荷が筋力よりも小さく，筋が短縮しながら力を発揮する収縮様式．

等尺性収縮（アイソメトリック収縮）　isometric contraction（p. 194）
負荷と力が等しく，筋の長さが一定の状態を保ちながら力を発揮する収縮様式．

伸張性収縮（エキセントリック収縮）　eccentric contraction（p. 194）
負荷が筋力よりも大きく，筋が引き伸ばされながら力を発揮する収縮様式．

伸張-短縮サイクル（SSC）運動　stretch-shortening cycle（SSC）movement（p. 195）
活動状態にある筋を強制的に引き伸ばしたあとにすばやく短縮させると，筋張力による力学的仕事やパワーが増加する現象．

生理学的筋横断面積　physiological cross-sectional area（PCSA）（p. 196）
筋線維の走行に対して垂直に切った筋の横断面積の総和．

解剖学的筋横断面積　anatomical cross-sectional area（ACSA）（p. 196）
骨の長軸に垂直に切った筋の横断面積の総和．

弾性力　elastic force（p. 197）
外力によって圧縮または伸張されたあとに，元の形に戻ろうとする力．

ばね　spring（p. 199）
外力を加えると，弾性力（復原力）を発生し，弾性エネルギーを貯蔵する物体．

フックの法則　Hooke's law（p. 199）
加える外力（応力，荷重）と弾性体の伸びの長さ（ひずみ，変形）が正比例するという法則．弾性の法則．

ヒルの筋収縮モデル　Hill type's muscle model（p. 198）
筋の収縮特性を表す基本的なモデルで「収縮要素（筋）」「直列弾性要素（腱など）」「並列弾性要素（結合組織）」からなる三要素モデル．個々の要素に対応する解剖学的構造があるとは必ずしも限らない．

関節モーメントまたは関節トルク　joint moment, joint torque（p. 200）
隣接する身体部分（セグメント）から関節を介して作用する正味のモーメントまたはトルク．

筋モーメントアーム　muscle's moment arm（p. 200）
関節の回転軸から筋張力の作用線までの垂直距離．

筋張力　muscle tension（p. 202）
骨格筋の収縮によって生じる張力．

外的てこ　external leverage（p. 203）
手足などを使って身体外部の物体へ発揮する力と，身体の姿勢との関係で決まるてこ．

心理的限界　psychological limit（p. 206）
自分の意志のもとで発揮できる随意最大筋力（maximum voluntary contraction, MVC）．

生理的限界　physiological limit（p. 206）
骨格筋が本来持つ「生理学的横断面積」に比例した最大発揮張力．

伸張反射　stretch reflex（p. 207）
脊髄反射の一つで，腱を刺激して骨格筋を受動的に引き伸ばすと，その筋が不随意に短縮する現象．

筋紡錘　muscle spindle（p. 207）
骨格筋内にある長さ10 mm以下の紡錘型の固有（感覚）受容器．筋の伸長の変化を感知する．

予備緊張　pre-tension（p. 208）
運動開始前に筋の活動水準を高めておくこと（活性化）により，張力の立ち上がりが早まる現象．

図版クレジット

*本文中に表示したものは除く

- p. 1　1章扉　Oleg Znamenskiy/Shutterstock.com
- p. 2　Reeed/Shutterstock.com
- p. 11　Herbert Kratky/Shutterstock.com
- p. 13　meunierd/Shutterstock.com
- p. 15　Visionsi/Shutterstock.com
- p. 17　2章扉　Sergey Nivens/Shutterstock.com
- p. 30　Air Images/Shutterstock.com
- p. 31　ygor/Shutterstock.com
- p. 32　Bikeworldtravel/ Shutterstock.com
- p. 33　wavebreakmedia/Shutterstock.com
- p. 34　Jenny Sturm/Shutterstock.com
- p. 41　3章扉　lassedesignen/Shutterstock.com
- p. 49　Antonio Guillem/Shutterstock.com
- p. 63　4章扉　Sergey Nivens/Shutterstock.com
- p. 65　Sergey Nivens/Shutterstock.com
- p. 81　Goran Bogicevic/Shutterstock.com
- p. 83　Beto Chagas/Shutterstock.com
- p. 85　5章扉, p.155　J. Henning Buchholz/Shutterstock.com
- p. 94　Castleski/Shutterstock.com
- p. 97　lculig/Shutterstock.com
- p. 108　melis/Shutterstock.com
- p. 109　Oleksandr Lysenko/Shutterstock.com
- p. 110　melis/Shutterstock.com
- p. 112　bikeriderlondon/Shutterstock.com
- p. 113　Eugene Onischenko/Shutterstock.com
- p. 156　Eugene Onischenko/Shutterstock.com
- p. 166　Stefan Schurr/Shutterstock.com
- p. 179　8章扉　De Visu/Shutterstock.com
- p. 189　9章扉　baranq/Shutterstock.com
- p. 199　bikeriderlondon/Shutterstock.com
- p. 203　Robert Adrian Hillman/Shutterstock.com

索　引

欧文

$a\text{-}t$ 図	51
$\alpha\text{-}t$ 図	70
ATP	176
Bridge the gap（ブリッジ・ザ・ギャップ）	6
BSP	20, 89, 131
cos 関数	28
Δ	36
EBC	12
EBM	12
H 帯	193
ISB	5
ISBS	6
JSB	6
$\omega\text{-}t$ 図	68, 70
QOL	15
SI	38
$s\text{-}t$ 図	50
Σ	37, 89
sin 関数	28
tan 関数	28
$\theta\text{-}t$ 図	68
$v\text{-}t$ 図	50

あ

アイザック・ニュートン	87
I 字プル	183
アイソメトリック収縮	194
I 帯	193
阿江通良	12
アクチンフィラメント	192
アーチボルド・ヒル	195
アデノシン三リン酸	176
アリストテレス	6, 7
アルキメデスの原理	181
位置エネルギー（ポテンシャルエネルギー）	158
I 型線維	191
猪飼道夫	14
位置-時間図（$s\text{-}t$ 図）	50
一次元座標系	44
1 階微分値	49, 67
一般運動	19
浮き身	182, 183
羽状角	191
羽状筋	191, 196
運動	42
運動エネルギー	160
運動学	5, 6
運動の拡大	125
運動の法則	89
運動力学	5
運動量	100
運動量の変化の法則	89, 141
運動量保存の法則	105, 168
運動連鎖の原則	65
エキセントリック収縮	194
液体	180
S 字プル	183
A 帯	193
エナジェティクス	153
エナジェティクス研究	9
エナジェティクス変量	21
エネルギー	154
エネルギー連鎖	175
エビデンス	12
エルゴン	154
エルフトマン	8
横紋筋	190
大きさ	86
重さ	39

か

外旋筋	192
外的てこ	201, 203
回転運動	19, 21, 118
回転運動の運動方程式	141
回転加速度	66
外転筋	192
回転軸	121
回転速度	65
回転力	118
解剖学的筋横断面積	196
外力	99
科学革命	7
科学的根拠に基づく医療	12
科学的根拠に基づく運動指導・教育	12
架橋（クロスブリッジ）	193
角運動量	138
角運動量と角力積の関係	147
角運動量の変化の法則	141
角運動量保存の法則	138
角加速度（回転加速度）	20, 66
角加速度運動	20
角加速度-時間図（$\alpha\text{-}t$ 図）	70
角加速度の法則（角運動量の変化の法則）	141
角速度（回転速度）	20, 65
角速度-時間図（$\omega\text{-}t$ 図）	68, 70
角度（角変位）-時間図（$\theta\text{-}t$ 図）	68
角変位	65
角力積	147
重ね合わせの原理	59
加速度（並進加速度）	20, 48
加速度運動	20
加速度-時間図（$a\text{-}t$ 図）	51
加速度の法則（運動量の変化の法則）	89, 141
活力立国	15
からざお動作	65
慣性	88
慣性質量	88
慣性主軸系	135
慣性テンソル	135
慣性の法則	88
慣性モーメント（慣性能率）	88, 134
慣性力	90, 184
関節中心	121

索引

関節トルク	200
関節モーメント（関節トルク）	200
完全弾性衝突	168
気体	180
拮抗筋	192
基底面	123, 133
キネティクス	5
キネティクス研究	9
キネティクス変量	20, 21
キネマティクス	5
キネマティクス研究	9
キネマティクス変量	20
基本単位	38
逆行列	31
境界層剥離	184
競技（トップ）スポーツ	14
協働筋	192
行列	29
行列式	32
極座標系	22
曲線運動	19
筋活動	190
筋腱複合体	194
筋骨格モデル	18
筋収縮	190
筋節	192
筋の力-長さ関係	193
筋張力	200
筋束	192
筋発揮張力	204
筋モーメント	200
筋モーメントアーム	200
偶力	119
屈筋	192
組立単位	38
クロスブリッジ	193
血管筋	190
元気ピラミッド	14, 15
光合成	175
向心加速度	81
向心力	81
剛体	18
剛体系	18
剛体リンクモデル	18, 130
合モーメント	123
抗力	183, 184
合力	87, 90, 123
国際スポーツバイオメカニクス学会	6
国際単位系（SI）	38
国際バイオメカニクス学会	5
固体	180
コーチングの科学化	11
骨格筋	190
骨格筋の力学モデル（ヒルの筋収縮モデル）	197, 198
弧度法	23
コンセントリック収縮	194

さ

最大静止摩擦力	97
最大発揮張力（生理的限界）	206
最適投射角度	56, 58
作図法	129
座標系（右手系，左手系）	22
座標計算法	129
座標軸	44
座標変換	35
作用	91
作用点	86, 124
作用の腕	124
作用・反作用の法則	91
サルコメア	192
三角関数	28
三次元運動	21
三次元座標系	44
三種のてこ	124
三頭筋	191
三平方の定理	28, 29
ジェフリー・ダイソン	11
時刻と時間	21
仕事率（パワー）	169
矢状面	21
システム（系）	98
質点	18
質点系	18
質点モデル	18
質量	88, 101
質量，重量（重さ）	39
支点	121
地面反力（床反力）	98, 107
収縮要素	197
重心	126
重心と質量中心	98
自由落下	56
重力	93
重力加速度	20, 56, 94
重力質量	88
重力定数	93
重力によるモーメント	74
主慣性モーメント	135
手働筋	192
受動要素	197
瞬間角加速度	67, 70
瞬間角速度	66, 70
瞬間加速度	49, 51
瞬間速度	47
生涯（地域）スポーツ	14
心筋	190
伸筋	192
深層筋	192
身体重心	121
身体部分慣性係数	20, 89, 131
伸張性収縮（エキセントリック収縮）	194
伸張-短縮サイクル運動	195
伸張反射	207
心理的限界	206
随意筋	190
随意最大筋力（心理的限界）	206
垂直抗力	96
水平面	21
スカラー量	23
スポーツバイオメカニクス	2
生活の質	15
正弦関数（sin 関数）	28
静止摩擦係数	97
静止摩擦力	96
正接関数（tan 関数）	28
生理学的筋横断面積	196
静力学	4, 89
生理的限界	206
積分	37
接触力	86
前額面	21
層流	184
速度（並進速度）	47
速度加算の原則	65
速度-時間図（v-t 図）	50
速度，速さ（スピード）	47
速筋線維（II 型線維）	191

た

第一種のてこ	124, 125
第三種のてこ	124, 125
第二種のてこ	124, 125
多関節筋	192
多腹筋	191
ダランベールの原理	90
多裂筋	191
単位行列	31
単位ベクトル	24
単関節筋	192
短縮性収縮(コンセントリック収縮)	194
力	86
力-速度関係	194, 206
力-長さ関係	207
力の腕	124
力の腕の長さ	119
力の拡大	125
力の三要素	86
力の多角形	90
力の平衡状態	89, 90
力のモーメント(重力によるモーメント)	27, 74, 118, 147
遅筋線維(I型線維)	191
直線運動	19
直列弾性要素	197
直交座標系	22, 44
つり合い	126
つり下げ法	128
適応	13
てこ	124
てこ比	125
デルタ	45
等角加速度運動	20, 82
等角速度運動	20
等加速度運動	20, 55, 56
等尺性最大筋力	195
等尺性収縮(アイソメトリック収縮)	194, 195
等速円運動	55, 80
等速直線運動	20, 55
等速度運動(等速直線運動)	20, 55
動摩擦係数	98
動摩擦力	97
動力学	4, 89
度数法	23
トルク	118

な

内旋筋	192
内臓筋	190
内転筋	192
内力	99
2階微分値	49, 67
II型線維	191
二関節筋	192
二次元運動	21
二次元座標系	44
二頭筋	191
日本体育学会	6
日本バイオメカニクス学会	6
ニュートンの運動の第一法則	88
ニュートンの運動の第三法則(作用・反作用の法則)	91, 137
ニュートンの運動の第二法則	89
ニュートンの運動方程式	89
ニュートン力学	4
猫のひねり技	140
粘性力	184
能動要素(収縮要素)	197

は

バイオメカニクス	2
ハイパフォーマンス	14
バランス法	127
パワー	169
反作用	91
板状筋	191
反発係数(はねかえり係数)	167
万有引力	92
万有引力定数(重力定数)	93
万有引力(重力)の法則	93
反力板法	128
比重	180
比重心高	129
非接触力	86
ピタゴラスの定理	29
非弾性衝突	168
微分	36
非保存力	160
表層(浅層)筋	192
ヒルの筋収縮モデル	197, 198
フィッシャー	8
フィラメント滑走説	192, 193
フェン	8
福永哲夫	8
浮心	182
不随意筋	190
フックの法則	199
不適応	13
ブラウネ	8
振り子運動における角運動量保存の法則のパラドックス	140
フリーボディ	106
フリーボディダイアグラム	107
浮力	182
分力	87
平滑筋	190
平均角加速度	66, 70
平均角速度	65
平均加速度	48, 51
平均速度	36, 47
平均と瞬間	48
平行筋	191
平行軸の定理	135
平行四辺形の規則	25, 87
並進運動	19, 21, 42
並進加速度	48
並進速度	47
並列弾性要素	197
ベクトルの外積(ベクトル積)	27
ベクトルの交換則	25
ベクトルの内積(スカラー積)	26
ベクトル量	23
ベルヌーイの定理	185
変位	45
変位と距離	45
方向	86
紡錘状筋(平行筋)	191, 196
放物運動	57
保存力	160
ポテンシャルエネルギー	158
ボレリ	7

ま

マイブリッジ(エドワード・マイブリッジ)	7, 8
巻き足	181
マグヌス効果(マグヌス力)	187

索　引

マグヌス力	187
摩擦力	96
マレー（エティエンヌ＝ジュール・マレー）	7, 9
ミオシンフィラメント	192
見かけの力	90
右手の規則	75
右手または右ねじの規則	27
右ねじの規則	75
密度	180
ミュー	97
むち動作	65
モデル化（単純化）	4
モーションキャプチャシステム	13
モーメントアーム（レバーアーム，力の腕の長さ）	119

や・ら

床反力	98
揚力	183, 184
余弦関数（cos 関数）	28
予備緊張	208
四頭筋	191
乱流	184
力学的エネルギー	161
力学的エネルギー保存の法則	162
力学的効率	176
力積	101
力点	124
流体の力学	4, 18
リンクセグメントモデル	8
輪状筋	191
レイノルズ数	184
レオナルド・ダ・ヴィンチ	7
レバーアーム	119

執筆者略歴

岡田　英孝（おかだ　ひでたか）
現在　電気通信大学大学院情報理工学研究科 教授
専門　スポーツバイオメカニクス
博士（体育科学）

藤井　範久（ふじい　のりひさ）
現在　筑波大学体育系 教授
専門　スポーツバイオメカニクス
博士（学術）

宮西　智久（みやにし　ともひさ）
現在　仙台大学体育学部 教授
専門　スポーツバイオメカニクス
博士（体育科学）

（五十音順）

はじめて学ぶ 健康・スポーツ科学シリーズ ④　**スポーツバイオメカニクス**

第1版　第1刷　2016年2月20日	編　者　宮西　智久
第9刷　2024年9月10日	発 行 者　曽根　良介
検印廃止	発 行 所　㈱化学同人

〒600-8074　京都市下京区仏光寺通柳馬場西入ル
編　集　部　TEL 075-352-3711　FAX 075-352-0371
企画販売部　TEL 075-352-3373　FAX 075-351-8301
　　　　　　　　　　　　　　振　替　01010-7-5702
e-mail　webmaster@kagakudojin.co.jp
URL　https://www.kagakudojin.co.jp
印刷　創栄図書印刷㈱
製本　藤原製本

JCOPY〈出版者著作権管理機構委託出版物〉
本書の無断複写は著作権法上での例外を除き禁じられています。複写される場合は、そのつど事前に、出版者著作権管理機構（電話 03-5244-5088, FAX 03-5244-5089, e-mail: info@jcopy.or.jp）の許諾を得てください。

本書のコピー、スキャン、デジタル化などの無断複製は著作権法上での例外を除き禁じられています。本書を代行業者などの第三者に依頼してスキャンやデジタル化することは、たとえ個人や家庭内の利用でも著作権法違反です。

Printed in Japan　©T. Miyanishi *et al.*　2016　無断転載・複製を禁ず　ISBN978-4-7598-1706-5
乱丁・落丁本は送料小社負担にてお取りかえいたします。

はじめて学ぶ 健康・スポーツ科学シリーズ

●シリーズ編集委員●
中谷敏昭（天理大学）・鵤木秀夫（兵庫県立大学）・宮西智久（仙台大学）

各巻B5判・200〜240頁・2色刷

★ シリーズの特長 ★

◎ 健康・スポーツ科学，体育系の大学，専門学校で学ぶ1，2年生を対象とした教科書シリーズ．さまざまな専門コースに進む前の基礎づくりに役立つ，必須の科目をそろえた．

◎ 高等学校の生物や物理，保健体育で学んだ内容と，大学の専門分野で学ぶ内容を結びつけられるよう，学びやすい構成に配慮した．

◎ 図表や写真を豊富に取り入れ，各章ごとに学ぶポイントや役立つ知識，復習トレーニングを掲載．大学の講義で学ぶ楽しさと感動が味わえる．

シリーズラインナップ〈全12巻〉
（■：既刊　■：未刊）

1 解剖学 224頁　定価（本体3200円＋税）
齋藤健治【編】山田　洋・大山卞圭悟【著】

2 生理学 224頁　定価（本体2600円＋税）
須田和裕【編】村上秀明・石津貴之・長谷川博・依田珠江【著】

3 スポーツ生理学 232頁　定価（本体2600円＋税）
冨樫健二【編】秋間　広・石井好二郎・大槻　毅・片山敬章・河合美香・川田裕樹・今　有礼・髙橋英幸・瀧澤一騎・西島　壮・前田清司・宮木亜沙子・山口太一【著】

4 スポーツバイオメカニクス 240頁　定価（本体2800円＋税）
宮西智久【編】岡田英孝・藤井範久【著】

5 体力学 220頁　定価（本体2500円＋税）
中谷敏昭【編】池田達昭・後藤一成・寺田恭子・鍋倉賢治・星野聡子・宮口和義【著】

6 スポーツ・健康栄養学 240頁　定価（本体2800円＋税）
坂元美子【編】赤田みゆき・賀屋光晴・武田ひとみ【著】

7 スポーツ医学【外科】
宮川俊平【編】石井壮郎・金岡恒治・金森章浩・坂根正孝・竹村雅裕・西野衆文・野澤大輔・原　友紀・福田　崇・向井直樹【著】

8 スポーツ医学【内科】 232頁　定価（本体2600円＋税）
赤間高雄【編】浅川　伸・伊東和雄・内田　直・児玉　暁・坂本静男・清水和弘・曽根博仁・夏井裕明・難波　聡・渡部厚一【著】

9 アスレティックトレーニング
鹿倉二郎・鶴池柾叡【編】泉　秀幸・岩﨑由純・上松大輔・近江あゆみ・佐保　豊・篠原純司・陣内　峻・中村千秋・細川由梨【著】

10 衛生学：健康な環境づくりを支援する 240頁　定価（本体2800円＋税）
近藤雄二【編】奥野久美子・久保博子・坂手誠治【著】

11 健康づくりのための運動の科学 200頁　定価（本体2400円＋税）
鵤木秀夫【編】柴田真志・髙見和至・寺田恭子・冨樫健二【著】

12 スポーツ・運動・パフォーマンスの心理学 240頁　定価（本体2800円＋税）
髙見和至【編】葦原摩耶子・小笠原正志・島本好平・杉山哲司・瀧元誠樹・武田大輔・土屋裕睦・豊田則成・簑内　豊【著】

詳細情報は，化学同人ホームページをご覧ください．https://www.kagakudojin.co.jp

【問題解答用紙】

スポーツバイオメカニクス

提出日：　　　　年　　月　　日

学籍番号：

氏　名：

《設問》

《解答》